IMPRIMERIE DE H. FOURNIER,
RUE DE SEINE, N. 14.

RECUEIL GÉNÉRAL

DES

ANCIENNES LOIS FRANÇAISES,

DEPUIS L'AN 420 JUSQU'A LA RÉVOLUTION DE 1789;

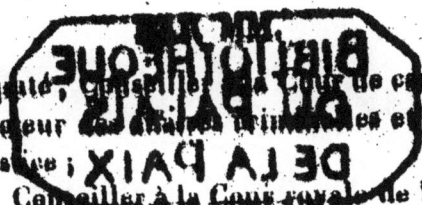

ISAMBERT, Député, Conseiller à la Cour de cassation;
DECRUSY, Directeur des affaires criminelles et des graces au ministère de la justice;
TAILLANDIER, Conseiller à la Cour royale de Paris, Membre de
la Société royale des Antiquaires de France.

« Voulons et ordonnons qu'en chacune Chambre de nos Cours de
« Parlement, et semblablement ès auditoires de nos Baillifs et Sé-
« néchaux y ait un livre des Ordonnances, afin que si aucune dif-
« ficulté y survenoit, on ait promptement recours à icelles. »
(Art. 79 de l'Ordonn. de Louis XII, mars 1498, Ire du Blois.)

TOME XXI.

1er SEPTEMBRE 1715. — 1er JANVIER 1737.

PARIS,

BELIN-LEPRIEUR, LIBRAIRE-ÉDITEUR,
RUE PAVÉE-SAINT-ANDRÉ DES ARTS, Nº 5;

VERDIÈRE, LIBRAIRE,
QUAI DES AUGUSTINS, Nº 25.

1830.

AVERTISSEMENT.

Notre Collection approche de son terme ; le règne de Louis XIV est achevé, la première partie de celui de Louis XV paroît en ce moment, et l'on sait que deux de nos collaborateurs, MM. Jourdan et Armet, ont publié depuis long-temps le règne entier de Louis XVI. Au commencement de l'an prochain, cet ouvrage, qui embrasse l'ensemble de l'ancienne législation française, sera complet. S'il a fallu huit années pour arriver à ce résultat, on ne s'en étonnera peut-être pas en réfléchissant aux nombreuses difficultés que présentoit un semblable travail.

Nous avons déjà prévenu que nous ne pouvions donner en entier tous les textes, ni même indiquer tous les titres des édits, déclarations, lettres patentes, arrêts du conseil, etc., qui ont été successivement rendus pendant les longs règnes de Louis XIV et de Louis XV. Dix volumes pour chacun de ces règnes n'auroient pas suffi (1), et le plus grand nombre de ces pièces n'ayant plus aucun intérêt aujourd'hui, nous aurions, en les donnant, mécontenté nos souscripteurs sans ajouter à l'utilité de notre ouvrage.

Nous nous sommes donc bornés à choisir ceux des textes qui ont une importance soit législative soit historique ; mais nous avons fait ce choix avec beaucoup de soin et avec assez de discernement (nous espérons qu'on en jugera ainsi), pour qu'il n'offre ni l'omission de pièces essentielles, ni l'insertion de pièces sans intérêt.

Nous nous sommes appliqués surtout à rechercher avec exactitude, celles des ordonnances qui sont encore en vigueur ; ainsi notre travail n'aura pas seulement un intérêt historique, il présentera encore aux administrateurs et aux jurisconsultes l'avantage de placer sous leurs yeux un grand nombre de textes d'une application journalière qu'ils ne pourroient se procurer ailleurs qu'avec beaucoup de difficultés et une grande perte de temps.

Nous donnerons à la fin du dernier volume de Louis XV, l'indication générale des sources où nous avons puisé.

---

(1) Pour en donner la preuve, il nous suffira de dire que M. le baron Debonnaire de Forges, ancien maître des requêtes, a entrepris sur le même plan que Blanchard, et pour servir de suite à la compilation chronologique de cet auteur, de rassembler les titres seuls des pièces législatives qui appartiennent au règne de Louis XV, et que la publication de ces titres demanderoit un volume in-folio très-fort et imprimé sur deux colonnes.

LOUIS XV.

ENFANTS.

Louis, dauphin, né le 4 septembre 1729, mort le 20 décembre 1765, marié en premières noces à l'infante d'Espagne Marie-Thérèse, morte le 22 juillet 1744; marié en secondes noces à Marie-Josephe, princesse royale de Saxe, morte le 13 mars 1767. — N., duc d'Anjou, né le 30 juillet 1730, mort en 1732. — Marie-Louise-Elisabeth, née le 14 août 1727, mariée en 1739 à Dom Philippe, infant d'Espagne; duchesse de Parme, Plaisance et Guastalla en 1749, morte le 6 décembre 1759. — Anne-Henriette, née le 14 août 1727, morte le 10 février 1752. — Louise-Marie, née le 28 juillet 1728, morte en 1733. — Marie-Adélaïde, née le 23 mars 1732, morte en 1800. — Marie-Louise-Thérèse-Victoire, née le 11 mai 1733, morte le 8 juin 1799. — Sophie-Philippine-Elisabeth-Justine, née le 27 juillet 1734, morte du 2 au 3 mars 1782. — N. de France, née le 16 mai 1736, morte en 1744. — Louise-Marie, née le 15 juillet 1737; religieuse Carmélite le 1er octobre 1771, morte le 23 décembre 1787.

PETITS-ENFANTS.

Louis-Joseph-Xavier, duc de Bourgogne, né le 13 septembre 1751, mort le 22 février 1761. — Xavier-Marie-Joseph, duc d'Aquitaine, né le 8 septembre 1753, mort le 22 février 1754. — Louis, duc de Berry (Louis XVI), né le 23 août 1754, mort le 21 janvier 1793. — Louis-Stanislas-Xavier, comte de Provence, Monsieur (Louis XVIII), né le 17 novembre 1755, mort le 16 septembre 1824; marié le 14 mai 1771, à Marie-Joséphine-Louise de Savoie, morte le 13 novembre 1810. — Charles-Philippe, comte d'Artois (Charles X), né le 9 octobre 1757, marié le 16 novembre 1773, à Marie-Thérèse de Savoie, morte le 2 juin 1805. — Marie-Zéphirine, née le 26 août 1750, morte le 1er septembre 1755. — Marie-Adélaïde-Clotilde-Xavière, née le 23 septembre 1759, mariée le 27 août 1775, à Charles-Emmanuel-Ferdinand-Marie, prince de Piémont, morte le 7 mars 1802. — Elisabeth-Philippine-Marie-Hélène, née le 3 mai 1764, morte le 9 mai 1794.

PAIRIES LAIQUES CRÉÉES PENDANT CE RÈGNE (1).

Villars-Brancas, 1716. — Valentinois, 1716. — Nivernois, 1721. —

---

(1) Aucune pairie ecclésiastique ne fut créée pendant ce règne, pas plus que sous celui de Louis XVI. Quant aux autres pairs, on peut voir le tableau placé à la page x du premier volume de Louis XIV.

Biron, 1723. — D'Aiguillon, 1731. — Fleury, 1736. — Duras, 1757. —
La Vauguyon, 1759. — Praslin, 1762. — La Rochefoucauld, 1770.

PREMIERS MINISTRES.

Dubois (le cardinal) 22 août 1722-10 août 1723. — D'Orléans (le duc),
août 1723-2 décembre même année. — De Bourbon (le duc), 2 décembre
1723-11 juin 1726. — Fleury (le cardinal de), juin 1726-3 mars 1740.

CHANCELIERS ET GARDES DES SCEAUX.

Voisin, chancelier, 2 juillet 1714-1er juin 1717. — D'Aguesseau, chancelier, 2 février 1717, exilé à Fresne le 28 janvier 1718; les sceaux lui sont
rendus en 1720, ils lui sont ôtés de nouveau en 1722, il est rappelé en 1727,
mais les sceaux ne lui sont rendus qu'en 1737; se démet le 27 novembre 1750;
mort le 9 février 1751. — D'Argenson, garde des sceaux, 18 janvier 1718-
7 juin 1720. — D'Armenonville, garde des sceaux, 28 février 1722-15 août
1727. — Chauvelin, garde des sceaux, 17 août 1727-20 février 1737. —
Lamoignon de Blancménil, chancelier, 9 décembre 1750-1768. — Machault
d'Arnouville, garde des sceaux, 9 décembre 1750-1er février 1757. — Le
roi tient les sceaux, 14 mars 1757-13 octobre 1761. — Berryer, garde des
sceaux, 13 octobre 1761-15 août 1762. — De Brou, garde des sceaux,
1er octobre 1762-octobre 1763. — Maupeou (René-Charles), vice-chan-
celier, 4 octobre 1763-15 septembre 1768. — Maupeou (René-Nicolas-
Charles-Augustin), chancelier, 16 septembre 1768-24 août 1774.

MINISTRES DES AFFAIRES ÉTRANGÈRES.

Colbert, marquis de Torcy, 1689-1716. — Le maréchal d'Uxelles, président du conseil des affaires étrangères pendant l'établissement des conseils
sous la régence, 1716-septembre 1718. — Dubois (le cardinal), ministre, 24
septembre 1718-1723. — D'Armenonville, comte de Morville, fils du garde
des sceaux, 1723-19 août 1727. — Chauvelin, en même temps garde des
sceaux, août 1727-22 février 1737. — Amelot, 22 février 1737-26 avril
1744. — Villeneuve, 3 novembre 1744 ('n'accepte pas). — D'Argenson,
28 novembre 1744-3 janvier 1747. — Brulard de Sillery, marquis de Puy-
sieux, janvier 1747-11 septembre 1751. — Barberie de Saint-Contest, 11
septembre 1751-24 juillet 1754. — Rouillé, 1754-25 juin 1757. — De Bernis
(le cardinal), 1757-1758. — De Choiseul-Stainville, novembre 1758-1761.
— De Choiseul-Praslin, 17 octobre 1761-1766. — De Choiseul-Stainville
reprend le ministère, 1761-24 décembre 1770. — Richelieu, duc d'Aiguillon, 6 juin 1771-28 janvier 1774. — De Vergennes, 1774-13 février 1787.

MINISTRES DE LA GUERRE.

Villars, La Vrillière, d'Armenonville, présidents du conseil de la guerre, 14 octobre 1715-24 septembre 1718. — Claude Leblanc, ministre, 24 septembre 1718-1er juillet 1723. — De Breteuil (le marquis), juillet 1723-16 juin 1726. — Claude Leblanc, 16 juin 1726-19 mai 1728. — D'Angervilliers, 19 mai 1726-15 février 1740. — De Breteuil (le marquis), 20 février 1740-7 janvier 1743. — D'Argenson, 7 janvier 1743-1er février 1757. — D'Argenson (neveu du précédent), 3 octobre 1751 (en survivance de son oncle), février 1758. — Belle-Isle (Fouquet, duc de Gisors, maréchal de), 29 février 1758-26 janvier 1761. — De Cremille (adjoint du précédent). — Choiseul-Stainville, 1761-1770. — Monteinard, 4 janvier 1771-28 janvier 1774. — Richelieu, duc d'Aiguillon, 28 janvier 1774-juin même année.

MINISTRES DE LA MARINE.

D'Armenonville, octobre 1718-22 février 1722. — D'Armenonville, comte de Morville, (fils du précédent), 9 avril 1722-1723. — Maurepas, 1723-avril 1749. — Rouillé, avril 1749-1754. — Machault d'Arnouville, 24 juillet 1754-2 février 1757. — Peirenc de Moras, février 1757-1er juin 1758. — De Massiac, 1er juin 1758-1er novembre même année. — Berryer, 1er novembre 1758-13 octobre 1761. — De Choiseul-Stainville, 13 octobre 1761-1766. — Choiseul-Praslin, avril 1766-1771. — De Boynes, 9 avril 1771-1774.

MINISTRES DE LA MAISON DU ROI.

La Vrillière, 1715-1718. — Pontchartrain, 1718-1749. — Saint-Florentin, 1759-1774.

CONTROLEURS GÉNÉRAUX DES FINANCES.

D'Argenson, janvier 1718-1720. — Law, 4 janvier 1720-décembre même année. — La Houssaye, 10 décembre 1720-10 avril 1722. — Dodun, avril 1722-12 juin 1726. — Le Pelletier des Forts, 14 juin 1726-19 mars 1730. — Orry, 20 mars 1730-5 décembre 1745. — Machault d'Arnouville, 6 décembre 1745-29 juillet 1754. — Moreau de Sechelles, 29 juillet 1754-25 août 1756. — De Moras (adjoint au précédent), 17 mars 1756-1er février 1757. — De Boullogne, 25 août 1757-4 mars 1759. — Silhouette, 4 mars 1759-novembre même année. — Bertin, 21 novembre 1759-décembre 1763. — Laverdi, 12 décembre 1763-octobre 1768. — Maynon d'Invault, 27 septembre 1768-décembre 1769. — Terray, 23 décembre 1769-24 août 1774.

ORDONNANCES

DES

BOURBONS.

LOUIS XV,

Né à Versailles le 15 février 1710; parvenu à la couronne le 1er septembre 1715; sacré à Reims le 22 février 1723; marié le 4 septembre 1725, à Marie Leczinska de Lorraine; mort à Versailles le 10 mai 1774.

MINORITÉ DU ROI.

RÉGENCE DU DUC D'ORLÉANS.

N° 1. — **LETTRE** *de cachet adressée aux officiers du parlement de Paris pour qu'ils continuent leurs fonctions.*

Versailles, 1er septembre 1715. (Archiv.)

De par le Roi. — Nos amés et féaux. La perte que nous venons de faire du roi notre très-honoré seigneur et bisaïeul, nous touche si sensiblement, qu'il nous seroit impossible à présent d'avoir d'autres pensées que celles que la piété et l'amour nous demandent pour le repos et le salut de son ame, si le devoir à quoi nous oblige l'intérêt que nous avons de maintenir la couronne en sa grandeur, et de conserver nos sujets dans la tranquillité, ne nous forçoit de surmonter ces justes sentiments, pour prendre les soins nécessaires à la conduite de cet Etat; et parce que la distribution de la justice est le meilleur moyen dont nous puissions nous servir pour nous en acquitter dignement, nous vous ordonnons et nous vous exhortons autant qu'il nous est possible, qu'après avoir fait à Dieu les prières que vous devez lui présenter pour le salut de feu notredit seigneur et bisaïeul, vous ayez, nonobstant cette mutation, à continuer la séance de notre parlement et l'administration de la justice à nos sujets, avec la sincérité que le devoir de vos charges et l'intégrité de vos consciences vous y obligent, et cependant nous vous assurons que nous recevrons avec satisfaction vos respects et vos soumissions accoutumées en pareil cas; et que vous nous trouverez toujours tels envers vous et en général et en particulier, qu'un bon roi doit être envers ses bons et fidèles sujets et serviteurs.

N° 2. — ARRÊT *du parlement de Paris touchant la régence, et procès-verbal de ce qui s'est passé au parlement à ce sujet.*

2 septembre 1715. (Archiv.)

EXTRAIT DES REGISTRES DU PARLEMENT.

Princes du sang. Le duc d'Orléans, le duc de Bourbon, le comte de Charolois, le prince de Conty, le duc du Maine, le prince de Dombes, le comte de Toulouse.

Pairs de France. L'archevêque duc de Reims, les évêques duc de Laon, duc de Langres, comte de Beauvais, comte de Noyon; les ducs d'Uzès, de Monbazon, de la Tremoille, de Sully, de Saint-Simon, de la Rochefoucault, de la Force, de Rohan, d'Albret, de Pincy-Luxembourg, d'Estrées, de Gramont, de la Meilleraye, de Mortemart, de Noailles, d'Aumont, de Charrost, de Villars, d'Harcourt, de Fitz-James, d'Antin, de Chaulnes, de Rohan-Rohan, d'Ostun.

Premier président. Messire Jean-Antoine de Mesme, chevalier.

Présidens. Messires André Potier, Jean-Jacques Charron, Chrestien de Lamoignon, Antoine Portail, Michel-Charles Amelot, Louis le Peletier, Nicolas-Louis de Bailleul.

Conseillers de la grande chambre. Le Nain, doyen. (Suivent les noms de trente-deux conseillers, dont onze conseillers-clercs.

Présidents des enquêtes et requêtes. (Suivent les noms de dix-huit présidents.)

Conseillers d'honneur. (Suivent trois noms.)

Maîtres des requêtes. (Suivent trois noms.)

Conseillers des enquêtes et requêtes. (Suivent soixante-quatorze noms.)

Ce jour les gens du roi sont entrés en la cour, et ont présenté la lettre de cachet du roi à présent régnant, dont la teneur suit. (*V. la pièce précédente.*)

Toutes les chambres ayant été assemblées, lecture a été

faite de la lettre de cachet; après laquelle M. le premier président a fait observer à Messieurs qu'il n'étoit point fait mention du nouveau serment, comme dans celle qui fut apportée au parlement après la mort du roi Louis XIII.

Il a été arrêté que des députés de la cour iront incessamment devers le roi le saluer de la part de la compagnie, l'assurer de ses respects et de ses soumissions, et supplier Sa Majesté de venir en son parlement le plus tôt que sa commodité le lui pourra permettre, se faire voir à ses sujets en son lit de justice.

Les gens du roi qui s'étoient retirés après avoir présenté la lettre, ont été mandés; M. le premier président leur a fait entendre l'arrêté de la compagnie, et leur a dit de savoir de M. le chancelier l'heure de la commodité du roi : ils ont dit qu'ils obéiroient aux ordres de la cour, et se sont retirés.

Et ensuite M. le premier président a dit, que M. le duc d'Orléans lui ayant fait l'honneur de lui dire la veille, qu'il viendroit ce matin en la cour pour assister à l'ouverture du testament du feu roi, il étoit nécessaire d'aviser de quelle manière il seroit reçu, attendu qu'il ne se trouvoit point d'exemple qu'il y eût eu de députation pour recevoir d'autres princes du sang que les fils de France : qu'il ne pouvoit s'empêcher de dire, que M. le duc d'Orléans lui-même lui avoit dit, que l'on ne devoit pas lui rendre les mêmes honneurs qu'aux fils de France : mais qu'il paroissoit à lui premier président, que la naissance et le rang de M. le duc d'Orléans pouvoient porter la compagnie à lui faire une députation semblable à celles qui avoient été faites à M. le duc de Berry et à Monsieur, Gaston duc d'Orléans : sur quoi la cour ayant délibéré, il a été arrêté qu'attendu le rang de M. le duc d'Orléans dans la conjoncture présente, deux présidents et deux conseillers iront le saluer à la Sainte-Chapelle et le conduiront à la cour, ainsi qu'il en a été usé pour feu M. le duc de Berry, le 15 mars 1713, et pour Monsieur, Gaston duc d'Orléans, toutes les fois qu'il est venu en la cour.

Sur les sept à huit heures sont venus en la cour successivement, MM. les ducs de Bourbon, comte de Charolois, prince de Conty, duc du Maine, prince de Dombes et comte de Toulouse, princes du sang, passant à leurs places à travers le parquet, et les pairs ecclésiastiques et laïques ci-dessus nommés par derrière le barreau; et comme ils étoient en grand nombre, ils ont rempli premièrement les trois bancs du parquet, et ensuite trois autres formes que l'on avoit mises devant le banc du côté du greffe, M. le Meusnier, conseiller, est demeuré à l'ordinaire au bout du premier; M. Robert au bout du second, et M. le Nain, doyen, au bout du troisième attenant la lanterne du côté du greffe.

Vers les huit à neuf heures, la cour ayant été avertie que M. le duc d'Orléans étoit à la Sainte-Chapelle où il entendoit la messe, MM. les présidents le Peletier et de Bailleul, Cadeau et Gaudart, conseillers, ont été députés pour l'y aller saluer au nom de la compagnie, ce qu'ils ont fait et l'ont conduit en la cour, MM. les présidents marchant à ses côtés, et MM. les conseillers derrière lui.

M. le duc d'Orléans a passé à travers le parquet; et lorsqu'il a été placé au-dessus de M. le duc de Bourbon, M. le premier président lui a dit :

« Monsieur, le parlement profondément affligé de la perte que la France vient de faire, conçoit de grandes espérances pour le bien public, de voir un prince aussi éclairé que vous, Monsieur, aussi pénétré que vous l'êtes de tous les sentiments de justice, venir dans la compagnie avec les dispositions que vous y apportez : la cour m'a chargé de vous assurer, Monsieur, qu'elle concourra avec vous au service du roi et de l'État de toutes ses forces et avec tout le zèle qui l'a toujours distinguée des autres compagnies du royaume : elle m'a en même temps expressément ordonné de vous protester, Monsieur, qu'elle ira au-devant de tout ce qui pourra vous prouver le profond respect qu'elle a pour vous. »

M. le duc d'Orléans a marqué à M. le premier président beaucoup de satisfaction de ce qu'il lui avoit dit, et a témoigné ensuite vouloir parler à la compagnie en présence des gens du roi; aussitôt ils ont été mandés par M. le premier président, et M. le duc d'Orléans ayant salué la compagnie, a dit :

« Messieurs, après tous les malheurs qui ont accablé la France et la perte que nous venons de faire d'un grand roi, notre unique espérance est en celui que Dieu nous a donné : c'est à lui, Messieurs, que nous devons à présent nos hommages, et une fidèle obéissance. C'est moi, comme le premier de ses sujets, qui dois donner l'exemple de cette fidélité inviolable pour sa personne, et d'un attachement encore plus particulier que les autres aux intérêts de son État. Ces sentiments connus du feu roi, m'ont attiré sans doute ces discours pleins de bonté, qu'il m'a tenus dans les derniers instants de sa vie, et dont je crois vous devoir rendre compte. Après avoir reçu le viatique, il m'appela, et me dit : *Mon neveu, j'ai fait un testament où je vous ai conservé tous les droits que vous donne votre naissance ; je vous recommande le dauphin, servez-le aussi fidèlement que vous m'avez servi, et travaillez à lui conserver son royaume ; s'il vient à manquer vous serez le maître, et la couronne vous appartient.* A ces paroles il en ajouta d'autres, qui me sont trop avantageuses pour les pouvoir répéter, et il finit en me disant : *J'ai fait les dispositions que j'ai cru les plus sages ; mais comme on ne sauroit tout prévoir, s'il y a quelque chose qui ne soit pas bien, on le changera.* Ce sont ses propres termes...... Je suis donc persuadé que suivant les lois du royaume, suivant les exemples de ce qui s'est fait dans de pareilles conjonctures, et suivant la destination même du feu roi, la régence m'appartient ; mais je ne serai pas satisfait, si à tant de titres qui se réunissent en ma faveur vous ne joignez vos suffrages et votre approbation, dont je ne serai pas moins flatté que de la régence même. Je vous demande donc, lorsque vous aurez lu le testament que le feu roi a déposé entre vos mains, et les codiciles que je vous apporte, de ne point confondre mes différens titres, et de délibérer également sur l'un et sur l'autre, c'est-à-dire sur le droit que ma naissance m'a donné, et sur celui que le testament y pourra ajouter. Je suis persuadé même que vous jugerez à propos de commencer par délibérer sur le premier ; mais à quelque titre que j'aie droit à la régence, j'ose vous assurer, Messieurs, que je la mériterai par mon zèle pour le service du roi, et par mon amour pour le bien public, surtout étant aidé par vos conseils, et par vos sages remontrances ; je vous les demande par avance, en protestant devant cette auguste assemblée que je n'aurai jamais d'autre dessein que de soulager les peuples, de rétablir le bon ordre dans les finances, de retrancher les dépenses superflues, d'entretenir la paix au-dedans et au dehors du royaume, de rétablir surtout l'union et la tranquillité de l'Eglise, et de travailler enfin avec toute l'application qui me sera possible à tout ce qui peut rendre un Etat heureux et florissant. Ce que je demande donc à présent, Messieurs, est que les gens du roi donnent leurs conclusions sur la proposition que je viens de faire, que l'on délibère aussitôt que le testament aura été lu, sur les titres que j'ai pour parvenir à la régence, en commençant par le premier, c'est-à-dire par celui que je tire de ma naissance et des lois du royaume. »

Les gens du roi se sont levés et ont dit par la bouche de maître Guillaume François Joly de Fleury, l'un des avocats dudit seigneur, que la juste douleur qui les occupoit leur permettoit à peine d'exprimer leurs sentiments, et qu'ils ne marqueroient en ce jour leur affliction que par leur silence, si leur zèle pour le bien de l'État ne ranimoit leur courage.

Que nous venons de perdre un roi, dont le règne sera mémorable à jamais dans la postérité, et que les derniers moments de sa vie, monuments éternels de la sincérité de sa religion et de la fermeté de son ame, ajoutant un dernier degré à sa gloire, mettent aussi le comble à notre douleur.

Que le ciel en nous enlevant un prince qui sera toujours le sujet de nos regrets, nous laisse un roi dont les heureuses dispositions, et un esprit qui brille déjà au travers des ténèbres de l'enfance, sont le fondement de nos plus douces espérances.

Mais que ce n'est point par des larmes inutiles et par de simples vœux, que nous devons lui témoigner notre zèle et honorer dignement la mémoire d'un prince qui, n'ayant été occupé en mourant que du salut de l'État, nous a appris par son exemple à ne chercher notre consolation que dans l'établissement d'un gouvernement proportionné aux besoins de cette grande monarchie.

Que la naissance appelle M. le duc d'Orléans à la régence de ce royaume, qu'il semble même que la nature qui l'y a destiné, ait pris plaisir à justifier son choix par des qualités éminentes, qui le rendroient digne d'être élevé au titre de régent par les suffrages de cette auguste compagnie, quand on pourroit oublier que c'est la nature même qui le lui présente, et que si la cour suspendoit encore sa délibération sur ce sujet, c'étoit par un effet de sa religion pour le dépôt sacré qui a été remis entre ses mains.

Que le terme fatal est arrivé, où suivant l'édit qui accompagne ce dépôt, leur premier devoir est de demander à la cour l'ouverture du testament que le roi lui a confié, et la lecture des codiciles dont M. le duc d'Orléans vient de parler.

Qu'ils ne peuvent craindre que la lecture de ces dispositions, qui suivant ce que M. le duc d'Orléans a appris de la bouche même du feu roi, tendent à confirmer le droit de sa naissance, puisse y donner aucune atteinte, et que le tempérament qu'il propose leur paroît si mesuré et si plein de sagesse, qu'ils ne pouvoient rien faire de mieux que d'y joindre leurs suffrages.

Que la cour rendroit par-là tout ce qui peut être dû et aux prérogatives de la naissance, et à la volonté d'un testateur si respectable, qu'elle remplira également le devoir de juge et celui de dépositaire, et que la délibération qui sera faite ensuite sur les deux titres qui concourent en faveur de M. le duc d'Orléans, suivra l'ordre de la nature, quand la cour commencera par envisager ce qui pourroit appartenir à ce Prince, s'il n'y avoit point de testament, pour passer ensuite au nouveau droit qu'il pourra acquérir par cette disposition.

Hâtons-nous donc (ont ajouté les gens du roi) de répondre à la juste confiance que le roi a eue en son parlement. Nous désirions en vous apportant ce dépôt, que nous fûmes chargés alors de vous présenter, qu'une vie encore plus longue pût rendre la prévoyance du roi inutile, mais puisque le ciel n'a point exaucé nos premiers vœux, acquittons nous au plus tôt de l'engagement que nous contractâmes alors, et dégageons la foi de cette auguste compagnie.

Que c'étoit ce qui les obligeoit de requérir, que l'édit du mois d'août 1714, et le paquet cacheté, attaché sous le contrescel, soient tirés du lieu où ils ont été mis en dépôt, en exécution de l'arrêt de la cour du 29 août 1714, qu'il soit dressé procès-verbal du lieu du dépôt par M. le premier président, en présence de M. le procureur-général, et qu'après l'ouverture dudit paquet qui sera faite en la cour, il en soit fait lecture le tout conformément à l'édit et à l'arrêt, qu'il soit fait aussitôt lecture des codiciles, pour être ensuite par eux pris telles conclusions qu'il appartiendra ; et délibéré par la cour tant sur le droit qui peut appartenir à M. le duc d'Orléans par sa naissance, que sur l'exécution du testament contenu dans ledit paquet et des codiciles du feu roi.

Les gens du roi retirés,

M. le duc d'Orléans s'est levé comme ne voulant point assister à la délibération qui le regardoit ; mais il a été prié de demeurer : ce qu'il a fait.

Et M. le premier président a demandé l'avis à M. le Nain, doyen, puis à M. le Meusnier, et à M. Robert qui étoient au bout des trois bancs après MM. les pairs ; aux conseillers d'honneur, maîtres des requêtes et conseillers de la grand'chambre, qui étoient en haut derrière MM. les présidents ; aux présidents et conseillers des enquêtes et requêtes ; à MM. les pairs en remontant depuis le dernier jusqu'à l'archevêque duc de Reims, sans ôter son bonnet et les nommant tous par le titre de leurs pairies ; à MM. les princes du sang, en leur ôtant à tous son bonnet, et leur faisant une profonde inclination, finissant par M. le duc d'Orléans, qui dit à M. le premier président, que puisque la compagnie avoit jugé à propos qu'il demeurât à la délibération, du moins n'y devoit-il pas opiner : et enfin à MM. les présidents, son bonnet à la main, sans les nommer.

Arrêt est intervenu conforme aux conclusions des gens du roi, dont il y a minute à part.

En exécution duquel M. le premier président, le procureur-général du roi, et le greffier en chef qui avoient les clefs du dépôt allèrent au greffe, et peu de temps après revinrent, M. le premier président tenant en ses mains le portefeuille dans lequel l'édit et le paquet cacheté attaché sous le contre-scel étoient enfermés.

Il mit le portefeuille sur son bureau, et en tirant le paquet, le présenta à M. le duc d'Orléans, lequel l'ouvrit avec M. le premier président.

L'édit du mois d'août mil sept cent quatorze fut lu, puis le testament olographe trouvé dans le paquet.

Il étoit en six feuillets entièrement écrits au recto et au verso, et en un septième et dernier feuillet aussi entièrement écrit au recto, et un peu plus de la moitié au verso.

Le premier feuillet commençant en haut par ces mots : *Ceci est notre disposition et ordonnance de dernière volonté* ; et finissant en la dernière page par ces mots : *Fait à Marly, le deuxième d'août dix-sept cent quatorze, LOUIS.*

Et ensuite les deux codiciles apportés par M. le duc d'Orléans, et mis par lui entre les mains de M. le premier président, ont été pareillement lus : ils étoient dans une même feuille de papier, le premier daté du treizième avril, et le second du vingt-troisième août derniers mil sept cent quinze, et ils n'étoient point cachetés (1).

Ce fait, M. le duc d'Orléans prenant la parole, a dit, que malgré le respect qu'il avoit toujours eu pour les volontés du feu roi, et qu'il conserveroit pour ses dernières dispositions, il ne pouvoit pas n'être point touché de voir que l'on ne lui déféroit pas un titre qui étoit dû à sa naissance, et dont il avoit lieu de se flatter par les dernières paroles que le feu roi lui avoit dites, et qu'il avoit rapportées à la cour; que comme la compagnie avoit ordonné qu'il seroit statué séparément sur les droits de sa naissance, après la lecture du testament et des codiciles, il insistoit à ce que la cour opinât sur la régence

---

(1) V. le Testament de Louis XIV et les deux codiciles, t. XX, p. 523 et suiv.

avant qu'il fît ses observations sur quelques articles du testament et sur le commandement des troupes, et demandoit que les gens du roi donnassent leurs conclusions.

Les gens du roi se sont levés, et ont dit :

Que les droits du sang, le mérite supérieur de M. le duc d'Orléans, et les dernières volontés du roi, étoient autant de titres qui, réunissant dans la personne de M. le duc d'Orléans tous les droits qu'il pouvoit avoir à la régence du royaume, devoient aussi réunir tous les suffrages.

Que si le testament du roi ne donnoit à M. le duc d'Orléans que le titre de chef du conseil de régence, il falloit plutôt s'attacher à l'esprit qu'à la lettre du testament ; qu'il étoit toujours le premier par la volonté du roi dans la régence du royaume, comme il l'étoit par son mérite et par l'élévation de son rang.

Que si nos mœurs déféroient ordinairement la tutelle dans les familles particulières au plus proche parent, elles appeloient aussi le prince le plus proche à la régence du royaume ; que c'est ainsi qu'après la mort de Louis Hutin, en 1316, Philippe-le-Long, son frère puîné, fut déclaré régent du royaume, comme plus proche du défunt roi, malgré les prétentions de Charles, comte de Valois, qui étoit oncle de Louis Hutin ; que c'est ainsi qu'en 1327, Charles-le-Bel ayant laissé en mourant la reine sa femme enceinte, la régence fut jugée devoir appartenir à Philippe de Valois, cousin germain et plus proche du roi défunt, parce que (pour nous servir des termes d'un de nos anciens historiens) la raison veut que le plus prochain de la couronne ait l'administration de toutes les affaires.

Que si l'édit de 1407 paroît d'abord une loi générale qui a aboli l'usage des régences, on ne doit pas l'étendre au-delà de ses véritables bornes, que ce n'est pas au titre et au nom de régent, mais à l'autorité et au pouvoir des anciens régents du royaume que cet édit a donné atteinte, la royauté étoit alors comme éclipsée pendant la minorité, il ne se faisoit rien sous le nom du roi, on mettoit le nom du régent à la tête des lois : un sceau particulier et propre au régent lui donnoit le caractère de l'autorité publique, on réforma cet abus par l'édit de 1407, et c'est depuis ce temps que les rois, suivant les termes de l'édit, ont été, quoique mineurs, dits, appelés, tenus et réputés rois de France, mais le titre de régent a toujours subsisté depuis ce temps même ; s'il n'a été déféré qu'à des reines et à des mères, c'est parce qu'il s'en est toujours trouvé en état d'être choisies pour régentes. Mais ces exemples justifient que le titre de régent n'a point été aboli par l'édit de 1407, qui ne seroit pas moins contraire aux reines qu'aux princes du sang royal, si on vouloit l'entendre dans un sens trop rigoureux et si l'on n'entroit plutôt dans son véritable esprit, qui n'a été, que de tempérer l'ancienne autorité des régents et non d'en détruire jusqu'au nom, et l'on ne sauroit montrer en effet que le royaume ait jamais été gouverné pendant les minorités par d'autres que par des régents.

Qu'ils peuvent donc dire avec raison, que sous ce nom de chef du conseil de la régence, le roi a désigné effectivement M. le duc d'Orléans pour régent du royaume, et les dernières paroles que le roi lui a dites *qu'il n'avoit fait aucun préjudice aux droits de sa naissance*, expliquent encore suffisamment ses intentions.

Quel avantage pour ce royaume de voir la conduite de l'État entre les mains d'un prince si digne de gouverner, qui sait allier la justice et la bonté, la valeur et la prudence, les lumières supérieures et une modestie qui voudroit toujours les cacher, né pour les grandes choses et capable des plus petites, au-dessus de tous par l'élévation de son rang, et cherchant à se rabaisser pour se mettre à la portée de tous ; la cour n'a pas besoin du témoignage éclatant qu'il vient de rendre de ses sages dispositions pour le gouvernement de l'État, du désir ardent qu'il a de soulager les peuples, de son attention à procurer la tranquillité au dedans et au dehors du royaume, de son zèle pour la paix de l'Église, de sa confiance en vos lumières, en vos avis, en vos remontrances, et ce qu'il a dit sur ce sujet n'ajoute rien à ce que toute la France avoit lieu de se promettre de la droiture de ses intentions. Qu'ils ne voyoient donc rien qui ne concourût à déférer la régence à M. le duc d'Orléans ; que c'est par ces raisons, qu'ils requéroient qu'il plût à la cour déclarer M. le duc d'Orléans régent en France, pour avoir, en cette qualité, l'administration des affaires du royaume pendant la minorité du roi, sauf à délibérer ensuite sur les autres propositions qui pourroient être faites par M. le duc d'Orléans.

Les gens du roi retirés au parquet, la matière mise en délibération, ainsi que ci-dessus, M. le duc d'Orléans a été déclaré régent en France, pour avoir l'administration du royaume pendant la minorité du roi.

Les gens du roi étant ensuite rentrés, M. le duc d'Orléans a dit, qu'après le titre glorieux que la compagnie venoit de lui accorder, il avoit des observations à faire sur ce qui le regardoit, et sur ce qui pouvoit intéresser les autres princes : Que le conseil tel que le roi l'avoit formé par son testament, auroit pu suffire à un prince expérimenté dans l'art de régner qui l'avoit composé comme pour lui-même, mais qu'il avouoit qu'il avoit besoin de plus grands secours, n'ayant ni les mêmes lumières, ni la même expérience ; que jusqu'à présent une seule personne avoit été chargée d'une seule matière : par exemple, le secrétaire-d'état de la guerre étoit chargé de tout ce qui regardoit les affaires militaires, les rapportoit seul, et recevoit seul les ordres du feu roi, et ainsi des autres ; mais qu'il croyoit devoir proposer d'établir plusieurs conseils pour discuter les matières qui seroient ensuite réglées au conseil de régence, où l'on pourroit peut-être faire entrer quelques-uns de ceux qui auroient assisté aux conseils particuliers ; que c'étoit un des plans qui avoient été formés par M. le Dauphin, dernier mort, et que le roi en donnoit lui-même l'idée par rapport à la distribution des bénéfices pour laquelle il faisoit entrer au conseil deux évêques et le confesseur du roi ; que comme cela demandoit un grand détail et une plus ample discussion, il en feroit un projet qu'il communiqueroit à la compagnie, dont les avis seroient toujours d'un grand poids sur son esprit ; qu'il ne présumeroit jamais assez de ses propres forces, et qu'il connoissoit trop son peu d'expérience pour prendre sur lui seul la décision d'affaires aussi importantes que celles qui seroient examinées dans le conseil de régence ; qu'il se soumettoit volontiers à la pluralité des suffrages ; mais qu'il demandoit la liberté d'y appeler telles personnes qu'il estimeroit convenables pour le bien de l'État, son unique but n'étant que de tâcher de rétablir les affaires du royaume, et de soulager les peuples.

Qu'à l'égard de M. le duc, il étoit dit dans le testament, *qu'il n'auroit entrée au conseil de régence qu'à vingt-quatre ans accomplis :* mais qu'il croyoit que la compagnie ne feroit pas de difficulté de lui accorder place dès à présent dans ce conseil, puisqu'il avoit vingt-trois ans passés, et que les rois qui ne sont majeurs qu'à quatorze ans, sont pourtant déclarés majeurs à treize ans et un jour, mais qu'il demandoit encore en faveur de M. le duc une place que son bisaïeul avoit occupée pendant la dernière régence, et qui ne peut regarder que M. le duc ; que c'étoit la place de chef du conseil de la régence, et qu'il espéroit aussi que la compagnie ne refuseroit pas à M. le duc, de présider à ce conseil en l'absence du régent.

Qu'il ne pouvoit attribuer qu'à oubli, de ce que M. le prince de Conti n'étoit pas appelé par le testament au conseil de régence, que cette place lui étoit due en qualité de prince du sang, et qu'il lui paroissoit que la règle que l'on établiroit pour l'âge à l'égard de M. le duc, devoit servir d'exemple pour M. le prince de Conti, qui étoit le seul que le choix pût regarder, les autres princes du sang étant trop jeunes.

Qu'il connoissoit que l'éducation du roi étoit remise en de très-bonnes mains, puisqu'elle étoit donnée à M. le duc du Maine; mais qu'il avoit sur cela deux réflexions à faire faire à la cour.

La première, qu'il ne pouvoit voir déférer à un autre qu'à lui régent, le commandement des troupes de la maison du roi; que la défense du royaume résidoit en la personne du régent, et qu'il devoit par conséquent être le maître d'un moment à l'autre de faire marcher les troupes, et même celles de la maison du roi, partout où le besoin de l'État l'exigeroit; qu'ainsi il demandoit le commandement entier des troupes, même de celles de la maison du roi; que la seconde réflexion qu'il avoit à faire faire à la compagnie étoit, qu'il n'étoit pas convenable que M. le duc fût dans la dépendance de M. le duc du Maine pour les fonctions de la charge de grand-maître de la maison du roi, et qu'il demandoit que les gens du roi donnassent leurs conclusions sur tous ces chefs.

M. le duc de Bourbon a dit, qu'après ce que M. le duc d'Orléans avoit eu la bonté de représenter en sa faveur à la compagnie, il n'avoit plus qu'à en attendre la confirmation; persuadé qu'elle voudra bien lui donner dès à présent l'entrée au conseil de régence, et qu'il espéroit qu'en lui donnant place dans ce conseil la compagnie concourra encore par ses suffrages à lui accorder le titre de chef de ce conseil, et la présidence en l'absence de M. le régent; qu'il croyoit aussi que l'on ne voudroit pas l'obliger à être subordonné à M. le duc du Maine, pour les fonctions de grand-maître de la maison du roi, ce qui ne conviendroit ni à sa naissance ni à la dignité de sa charge.

M. le duc du Maine a parlé en ces termes:

« Messieurs, je suis persuadé, ou du moins je veux me flatter qu'en ce qui peut avoir rapport à moi dans la disposition testamentaire du feu roi de glorieuse mémoire, M. le duc d'Orléans n'est pas blessé du choix de ma personne pour l'honorable emploi auquel je suis appelé, et qu'il ne l'est que sur les choses qu'il croit préjudiciables à l'autorité qu'il doit avoir, et au bien de l'État, et que par conséquent, ne considérant que ces deux points, il se fera un honneur et un plaisir dans ce qui n'intéressera ni l'un ni l'autre, d'aller au plus près des dernières volontés de S. M.

« J'avois bien senti, et même j'avois pris la liberté de le représenter au roi, lorsqu'il me fit l'honneur de me donner peu de jours avant sa mort une notion de ce qu'il me destinoit, que le commandement continuel de toute sa maison militaire étoit fort au-dessus de moi; mais il me ferma la bouche en me disant, *que je devois respecter toujours ses volontés.* Je ne crois donc pas avoir la liberté de m'en désister. J'assure cependant que c'est sans aucune peine que je vois discuter cet article; que je sacrifierois toujours très-volontiers mes intérêts au bien et au repos de l'Etat, et que je ne ferai point de difficulté de me soumettre à ce qui sera décidé, osant seulement demander que s'il est conclu qu'il faille changer quelque chose à cet article, on détermine le titre de l'emploi qu'il a plu à S. M. de me donner, qu'on fasse un réglement stable, authentique, sur les prérogatives qui me seront attribuées, et qu'avant qu'il y soit procédé, je puisse dire encore ce que je crois ne pouvoir me dispenser de représenter, pour avoir un peu plus que la vaine apparence de répondre de la personne du roi. »

Les gens du roi s'étant levés, ont dit : Que ne devant proposer à la compagnie que leur vœu commun, qu'ils doivent donner par une délibération commune, il ne leur étoit pas possible de se déterminer sur ces différentes difficultés qui viennent de naître, si la cour n'avoit la bonté de leur faire donner la communication du testament et des codicilles du feu roi, et ne leur permettoit de se retirer pour quelques moments au parquet, pour y concerter les réflexions qu'ils croiroient nécessaires sur les propositions qui venoient d'être faites, et pour apporter ensuite à la compagnie les conclusions qu'ils estimeroient convenables.

Le testament et les codicilles leur ont été mis entre les mains, et ils se sont retirés au parquet; et peu de temps après étant rentrés, ils ont rapporté le testament et les codicilles, et ont dit :

Qu'après avoir entendu ce qui a été dit dans cette auguste assemblée par M. le duc d'Orléans, par M. le duc de Bourbon, et par M. le duc du Maine, et après la communication qui leur a été faite des dernières dispositions du roi défunt, deux objets principaux sembloient devoir partager toutes leurs vues et fixer leur attention, la régence du royaume, et l'éducation du roi mineur.

Que la cour ayant déféré le titre et la qualité de régent à M. le duc d'Orléans, si digne de soutenir les fonctions de cette place éminente, il ne restoit plus, par rapport à ce premier point, que le conseil de régence sur lequel il fût question de délibérer.

Que ce que M. le duc d'Orléans venoit de proposer sur ce sujet, étoit un témoignage qu'il avoit voulu rendre publiquement de la défiance qu'il avoit seul de ses propres forces; que dans cette pensée, il ne croyoit pas que les secours que le roi lui donnoit par son testament, lui fussent suffisants pour le gouvernement d'un si grand royaume; que c'est ce qui l'engageoit à demander le temps de faire le choix de personnes sages et éclairées qu'il pût associer à la conduite de l'État et de proposer des projets de différents conseils particuliers, qu'il croyoit nécessaires pour établir un bon et sage gouvernement; et que comme cette proposition ne tendoit qu'à perfectionner le plan de la régence, ils ne pouvoient qu'applaudir à un dessein si avantageux au public, et qu'il ne restoit qu'à remettre sur ce sujet la délibération au jour auquel M. le duc d'Orléans voudroit bien expliquer ses projets.

Mais qu'à l'égard de ce que M. le duc d'Orléans avait proposé par rapport à M. le duc de Bourbon et aux autres princes du sang royal, et de ce que M. le duc de Bourbon demandoit lui-même, la cour étoit en état dès à présent d'y prononcer; que la volonté du roi défunt et ce qui étoit dû au rang de M. le duc de Bourbon concouroient également à lui donner place dans le conseil de régence; que quand cet honneur ne seroit pas dû à son rang, il seroit dû à son mérite; que quoique par la dernière disposition du roi il ne dût y avoir entrée qu'à l'âge de vingt-quatre ans accomplis, ses qualités personnelles suffiroient seules pour avancer ce temps en sa faveur, quand même les lois communes du royaume qui règlent le temps de la majorité lui seroient contraires.

Mais qu'outre l'exemple des rois qui n'étant majeurs qu'à quatorze ans, sont réputés cependant avoir acquis la majorité à treize ans et un jour, exemple qui forme d'abord un si puissant préjugé pour lui, si l'on vouloit consulter la disposition des anciennes lois de la France, on trouveroit que plusieurs des coutumes avoient fixé la majorité à quinze ans, que celles qui l'avoient le plus reculée en avoient marqué le commencement à vingt-un, et que, suivant nos anciennes mœurs, la majorité étoit acquise par toute la France à l'âge de vingt-un ans; que si dans la suite, les ordonnances de nos rois avoient fixé la majorité parfaite à vingt-cinq ans pour les familles particulières, ces lois n'avoient point eu d'application à ce qui regardoit le gouvernement du royaume, puisqu'elles n'ont eu aucun effet par rapport à la majorité des rois; et que le duc d'Orléans, âgé de vingt-deux ans, ayant été jugé capable, en 1483, d'être le président du conseil de régence pendant la minorité de Charles VIII, et d'avoir la principale administration des affaires, il seroit étrange que M. le duc de Bourbon ne pût avoir entrée au conseil dans un âge plus avancé; que dès qu'il seroit admis à ce conseil, c'étoit une suite nécessaire qu'étant le premier dans l'Etat, après M. le duc d'Orléans, il fût aussi le premier après lui dans le conseil de régence.

Qu'ainsi, puisque la cour avoit déféré le titre de régent à M. le duc d'Orléans, on ne pouvoit refuser à M. le duc de Bourbon la qualité de chef du conseil de régence sous l'autorité du régent; qualité qui renfermoit en elle-même le pouvoir d'y présider en l'absence de M. le duc d'Orléans, et qu'il ne paroissoit pas que cette proposition pût recevoir le moindre doute, après le dernier exemple de la régence de la reine, mère du feu roi, sous l'autorité de laquelle M. le duc d'Orléans et M. le prince de Condé, en son absence, furent établis chefs du conseil de la régence.

Que si la cour jugeoit à propos de faire entrer dès à présent M. le duc de Bourbon dans le conseil de régence, cette décision seroit une loi pour les autres princes du sang royal qui pourroient atteindre l'âge de vingt-trois ans, pendant la minorité du roi. Qu'il sembloit donc nécessaire de régler dès à présent qu'ils seroient admis au conseil de régence aussitôt qu'ils auroient atteint cet âge.

Qu'après avoir épuisé tout le sujet des délibérations sur la régence il ne restoit plus à régler que ce qui regardoit l'éducation du roi; mais que les difficultés qui venoient de naître leur avoient paru assez importantes pour mériter de nouvelles réflexions, ce qui les engageoit à demander à la cour qu'il lui plût remettre la délibération à l'après-dîner.

Que par ces raisons ils requéroient que M. le duc de Bourbon fût dès à présent déclaré chef du conseil de la régence sous l'autorité de M. le duc d'Orléans, et qu'il y présidât en son absence; qu'il fût ordonné que les princes du sang royal auroient entrée au conseil aussitôt qu'ils auroient atteint l'âge de vingt-trois ans accomplis; que sur l'établissement des conseils et le choix des personnes qui devoient les composer, il en fût délibéré lorsque M. le duc d'Orléans se seroit expliqué plus en détail; et que pour ce qui regardoit l'éducation du roi, le commandement des troupes et tout ce qui pouvoit y avoir rapport, il plût à la cour remettre la délibération à ce jour de relevée, à telle heure qu'il lui plairoit l'indiquer.

Les gens du roi s'étant retirés et la matière mise en délibération, il a été arrêté que le duc de Bourbon sera dès à présent chef du conseil de la régence sous l'autorité de M. le duc d'Orléans, et qu'il y présidera en son absence; et que les princes du sang royal auront aussi entrée audit conseil lorsqu'ils auront atteint l'âge de vingt-trois ans accomplis.

Et attendu qu'il étoit près d'une heure, le surplus de la délibération a été remis à trois heures de relevée, et M. le duc d'Orléans et toute la compagnie a dit qu'ils ne manqueroient pas de s'y trouver.

Dudit jour deuxième septembre 1715, de relevée.

Sur les trois à quatre heures de relevée la compagnie assemblée dans le même ordre que le matin, avertie que M. le duc d'Orléans venoit, MM. les présidents le Peletier et de Bailleul, Cadeau et Gaudart, conseillers-députés, l'ont été recevoir dans la grande salle du Palais, et l'ont conduit en la cour de la même manière.

Lorsque M. le duc d'Orléans a eu pris sa place, les gens du roi mandés, il a dit en leur présence : Qu'après des réflexions plus sérieuses, il étoit bien aise de s'expliquer sur l'établissement des différents conseils dont il avoit parlé le matin.

Qu'il croyoit donc qu'outre le conseil de régence où se rapporteroient toutes les affaires, il étoit nécessaire d'établir un conseil de guerre, un conseil de finance, un conseil de marine, un conseil pour les affaires étrangères, et un conseil pour les affaires du dedans du royaume, qu'il jugeoit même important de former un conseil de conscience, composé de personnes attachées aux maximes du royaume, et qu'il espéroit que la compagnie ne lui refuseroit pas quelques-uns de ses magistrats qui, par leur capacité et leurs lumières, pussent y soutenir les droits et les libertés de l'église gallicane.

Qu'à l'égard du conseil de régence, il étoit dans la résolution de se soumettre à la pluralité des suffrages, étant toujours disposé à préférer les lumières des autres aux siennes propres.

Mais que dès le moment qu'il s'assujettissoit à cette condition, il croyoit que la compagnie voudroit bien lui donner la liberté de retrancher, d'ajouter et de changer ce qu'il lui plairoit dans le nombre et le choix des personnes dont ce conseil seroit composé; qu'il demandoit encore que l'on exceptât de ce qui seroit soumis à la pluralité des voix, la distribution des charges, emplois, bénéfices et graces; sur quoi pourtant il consulteroit le conseil de régence : mais qu'il souhaitoit être à portée de récompenser les services dont il avoit été témoin, et ceux que l'on rendroit à l'Etat pendant sa régence; qu'il vouloit être indépendant pour faire le bien, et qu'il consentoit qu'on le liât tant que l'on voudroit pour ne point faire de mal.

Que pour ce qui regardoit les autres conseils, il demandoit aussi la liberté de les former comme il le jugeroit à propos, et qu'il offroit d'en communiquer le projet comme il l'avoit déclaré dès le matin à la compagnie.

Surquoi il demanda que les gens du roi donnassent leurs conclusions, après quoi il s'expliqueroit sur le reste.

Les gens du roi s'étant levés ont dit : Que les articles dont M. le duc d'Orléans venoit de parler à la compagnie, n'étant pas les seuls qu'il eût à proposer, ils croyoient qu'il étoit plus convenable qu'il voulût bien s'expliquer sur toutes les difficultés qui devoient faire dans ce jour l'objet des délibérations de l'assemblée afin qu'ils pussent prendre des conclusions sur toutes les propositions que M. le duc d'Orléans avoit à faire; et que la cour pût aussi pourvoir à tout par un seul arrêt; que c'étoit là ce qui les engageoit de supplier M. le duc d'Orléans de vouloir bien continuer d'exposer à la compagnie tous les articles sur lesquels il étoit nécessaire de prononcer.

M. le duc d'Orléans a repris la parole et dit : Qu'il restoit encore l'article important qui concernoit le commandement des troupes du roi, sur lequel la cour avoit remis la délibération à cette après-dînée.

Qu'il ne pouvoit absolument se départir d'un droit qui étoit inséparable de la régence et qui regardoit la sûreté de l'Etat, dont le soin étoit confié à la personne du régent, et qu'on ne pouvoit pas même en excepter le commandement des troupes employées chaque jour à la garde du roi; que l'autorité militaire devoit toujours se réunir dans une seule personne; que c'étoit l'ordre des commandements de cette nature et l'unique moyen d'empêcher les divisions qui sont une suite presque inévitable du partage de l'autorité; qu'il voyoit devant ses yeux des généraux d'armées et très-dignes qui pourroient rendre témoignage à la compagnie de la vérité et de l'importance de cette règle; que les officiers mêmes qui commandoient les corps qui composent la maison du roi, regardoient comme le plus beau privilège de leurs charges, de ne recevoir l'ordre que de la personne du roi ou du régent qui le représente.

Que c'étoit à lui principalement , et par sa naissance et par sa qualité de régent, de veiller à la conservation et à la sûreté du roi dont la vie étoit si chère à l'Etat, et qu'il ne doutoit pas que M. le duc du Maine n'y concourût avec le même zèle.

Que même suivant le testament du feu roi, la tutelle et la garde étoient déférées au conseil de la régence, et que la compagnie lui ayant accordé de si bonne grace le titre de régent, il entroit par-là dans le droit du conseil.

Qu'enfin la nécessité du commandement demandoit absolument qu'un seul eût toute l'autorité sur les troupes sans aucune distinction , et qu'il étoit persuadé que cela ne lui pouvoit être refusé.

Qu'ainsi, pour se réduire, il demandoit que les gens du roi eussent à prendre leurs conclusions sur ce qui regardoit les conseils , la distribution des graces et le commandement des troupes , même de la maison du roi.

Sur quoi les gens du roi s'étant levés, ils ont dit : Qu'après avoir pourvu ce matin à la régence du royaume , il ne s'agissoit plus que d'en régler l'exercice , et de déterminer ensuite ce qui pouvoit regarder l'éducation du roi; qu'ils lisoient dans les yeux de la compagnie , ils osoient dire même dans son cœur, la satisfaction qu'elle avoit du choix d'un régent qui répondoit si parfaitement aux justes espérances qu'elle avoit conçues de son mérite.

Que les projets des différents conseils dont il n'avoit présenté ce matin qu'une première ébauche , et qu'il venoit d'expliquer plus en détail , étoient une nouvelle preuve de sa capacité en l'art du gouvernement; et que le dessein qu'il avoit de se soumettre à la pluralité des suffrages du conseil de régence , étoit un nouveau témoignage de l'élévation et de la droiture de ses sentiments.

Ces conseils particuliers, où chaque matière sera amplement discutée , et qui donneront tant de facilité pour les décider au conseil-général de régence ; ce projet conçu par un prince qui, suivant l'ordre de la nature, devoit être notre roi , et qui auroit été si digne du trône de ses ancêtres , ne pouvoit être mieux exécuté que par un régent qui sait connaître et choisir dans chaque chose ce qu'il y a de plus parfait, et le dessein qu'il a d'associer à l'examen des affaires ecclésiastiques du royaume, des magistrats instruits des maximes de la France sur ces matières , justifie pleinement le désir qu'il a de soutenir nos plus saintes lois. Il ne nous reste donc plus que d'attendre que quelques jours de méditation aient donné à M. le duc d'Orléans le loisir de former sur ce plan le système entier de ces conseils, qu'il doit ensuite communiquer à la compagnie.

Que la pluralité des suffrages à laquelle M. le duc d'Orléans veut se conformer dans toutes les affaires publiques du royaume, n'est que l'exécution de l'édit du 26 décembre 1407, sur le fait des régences, qui veut que les délibérations des conseils de régence soient avisées, prises et conclues selon les voix et opinions; que cette disposition fondée sur presque tous les exemples antérieurs à cet édit, et affermie par un grand nombre d'exemples postérieurs, n'avoit pas laissé de souffrir différentes atteintes, surtout dans les régences des reines, mères des rois mineurs : mais que M. le régent, loin de s'en prévaloir, loin de tirer avantage du dernier exemple, dans lequel malgré la disposition de cet édit, et la volonté du roi Louis XIII, on n'assujettit point la reine, mère du roi, à la pluralité des suffrages pendant sa régence, protestoit publiquement que son intention étoit de s'y conformer. Plus jaloux de la règle que de son pouvoir, moins touché de son intérêt que de ce qu'il regarde comme le bien de l'Etat, il vouloit bien se lier lui-même et il faisoit connoître par cette conduite si sage que ceux qui devroient avoir une plus grande confiance dans leurs propres forces, sont ordinairement ceux qui s'en défient davantage.

La confiance entière de la cour doit être le prix d'une si sage et si noble défiance, et pourroit-elle refuser à un prince qui ne veut conduire ce grand royaume, que par l'avis de personnes également sages et éclairées, le pouvoir d'ajouter, de retrancher, de changer ce qu'il jugera à propos dans le conseil de régence? L'art de connoître les hommes, ce discernement des esprits qui lui est si naturel, assure au public un choix éclairé qui ne tombera que sur les personnes les plus instruites des maximes du gouvernement, des droits de la couronne, des lois de l'église et de l'Etat, et c'est dans cette assurance qu'ils croient devoir proposer à la cour de remettre entre les mains de ce prince un choix qu'il est si capable de faire.

Que les affaires publiques soient décidées dans le conseil de régence à la pluralité des suffrages; c'est ce que M. le duc d'Orléans a jugé lui-même être le plus conforme aux lois du royaume, mais de porter cette résolution jusqu'à la distribution des charges, des emplois, des bénéfices et des graces; ce seroit ne donner au régent qu'un vain titre, et pour ainsi dire un fantôme d'autorité, ce seroit rendre tout électif en France, et la seule idée d'élection fait envisager d'abord les intrigues,

les cabales qui en sont les suites ordinaires, et qui deviennent
tôt ou tard des sources funestes de division; ce seroit enfin
affoiblir et presque détruire toute l'autorité de la régence, en
ôtant au prince à qui elle est confiée, le pouvoir d'accorder
des récompenses et de faire des graces, pouvoir qu'on a toujours regardé comme un des plus grands ressorts du gouvernement; il n'appartient qu'à celui qui en est chargé, de connoître à fond la juste mesure des services rendus à l'Etat; de
les apprécier à leur véritable valeur et de leur donner la récompense qu'ils méritent, ce n'est pas que M. le duc d'Orléans
veuille négliger même sur ce point les avis du conseil de régence, il s'engage au contraire à le consulter; et pouvoit-il en
faire davantage pour apprendre à toute la France l'usage qu'il
veut faire de la liberté qu'il demande? Ils ne peuvent donc que
souscrire à une réserve si juste et si mesurée, et supplier la cour
de conserver à jamais dans ses registres ces paroles mémorables de M. le duc d'Orléans : *Qu'il ne vouloit être indépendant
que pour faire le bien, et qu'il consentoit qu'on le liât tant qu'on
le voudroit pour ne point faire de mal.*

Qu'après avoir tâché de remplir tout ce que le devoir de
leur ministère exigeoit d'eux par rapport à l'exercice de la régence, il ne leur restoit plus qu'à proposer à la cour leurs réflexions sur ce qui regardoit l'éducation du roi.

Qu'il n'étoit ni nouveau ni singulier de voir, dans les familles particulières, l'éducation des mineurs séparée de la régie et de l'administration des biens, et que les histoires sont
pleines d'exemples dans lesquels la régence du royaume et l'é-
ducation des rois mineurs ont été confiées à des personnes différentes.

Que ce sont sans doute ces exemples qui ont inspiré au roi
défunt la pensée de remettre l'éducation du roi son petit-fils
entre les mains de M. le duc du Maine; que le vœu d'un père
et d'un roi, qui est présumé mieux instruit que tout autre de
ce qui peut-être plus convenable à l'éducation de ses enfants,
est d'un si grand poids, que sans de puissantes raisons, il étoit
difficile de ne pas se soumettre à la sagesse de ses dispositions.

Que la volonté du feu roi, le suffrage de M. le Régent, les
lumières et les vertus de M. le duc du Maine concourant à lui
faire déférer une éducation si précieuse à la France, il étoit
nécessaire de lui donner un titre qui répondît au glorieux emploi qui lui étoit destiné; que la tutelle du roi étant entre les
mains du conseil de régence, suivant les dernières dispositions
du roi défunt, et M. le duc d'Orléans entrant par la qualité de

régent qui lui a été déférée, dans les droits du conseil de régence, on ne pouvoit concevoir de titre plus honorable pour M. le duc du Maine, et plus convenable à la fonction à laquelle il étoit appelé, que celui de surintendant à l'éducation du roi, titre qui renfermoit toute l'étendue du pouvoir que M. le duc du Maine devoit avoir dans cet emploi; qu'il ne restoit que deux difficultés par rapport à ses fonctions, l'une qui regardoit le commandement des troupes de la maison du roi, qui est déféré par le testament du roi à celui qui doit être chargé de son éducation; l'autre qui concernoit M. le duc de Bourbon en qualité de grand-maître de la maison du roi.

Que M. le Régent a fait assez connoître à la cour combien tout partage de commandement, et de commandement militaire, pouvoit être contraire non-seulement à l'autorité du régent, mais au bien même de l'Etat; que la nécessité pouvant l'obliger à se servir d'une partie des troupes pour la défense du royaume, on ne pouvoit lui en ôter le commandement sans le mettre hors d'état de pourvoir suffisamment à la sûreté du royaume; qu'ils sentoient toute la force de ces raisons; que la cour a bien vu, même par ce qui lui a été dit sur ce sujet par M. le duc du Maine, qu'il avoit aussi prévu ces inconvéniens, et que la seule déférence qu'il avoit pour les dernières volontés du roi défunt, l'avoit engagé à ne point se départir de cette disposition, dont il connoissoit toutes les conséquences; qu'ils avoient cru d'abord qu'il étoit facile de concilier les deux autorités en distinguant dans le commandement de ces troupes, ce qui appartient au pouvoir légitime du régent, et ce qui pouvoit être déféré à l'autorité de celui qui est chargé du soin de l'éducation, et qu'en laissant à M. le duc d'Orléans le commandement général des troupes, et ne donnant à M. le duc du Maine, sous l'autorité du régent, que le commandement de la partie de ces troupes qui seroit actuellement à la garde du roi, ils avoient pensé qu'on pourroit réunir toutes les différentes vues et les différents intérêts; mais que les chefs des différents corps qui composent la maison du roi, prétendent être en droit et en possession de ne recevoir aucuns ordres que de la personne du roi même; que s'ils conviennent que dans un temps où le roi n'est pas en état de les leur donner lui-même, ils doivent les recevoir du régent du royaume, qui représente la personne du roi, ils soutiennent en même temps qu'ils ne peuvent et ne doivent obéir, en ce cas, qu'au seul régent, comme ils ne peuvent et ne doivent obéir qu'au roi seul quand il est en état de les commander.

Que cette discipline militaire dont ils ne sont point instruits par eux-mêmes, mais qui n'a point été contredite, ôte toute espérance de conciliation sur ce sujet, et les oblige de retomber dans la règle commune qui ne souffre aucune division dans le commandement des troupes; que si l'intérêt de l'Etat leur a paru intimement lié à cette unité de commandement, il leur a semblé en même temps que l'éducation du roi n'en souffriroit point; que l'union si parfaite qui règne entre M. le Régent, M. le duc de Bourbon et M. le duc du Maine, donneroit à M. le duc du Maine les mêmes avantages pour l'éducation du roi, que s'il avoit le commandement des troupes, et que le concert qui subsistera toujours entre M. le duc du Maine et les officiers des troupes de la maison du roi, sans lui donner une autorité de droit, lui procureroit un pouvoir de déférence et d'affection aussi réel et aussi utile au roi que si ce pouvoir lui eût été déféré.

Qu'il ne restoit plus que ce qui regardoit les intérêts de M. le duc de Bourbon, sa charge de grand-maître de la maison du roi l'attachant au service de la personne du prince, il ne croit pas qu'il convienne à son rang d'obéir à M. le duc du Maine en qualité de surintendant à l'éducation du roi, mais qu'il étoit facile de prévenir cette difficulté par une réserve spéciale qui, en détruisant toute idée de supériorité sur M. le duc de Bourbon, pût conserver à ce prince, en qualité de grand maître de la maison du roi, son indépendance de tout autre que du roi ou du régent.

Que telles étoient les réflexions qu'ils croyoient devoir proposer à la cour sur les dernières dispositions du roi défunt, et sur tout ce qui avoit été dit par M. le duc d'Orléans, par M. le duc de Bourbon, et par M. le duc du Maine, soit par rapport à la régence du royaume, soit par rapport à l'éducation du roi.

Qu'il ne leur restoit plus que de féliciter cette auguste compagnie, ou pour mieux dire toute la France, de la parfaite et prompte unanimité avec laquelle la plus importante affaire de la monarchie est sur le point d'être terminée : quelle espérance ne doit-on pas en concevoir pour toutes les suites d'une minorité qui commence sous des auspices si favorables ?

Pendant que tout concourra à affermir le trône du roi par un gouvernement sage, tranquille et éclairé, toute la France verra croître en lui par les soins de celui qui doit présider à son éducation, les heureuses inclinations que la nature y a déjà formées : une régence établie sur des principes si solides, sera le gage assuré d'un règne parfait, la source des plus grandes prospérités et le fondement le plus certain de la tranquillité publique.

Que c'est dans ces vues qu'ils requièrent, qu'après la déclaration qui a été faite par M. le duc d'Orléans qu'il entend se conformer à la pluralité des suffrages dans toutes les affaires, à l'exception des charges, emplois, bénéfices et graces qu'il pourra accorder ainsi qu'il le jugera à propos, après avoir consulté le conseil de régence, sans être assujetti à la pluralité des voix à cet égard, il puisse former le conseil de régence, même tels conseils inférieurs qu'il avisera, et y admettre les personnes qu'il en estimera les plus dignes, le tout suivant le projet qu'il doit en communiquer à la cour; que M. le duc du Maine sera sur-intendant à l'éducation du roi, l'autorité entière et le commandement des troupes de la maison du roi, même de celles qui sont destinées à la garde de sa personne, demeurant entièrement à M. le duc d'Orléans, et sans aucune supériorité de M. le duc du Maine sur M. le duc de Bourbon, grand-maître de la maison du roi; que des *duplicata* de l'arrêt qui interviendra sur leurs conclusions seront envoyés aux autres parlemens du royaume, et des copies collationnées aux bailliages et sénéchaussées du ressort pour y être lues et publiées; enjoint aux substituts de M. le procureur général d'y tenir la main, et d'en certifier la cour dans un mois.

M. le duc du Maine a dit ensuite que si on ne jugeoit pas à propos de lui laisser le commandement des troupes de la maison du roi, pas même de celles qui sont employées à la garde de sa personne, il ne pouvoit répondre que de son zèle, de son attention, de sa vigilance, et qu'il espéroit au moins par-là de satisfaire autant qu'il seroit en lui aux intentions du feu roi, puisqu'il n'y pouvoit satisfaire autrement, n'ayant aucunes troupes sous son autorité.

Les gens du roi retirés, la matière mise en délibération :

Il a été arrêté qu'après la déclaration faite par M. le duc d'Orléans, qu'il entend se conformer à la pluralité des suffrages du conseil de la régence dans toutes les affaires, à l'exception des charges, emplois, bénéfices et graces, qu'il pourra accorder à qui bon lui semblera, après avoir consulté ledit conseil, sans être néanmoins assujetti à suivre la pluralité des voix à cet égard : il pourra former le conseil de régence, même tels conseils inférieurs qu'il jugera à propos, et y admettre les personnes qu'il en estimera les plus dignes, le tout suivant le projet que M. le duc d'Orléans avoit déclaré qu'il communiqueroit à la cour : que le duc du Maine sera surintendant à l'éducation du roi, l'autorité entière et le commandement sur les troupes de la maison du roi, même sur celles qui sont employées à la garde de sa personne, demeurant à M. le duc d'Orléans, et sans aucune supériorité du duc du Maine sur le duc de Bourbon, grand-maître de la maison du roi.

Ce fait, M. le duc d'Orléans s'est levé et, suivi de MM. les princes du sang, passant à travers le parquet, a été conduit par six des huissiers de la cour jusqu'à la Sainte Chapelle, frappant de leurs baguettes.

L'arrêt a été rédigé sur les arrêtés du matin et de l'après-diner, et signé de M. le premier président, ainsi qu'il suit

Ce jour la cour, toutes les chambres assemblées où étoient les princes du sang et les pairs ci-dessus nommés, après qu'ouverture a été faite du testament du feu roi déposé au greffe de la cour suivant son édit du mois d'août 1714, et l'arrêt du 29 dudit mois, ensemble des codiciles des 13 avril et 23 août derniers 1715, apportés par M. le duc d'Orléans; et ouï les gens du roi en leurs conclusions, la matière mise en délibération a déclaré et déclare M. le duc d'Orléans régent en France, pour avoir en ladite qualité l'administration des affaires du royaume pendant la minorité du roi; ordonne que le duc de Bourbon sera dès à présent chef du conseil de la régence sous l'autorité de M. le duc d'Orléans, et y présidera en son absence; que les princes du sang royal auront aussi entrée audit conseil lorsqu'ils auront atteint l'âge de vingt-trois ans accomplis. Et après la déclaration faite par M. le duc d'Orléans, qu'il entend se conformer à la pluralité des suffrages dudit conseil de la régence dans toutes les affaires, à l'exception des charges, emplois, bénéfices et graces qu'il pourra accorder à qui bon lui semblera, après avoir consulté le conseil de régence, sans être néanmoins assujetti à suivre la pluralité des voix à cet égard. Ordonne qu'il pourra former le conseil de régence, même tels conseils inférieurs qu'il jugera à propos, et y admettre les personnes qu'il en estimera les plus dignes, le tout suivant le projet que M. le duc d'Orléans a déclaré qu'il communiquera à la cour. Que le duc du Maine sera surintendant à l'éducation du roi; l'autorité entière et commandement sur les troupes de la maison dudit seigneur roi, même sur celles qui sont employées à la garde de sa personne, demeurant à M. le duc d'Orléans, et sans aucune supériorité du duc du Maine sur le duc de Bourbon, grand-maître de la maison du roi. Ordonne que des *duplicata* du présent arrêt seront envoyés aux autres parlements du royaume, et des copies collationnées aux baillages et sénéchaussées du ressort, pour y être lues, publiées et registrées. Enjoint aux substituts du procureur général du roi d'y tenir la main, et d'en certifier la cour dans un mois.

N° 3. — DÉCLARATION *pour proroger les séances du parlement.*

Versailles, 4 septembre 1715. Reg. P. P. 7 septembre. (Archiv.)

LOUIS, etc. Le malheur que nous éprouvons par la mort du roi notre très-honoré seigneur et bisaïeul de glorieuse mémoire, que nous regretterons toujours pour nous et pour tout notre royaume, ayant suspendu le cours ordinaire de la justice en notre cour du parlement pour y lire ses dernières dispositions, et assurer à notre très-cher oncle le duc d'Orléans la régence qui est légitimement due à sa naissance et à ses vertus : nous croyons que notre premier soin envers nos sujets, doit être de réparer le préjudice que cette interruption peut causer à ceux dont les affaires auroient pû être jugées avant les vacations de notre dite cour; et comme les autres grandes et importantes affaires qui sont à régler présentement, exigent en même temps que notre parlement continue ses séances, nous voulons y contribuer par notre autorité, pour faire connoître à nos sujets que la justice que nous leur devons, tiendra toujours la première place dans notre cœur. A ces causes et autres grandes considérations à ce nous mouvans, de l'avis de notre très-cher oncle et régent, le duc d'Orléans, et de notre très-cher cousin le duc de Bourbon, et autres grands et notables personnages de notre royaume, nous avons prorogé et continué, et par ces présentes signées de notre main, prorogeons et continuons les séances de notre dite cour de parlement, jusqu'au 21 du présent mois, pour le jugement de toutes les affaires particulières de nos sujets, qui seront en état d'être décidées et jusqu'au 1er octobre exclusivement pour toutes les affaires publiques et générales de notre état, qui pourront y être portées par nos ordres.

Si donnons en mandement, etc.

N° 4. — LIT DE JUSTICE *dans lequel le roi confirme l'arrêt du parlement du 2 septembre.*

Paris, 12 septembre 1715. (Archiv.)

EXTRAIT DES REGISTRES DU PARLEMENT.

A sa droite (du roi) aux hauts sièges : Le duc d'Orléans, régent; le duc de Bourbon, le comte de Charolois, le prince de Conty, le duc du Maine, le prince de Dombes, le comte de Toulouse, princes du sang; et ensuite sur le reste du banc, et sur deux autres que l'on avoit mis jusqu'au dernier des princes du sang, les ducs d'Uzès, de Monbazon, de la Tremoïlle, de Sully, de Saint-Simon, de la Rochefoucault, de la Force, de Rohan, d'Albret, Piney-Luxembourg, d'Estrées, de Coislin, évêque de Metz; de Gramont, de la Meilleraye, de Mortemart, de Noaillos, d'Aumont, de Charrost, de Villars, d'Harcourt, de Fitz-James, d'Antin, de Chaulnes, de Rohan-Rohan, d'Ostun.

A sa gauche aux hauts sièges : L'archevêque, duc de Reims; l'évêque, duc de Laon; l'évêque, duc de Langres; l'évêque, comte de Beauvais; l'évêque, comte de Châlons; l'évêque, comte de Noyon, pairs ecclésiastiques; et sur ce qui restoit du banc, et sur un autre qui avoit été mis devant, les maréchaux d'Estrées, de Château-Regnaut, d'Huxelles, de Tessé, de Tallard, de Matignon, de Bezons, de Montesquiou (venus avec le roi).

A ses pieds : Le duc de Tresmes, premier gentilhomme de la chambre, faisant la fonction de grand-chambellan pour l'indisposition du duc de Bouillon.

A droite, sur un tabouret au bas des degrés du siège royal : Le maréchal de Villeroy, gouverneur du roi.

A gauche, sur un tabouret au bas des degrés du siège royal : La duchesse de Ventadour, gouvernante du roi; et sur un banc particulier près d'elle au-dessous des pairs d'église : Le duc de Villeroy, capitaine des gardes-du-corps en quartier; le marquis de Courtenvaux, capitaine des cent Suisses de la garde, et le marquis de Beringhen, chevalier de l'ordre, premier écuyer.

En la chaise où est le greffier en chef aux audiences publiques, couverte du tapis du siège royal : M. Voisin, chancelier de France, commandeur des ordres du roi, vêtu d'une robe de velours violet, doublée de satin cramoisi.

Sur le banc ordinaire de MM. les présidents au conseil, messire Jean-Antoine de Mesmes, chevalier, premier; MM. les présidents Potier, Charron, de Lamoignon, Portail, Amelot, le Peletier et de Bailleul.

Dans le parquet sur deux tabourets devant M. le chancelier, les sieurs Dreux, grand-maître, et Desgranges, maître des cérémonies.

Et au milieu du parquet à genoux devant le roi, deux huissiers massiers du roi tenant leurs masses d'argent doré, et six hérauts d'armes.

À côté droit, sur deux bancs couverts de tapisserie de fleurs de lys, les conseillers d'Etat et les maîtres des requêtes venus avec M. le chancelier, en robes de satin noir.

Sur les trois bancs couverts de tapisserie dans le parquet, et sur le banc du premier et du second barreau du côté de la cheminée : Les conseillers d'honneur, maîtres des requêtes en robes rouges; conseillers de la grand-chambre, présidents des enquêtes et requêtes.

Conseillers d'honneur. (Suivent deux noms.)
Maîtres des requêtes. (Suivent quatre noms.)
Présidents des enquêtes et requêtes. (Suivent dix-huit noms.)
Conseillers de la grand-chambre. (Suivent trente-deux noms.)
Conseillers d'Etat. (Suivent onze noms.)
Maîtres des requêtes. (Suivent cinq noms.)

Les présidens des enquêtes et requêtes étoient mêlés parmi les conseillers de la grand'chambre.

Sur un banc en entrant vis-à-vis de MM. les présidents : MM. Colbert de Torcy, Phelypeaux de Pontchartrain, et Phelypeaux de la Vrillière, secrétaires d'Etat.

Et sur trois autres bancs à gauche dans le parquet : les sieurs abbé d'Estrées, comte de Sorre; comte de Guiscard, comte de Goesbriant et d'Albergotti, chevaliers de l'ordre; et les sieurs marquis d'Arpajon, et de Nogent, comte de Lautrec; marquis de Saint-Germain Beaupré; de Verac, comte de Grancey; marquis de Vallière, et d'Aubigny, et autres gouverneurs, lieutenants-généraux, baillifs et sénéchaux, venus avec le roi, autant qu'il en a pu tenir sur les bancs.

Et ensuite sur un siège à part : Le sieur Bellot, baillif du Palais.

À côté de la forme où étoient les secrétaires d'Etat : Dongois, greffier en chef, revêtu de son épitoge; et à côté de lui, du Franc, l'un des principaux commis au greffe de la cour, servant en la grand'chambre : un bureau devant chacun d'eux, couvert de fleurs de lys.

Sur une forme ou banc derrière eux : De la Baune, greffier

en chef criminel, et Mirey, Nouet et Ysabeau, secrétaires de la cour.

Et sur un tabouret, le grand prévôt de l'hôtel, et le premier huissier en sa chaise à l'entrée du parquet.

En leurs places ordinaires, les chambres assemblées au bout du premier barreau jusqu'à la lanterne de la cheminée avec les conseillers de la grand'chambre et les présidents des enquêtes et requêtes.

Maître Guillaume-François Joly de Fleury, avocat du roi.

Maître Henri-François d'Aguesseau, procureur-général du roi.

Maître Guillaume de Lamoignon, avocat du roi.

Maître Germain-Louis Chauvelin, avocat du roi.

Et dans le surplus des bancs, des deux côtés et sur quatre bancs qui avoient été ajoutés de nouveau, derrière le dernier barreau, du côté de la cheminée, tant pour remplacer les places données aux conseillers de la grand'chambre, et présidents des enquêtes et requêtes, que pour augmenter le nombre des places ordinaires, les conseillers des enquêtes et requêtes. (Suivent soixante-douze noms, et autres en grand nombre.)

Et sur un cinquième banc, derrière ceux occupés par les conseillers des enquêtes et requêtes, gardé par l'ordre du grand-maître des cérémonies, étoient le sieur prince de Salms, et autres princes et seigneurs étrangers.

La lanterne, du côté du greffe, était remplie par les femmes du service du roi.

Et celle de la cheminée par le nonce du pape, le sieur Baillif de Mesmes, ambassadeur de Malte, celui de Portugal, et plusieurs autres ambassadeurs.

Ce jour de relevée, la cour, toutes les chambres assemblées en robes et chaperons d'écarlate, attendant la venue du roi, les officiers des gardes du corps saisis des portes du parlement, a eu avis sur les deux heures et demie que M. le chancelier venoit en la cour : ont été députés pour l'aller recevoir au lieu accoutumé hors le parquet, MM. Robert et de la Porte, conseillers de la grand'chambre, qui l'ont conduit, marchant à ses deux côtés.

M. le chancelier avoit une robe de velours violet, doublée de satin cramoisi, et il étoit suivi des conseillers d'Etat et maîtres des requêtes, ci-dessus nommés, en robes de satin noir.

MM. les présidents se sont levés lorsque M. le chancelier a paru à l'entrée du parquet, et il a pris place sur le banc au-dessus de M. le premier président.

MM. les présidents sont allés prendre leurs mortiers et leurs fourrures en la quatrième chambre des enquêtes, et lorsqu'ils en ont été revenus, M. le premier président y est allé.

M. le chancelier s'est levé de sa place, quand MM. les présidents et M. le premier président sont rentrés.

Sur les trois heures après midi, un officier des gardes-du-corps est venu avertir la cour que le roi étoit à la Sainte-Chapelle ; aussitôt MM. les présidents Potier, Charron, de Lamoignon et Portail, et MM. le Musnier, Robert, le Nain, Chevalier, Gaudart et Huguet, conseillers, ont été députés pour l'aller saluer de la part de la compagnie, et ils l'ont conduit en la cour, marchant les présidents à ses côtés et les conseillers derrière lui, et le premier huissier entre les deux massiers du roi, immédiatement devant sa personne.

Le roi étoit en habit violet, et porté, lorsqu'il entra dans le parquet, par le duc de Tresmes, premier gentilhomme de la chambre, et soutenu par le duc de Villeroy, capitaine des gardes en quartier, et portant aussi la queue de son manteau, et par la duchesse de Ventadour, sa gouvernante, précédé de M. le duc d'Orléans, régent; des ducs de Bourbon, comte de Charolois, prince de Conty, duc du Maine, prince de Dombes et comte de Toulouse, princes du sang, suivis des ducs de Noailles, de Charost et d'Harcourt, capitaines de ses gardes-du-corps, des maréchaux de France et autres seigneurs de sa cour.

Lorsqu'il a été dans son siège royal, M. le chancelier est passé en sa chaise, sortant de dessus le banc de MM. les présidents.

Après que chacun a été placé suivant l'ordre ci-dessus marqué, le roi ôtant son chapeau et le remettant, a dit (1) :

« Messieurs, je suis venu ici pour vous assurer de mon affection, M. le chancelier vous dira ma volonté. »

M. le chancelier est monté au siège royal, a mis le genou en terre, et a demandé au roi la permission de parler, puis il est revenu en sa place et couvert, a dit :

« Messieurs, dans l'accablement de douleur où nous sommes, causée par la perte que nous venons de faire, c'est un grand

_____

(1) M. de Lacretelle (*Hist. de France au dix-huitième siècle*) se trompe donc lorsqu'il dit que la duchesse de Ventadour représentant une reine mère, annonça au nom du roi que le chancelier alloit déclarer ses volontés. C'est ce même chancelier qui avoit écrit et inspiré le testament dont il prononça la nullité. Ainsi le roi, âgé de cinq ans, entendit casser en son nom le testament de son bisaïeul qui, au même âge et dans une même pompe, avoit entendu casser le testament de son père.

sujet de consolation ʞo voir revivre toutes nos espérances dans la personne du jeune roi.

« Les grandes actions du roi son bisaïeul ont fait pendant sa vie l'admiration et l'étonnement de toute l'Europe.

« Il a été encore plus grand et plus admirable dans les derniers jours qui ont précédé sa mort ; on n'a jamais vu tant de fermeté, tant de religion et tant de présence d'esprit qu'il en a marqué jusqu'à son dernier moment.

« Sa prévoyance et l'amour qu'il avoit pour son peuple, l'avoient engagé pendant qu'il étoit en santé, à porter sa vue sur l'avenir ; ses dernières volontés, dont cette auguste compagnie a été dépositaire, ont été lues ; la conjoncture présente a fait connoître la nécessité d'y apporter plusieurs changements, c'est ce qui a été fait par l'arrêt du 2 de ce mois ; le roi vient tenir son lit de justice, pour le confirmer par sa présence et son autorité.

« Ce que nous apercevons dans le successeur de la couronne du roi défunt, nous fait espérer qu'il sera aussi l'héritier de toutes ses vertus ; on voit déjà paroître dans les premiers mouvements de la plus tendre jeunesse, tout ce qui indique la bonté du cœur, avec la vivacité de l'esprit, et où connoît à ne s'y point tromper, qu'il ne manque que quelques années pour développer et porter ensuite jusqu'au plus haut degré de perfection, les mêmes vertus qui brilloient avec tant d'éclat dans le roi que la mort vient de nous enlever.

« Le roi mourant a donné au roi son arrière-petit-fils, les dernières marques de sa tendresse, en l'instruisant en peu de paroles de ce qu'il auroit à faire pendant son règne, pour rendre ses peuples heureux, ces paroles et instructions demeureront pour toujours fortement gravées et imprimées dans le cœur et dans l'esprit du jeune roi ; les personnes chargées du soin de son éducation lui en rappelleront souvent le souvenir ; quel modèle plus parfait, quelle règle plus sûre pourroit-on lui proposer ?

« Tout ce que nous devons de reconnoissance à la mémoire du roi défunt, tout ce que nous avons eu pour lui pendant sa vie de sentiments d'attachement, d'amour, de soumission, d'obéissance et de fidélité : tout doit être réuni dans la personne du jeune roi.

« Son autorité sera exercée par un prince régent, auquel ce titre est dû par sa naissance ; il renferme dans sa personne avec un esprit pénétrant et sublime, toutes les grandes qualités que nous regardons depuis long-temps, presque comme naturelles et héréditaires dans le sang royal ; toutes ses vues se portent au soulagement du peuple, et son conseil sera composé des personnes qui ont le plus d'expérience et de capacité, en sorte que tout concourt à rendre cette autorité respectable, et elle doit avoir la même force et trouver le même esprit d'obéissance qui étoit rendue au roi que nous venons de perdre.

« Tous les membres de l'Etat doivent être unanimement pénétrés de ce sentiment qui est conforme à leur devoir; mais il est nécessaire que chacun s'efforce d'en donner plus particulièrement des marques dans ce temps de minorité, pour ôter aux puissances étrangères toute idée de trouble et de division dans le royaume; c'est le seul moyen de maintenir l'honneur de la nation, et d'assurer le bonheur et la tranquillité des peuples. »

Ce discours fini, M. le premier président, et tous MM. les présidents et conseillers, ont mis le genou en terre. M. le chancelier les a fait lever sur-le-champ par l'ordre du roi, et M. le premier-président découvert, ainsi que tous MM. les présidents et conseillers, a dit :

« Sire, la royauté est immortelle en France, quoique nos rois comme les moindres de leurs sujets soient tributaires de la nature.

« Louis-le-Grand, après un long et glorieux règne, en est la triste preuve.

« Ce cruel événement afflige et consterne tous les ordres du royaume, et pénètre de la plus vive douleur ce premier tribunal de l'Etat.

« Mais au moment fatal où le plus grand roi du monde cesse de vivre, Votre Majesté, par le droit de sa naissance, commence de régner.

« C'est le motif de l'auguste cérémonie qui assemble aujourd'hui dans ce sanctuaire de la justice, la cour des pairs et tout ce qu'il y a de plus grand dans le royaume; c'est ce qui y attire par l'amour que nous avons pour nos rois et par la pompe du spectacle, ce concours extraordinaire de peuple de tout âge et de toute condition.

« Tous s'empressent à l'envi de vous contempler sur votre lit de justice, comme l'image visible de Dieu sur la terre, de vous y voir exercer la première et la plus éclatante fonction de la royauté, et recevoir les hommages, les soumissions et le serment solennel de l'inviolable fidélité de votre royaume.

« Outre cette protestation générale, le parlement supplie Votre Majesté d'être persuadée qu'étant attaché aux intérêts de la couronne d'une façon plus étroite et plus immédiate, il considérera toujours comme le plus indispensable de ses devoirs, celui d'en soutenir, et d'en défendre les droits et les privilèges.

« Son dévouement pour continuer de donner l'exemple à tous les ordres du royaume, répondra constamment à sa prééminence.

« On a vu, dans tous les temps, que malgré la médiocrité de sa fortune, sa profusion pour le service de l'Etat n'a point eu d'autres bornes que son impuissance.

« La tendresse de votre âge, sire, ne nous alarme point.

« La divine providence, qui, du haut des cieux, tient les rênes de votre empire, a souvent pris plaisir à verser ses bénédictions sur la minorité de nos rois.

« Clotaire second, Philippe-Auguste, saint Louis, dont vous descendez, Louis-le-Juste et Louis-le-Grand, votre bisaïeul, à qui vous succédez, en sont de mémorables et de consolants exemples.

« Tout nous augure un pareil bonheur; la nature, nos lois et nos suffrages ont déféré la régence et le gouvernement de votre royaume avec un applaudissement universel à M. le duc d'Orléans, que nous regardons comme l'ange tutélaire de l'Etat.

« La sagesse, la prévoyance de ce grand prince, son zèle pour le bien public, suppléant à l'âge et à l'expérience qui manque à Votre Majesté, nous font espérer qu'il n'aura rien de plus à cœur que le soulagement de vos peuples, la défense des saintes libertés de l'église gallicane, qui sont le plus ferme appui de votre trône et la splendeur de la justice.

« Ses projets sur les conseils, où il veut que la pluralité des suffrages décide, nous font espérer qu'il rétablira les affaires du royaume, en affermissant notre repos et notre félicité. Votre éducation qui sera le fondement de votre religion et de vos mœurs, doit être le chef-d'œuvre du sage et du pieux prince qui y préside, et de ceux qui y sont associés.

« Je finis en demandant à Votre Majesté pour son parlement, la continuation de la confiance, et de la protection dont l'ont honoré les rois vos ancêtres et principalement dans ces derniers temps, le feu roi, en le commettant à la garde de son testament.

« C'est ce qui lui confirmera le droit et la possession où il est depuis tant de siècles de rendre la justice à vos peuples, à votre décharge, en votre nom et par votre autorité, en suivant toujours fidèlement les lois et les ordonnances. »

M. le premier président ayant fini, M. le chancelier a fait ouvrir les portes, et il a ordonné à moi greffier en chef de lire l'arrêt de la cour du s de ce mois, concernant la régence du royaume, ce que j'ai fait.

Puis il a excité les gens du roi de prendre les conclusions qu'ils estimeroient convenables pour le bien de son service.

Les gens du roi se sont mis à genoux, et maître Guillaume-François Joly, avocat dudit seigneur, portant la parole, ont commencé de dire quelques mots, et M. le chancelier les a alors fait lever, ils ont continué et dit :

«Sire, la possession publique que Votre Majesté vient prendre du trône de ses ancêtres; cette auguste cérémonie qui imprime le respect, ou plutôt qui représente celui qui est gravé dans tous les cœurs; ce concours de vos plus fidèles sujets, qui applaudissent au droit que votre naissance vous donne, semblent être des sujets de consolation que le ciel nous envoie, après le funeste coup dont il vient de nous frapper.

« Nous avons perdu un roi glorieux par les plus éclatantes prospérités, glorieux même par des revers, grand par toutes les vertus héroïques, jusque dans les derniers moments de sa vie, plus grand encore alors par toutes les vertus chrétiennes.

« Mais pourquoi renouveler en ce jour et votre douleur et la nôtre? nous vous possédons, sire, dans le sanctuaire de la justice : vous commencez votre règne, et presque votre vie, par venir vous asseoir au milieu de nous, et honorer de votre présence ceux de vos sujets qui, dépositaires et interprètes des lois, sont plus en état d'apprendre aux peuples combien est indispensable la loi qui engage à vous obéir : vous ne devez trouver ici que des transports de joie qui sont comme nos premiers hommages, d'autant plus dignes de vous plaire qu'ils partent du fond de nos cœurs.

« Tout en effet conspire à nous donner les plus douces espérances; c'est au milieu d'une paix profonde qui a été presque le dernier ouvrage de la sagesse du roi, votre bisaïeul, qu'il laisse entre vos mains la destinée de ce grand royaume; l'union qui règne au dedans, répond à la tranquillité du dehors; une parfaite unanimité a réuni tous les vœux de cette compagnie, pour déférer la régence à un prince que la naissance et le mérite y avoient appelé; et nous regardons comme un présage certain de la félicité publique, le choix d'un régent si capable de l'être, né avec un génie composé de chaque sorte d'esprit que demandent les différentes parties du gouvernement, honoré de tous par l'étendue de ses connoissances, chéri de tous par les qualités de son cœur; aussi grand par les talents militaires que par les vertus pacifiques, il fera respecter votre autorité

3

au dehors, il la fera aimer au dedans; et prévenant ces inclinations si pleines de bontés qui éclatent dans toutes les actions
de Votre Majesté, il ne se servira de son pouvoir, que pour
goûter le plaisir de faire des heureux.

« Nous avons déjà un gage assuré de son affection pour les peuples dans ces sages conseils, dont il nous a tracé l'idée, qui
ayant pour objet chaque partie de l'ordre public, se rapporteront tous par leur union au conseil suprême de la régence
comme à leur centre, et formeront par cette heureuse harmonie
le modèle d'un gouvernement accompli.

« Les princes du sang royal destinés à être dans ce conseil suprême, entreront dans les mêmes sentiments; animés par l'exemple de celui qui en a été établi le chef, une noble émulation les
fera concourir avec une égale ardeur à votre gloire, Sire, et au
bien de votre royaume.

« L'heureuse éducation de Votre Majesté nous assurera la durée de ces avantages; nous nous la promettons, Sire, de celui
à qui la surintendance en a été confiée; c'est à cet ouvrage important qu'il emploiera tant de grandes qualités, qui ont formé
en lui cette union si rare, mais si précieuse, de la science et
de la vertu.

« Il vous apprendra que la véritable grandeur ne consiste point
dans cet éclat extérieur qui vous environne, mais dans les vertus
bienfaisantes qui vous attireront l'amour des peuples et leur
respect intérieur. Il cultivera dans le cœur de Votre Majesté
ces sentiments de tendresse et d'humanité, qui déjà y ont pris
naissance; c'est par lui enfin que vous serez instruit que la
justice est le fondement des empires et que c'est par elle que
les rois remplissent la première et la principale de leurs obligations. Nous espérons qu'elle sera la règle de toutes vos actions, et que vous honorerez toujours de votre protection et
de votre confiance, ceux qui ont été établis pour la rendre à
votre décharge. Vous saurez, Sire, un jour par les histoires
que ce premier tribunal de votre royaume mérite également et
cette protection et cette confiance; que c'est à lui qu'est dû en
partie le soutien d'une monarchie qui dure depuis tant de siècles, et que la fidélité pour nos rois n'a jamais été ébranlée
dans cette compagnie.

« L'auguste père dont vous êtes né, Sire, étoit persuadé de
ces vérités et de toutes celles qui doivent être gravées dans le
cœur d'un grand roi. Sa mort trop prompte a fait perdre un
père au peuple aussi-bien qu'à vous : vous occupez un trône
qu'il occuperoit maintenant; lui-même auroit tenu la place de
votre aïeul, digne à jamais d'être regretté par son humanité

et par sa douceur. On vous dira, Sire, combien vous avez de vertus à nous remplacer, et nous espérons que cette obligation, quelque grande qu'elle soit, ne sera pas un trop grand poids pour Votre Majesté.

« Déjà notre attention vive et intéressée cherche en vous des présages de l'avenir, et elle est pleinement satisfaite de tout ce qu'elle y trouve; l'air de majesté qui s'allie en vous à la douceur, l'esprit qui brille jusque dans la naïveté de vos discours, des traits de bonté qui ne peuvent partir que de la nature, tout nous promet ce que nous désirons.

« Fasse le ciel que nous voyions croître tous les jours avec vous des dispositions si heureuses; que parmi tant de règnes fameux dont notre histoire est remplie, le vôtre ait un éclat singulier; et pour renfermer tous nos souhaits en un seul, puissiez-vous, Sire, égaler les vertus de votre bisaïeul, et surpasser le nombre de ses années. »

Et en finissant, ils ont pris les mêmes conclusions que celles sur lesquelles étoit intervenu l'arrêt du deuxième de ce mois, dont ils ont requis l'exécution et la publication.

Ce fait, M. le chancelier est monté au roi, a pris ses ordres le genou en terre, et ensuite les avis du duc d'Orléans, régent, des princes du sang, des pairs laïques étant sur les bancs d'en haut à droite, il est revenu passer devant le roi, lui a fait une profonde révérence, et a été à gauche prendre l'avis des pairs ecclésiastiques et des maréchaux de France venus avec le roi.

Puis descendant dans le parquet, il a pris les voix de MM. les présidents de la cour, de ceux qui étoient sur les bancs et sur les formes du parquet, qui ont voix délibérative en la cour, et dans les barreaux, celles des conseillers des enquêtes et requêtes.

M. le chancelier est remonté au roi pour lui rendre compte des avis de la compagnie, et étant redescendu en sa place et couvert, a prononcé :

Le roi séant en son lit de justice, de l'avis du duc d'Orléans et des autres princes du sang, pairs de France et officiers de la couronne, ouï, et ce requérant son procureur-général, a déclaré et déclare conformément à l'arrêt de son parlement du deuxième du présent mois de septembre, M. le duc d'Orléans régent en France, pour avoir en ladite qualité l'administration des affaires du royaume, pendant la minorité du roi; ordonne que le duc de Bourbon sera, dès à présent, chef du conseil de la régence sous l'autorité de M. le duc d'Orléans, et y présidera en son absence; que les princes du sang royal auront aussi entrée audit conseil, lorsqu'ils auront atteint l'âge

de vingt-trois ans accomplis; et après la déclaration faite par
M. le duc d'Orléans, qu'il entend se conformer à la pluralité
des suffrages dudit conseil de régence dans toutes les affaires,
à l'exception des charges, emplois, bénéfices et graces qu'il
pourra accorder à qui bon lui semblera, après avoir consulté
le conseil de régence, sans être néanmoins assujetti à suivre la
pluralité des voix à cet égard; ordonne qu'il pourra former le
conseil de régence, même tels conseils inférieurs qu'il jugera
à propos, et y admettre les personnes qu'il en estimera les plus
dignes, le tout suivant le projet que M. le duc d'Orléans a déclaré qu'il communiquera à la cour; que le duc du Maine sera
surintendant à l'éducation du roi, l'autorité entière et le commandement sur les troupes de la maison dudit seigneur roi,
même sur celles qui sont employées à la garde de sa personne,
demeurant à M. le duc d'Orléans et sans aucune supériorité
du duc du Maine sur le duc de Bourbon, grand-maître de la
maison du roi; ordonne que des *duplicata* du présent arrêt seront envoyés aux autres parlements du royaume, et des copies
collationnées aux bailliages et sénéchaussées du ressort, pour
y être lues, publiées et registrées; enjoint aux substituts du
procureur-général du roi d'y tenir la main, et d'en certifier la
cour dans un mois.

Nº 5. — DÉCLARATION *portant établissement de plusieurs conseils
pour la direction des affaires du royaume* (1).

Vincennes, 15 septembre 1715. Reg. P. P. 16 sept. (Archiv.)

Louis, etc. Le feu roi de glorieuse mémoire, notre très-
honoré seigneur et bisaïeul, pouvoit par ses qualités personnelles et ses vertus éminentes suffire seul au gouvernement de
son royaume: la droiture de son cœur, l'élévation de son
esprit, l'étendue de ses lumières, augmentées et soutenues
par une longue expérience, lui rendoient tout facile dans l'exercice de la royauté; mais la foiblesse de notre âge demande
de plus grands secours; et quoique nous pussions trouver tous
ceux dont nous avons besoin dans la personne de notre très-
cher oncle le duc d'Orléans, régent de notre royaume, sa
modestie lui a fait croire, que pour soutenir le poids d'une
régence qui lui a été si justement déférée, il devoit proposer

(1) Les huit conseils établis par la régence, y compris celui de commerce, furent supprimés en octobre 1718, à l'exception de celui de régence,
et de celui des finances qui reçut une forme différente. Les secrétaires
d'état furent alors rétablis.

d'abord l'établissement de plusieurs conseils particuliers, où les principales matières qui méritent l'attention directe et immédiate du souverain, seroient discutées et réglées, pour recevoir ensuite une dernière décision dans un conseil général, qui ayant pour objet toute l'étendue du gouvernement, seroit en état de réunir et de concilier les vues différentes des conseils particuliers. Cette forme de gouvernement a paru d'autant plus convenable à notre très-cher oncle le duc d'Orléans, régent du royaume, qu'il sait que le plan en avoit déjà été tracé par notre très-honoré père, dont nous aurons au moins la satisfaction de suivre les vues, si le ciel nous a privé de l'avantage d'être formé par ses grands exemples. Il étoit persuadé que toute l'autorité de chaque partie du ministère étant réunie dans la personne d'un seul, devenoit souvent un fardeau trop pesant pour celui qui en étoit chargé, et pouvoit être dangereuse auprès d'un prince qui n'auroit pas la même supériorité de lumières que le roi notre bisaïeul; que la vérité parvenoit si difficilement aux oreilles d'un prince, qu'il étoit nécessaire que plusieurs personnes fussent également à portée de la lui faire entendre, et que si l'on n'intéressoit au gouvernement un certain nombre d'hommes aussi fidèles qu'éclairés, il seroit presque impossible de trouver toujours des sujets formés et instruits, qui fissent moins regretter la perte des personnes consommées dans la science du gouvernement et qui fussent même en état de les remplacer. Nous ferons donc au moins revivre l'esprit de notre très-honoré père, en établissant des conseils si avantageux au bien de nos États, et nous nous y portons d'autant plus volontiers, que cet établissement ne peut être suspect par sa nouveauté, puisque nous ne ferons que suivre l'exemple de ce qui s'observe avec succès dans d'autres royaumes, et qui s'est observé dans le nôtre même, pendant le règne de plusieurs des rois nos prédécesseurs. Le dérangement que vingt-cinq années de guerre et plusieurs autres calamités publiques ont causé dans les affaires de cette monarchie, le désir ardent que la qualité de roi nous inspire de remettre toutes choses dans leur ordre naturel, et de rétablir la confiance et la tranquillité publique, sont encore de nouvelles raisons qui appuient la sagesse des conseils que notre très-cher oncle le duc d'Orléans nous a donné sur ce sujet. Nous savons d'ailleurs, que chargé du gouvernement de l'État jusqu'à notre majorité, tous ses vœux ne tendent qu'à nous le remettre tranquille et florissant; et à y parvenir par des voies qui montreront à tous nos sujets, qu'il ne cherche qu'à connoître et à employer le mérite et la vertu; qu'il veut que les bons sujets de toutes conditions, et surtout ceux de la plus haute naissance, donnent aux autres l'exemple de travailler continuellement pour le bien de la patrie; que toutes les affaires soient réglées, plutôt par un concert unanime, que par la voie de l'autorité; et que la paix fidèlement entretenue au dehors avec nos voisins, règne en même temps au dedans par l'union de tous les ordres du royaume. A ces causes, de l'avis de notre très-cher et très-amé oncle le duc d'Orléans régent, de notre très-cher et très-amé oncle le duc de Bourbon, de notre très-cher et très-amé oncle le duc du Maine, de notre très-cher et très-amé oncle le duc de Toulouse, et autres grands et notables personnages de notre royaume, et de notre certaine science, pleine puissance et autorité royale, nous avons dit et déclaré par ces présentes signées de notre main, disons, déclarons, voulons et nous plaît :

ART. 1. Qu'outre le conseil général de régence, il en soit établi six autres particuliers qui seront composés chacun d'un président et d'un nombre convenable de conseillers et de secrétaires, selon la nature des affaires dont chaque conseil sera chargé; savoir : le conseil de conscience, où l'on traitera des affaires ecclésiastiques; le conseil des affaires étrangères, le conseil de guerre et de tout ce qui y a rapport; le conseil de finance, le conseil de marine et de tout ce qui en dépend, le conseil des affaires du dedans du royaume, qui étoient ci-devant portées au conseil des dépêches, le tout sans rien innover; à l'égard du conseil privé, même des directions pour ce qui regarde les affaires contentieuses de finance, lesquelles se tiendront ainsi que par le passé, sauf à y être apporté dans la suite tel réglement qu'il appartiendra; comme aussi sans que les affaires dont la connoissance appartient à nos cours et autres tribunaux et jurisdictions de notre royaume, puissent être portées dans lesdits conseils.

2. Et attendu que le commerce a presque un égal rapport avec les finances et la marine, il sera fait choix de quelques-uns des membres de ces deux conseils, pour y travailler avec les députés des villes du royaume, qui ont eu entrée jusqu'à présent dans le conseil de commerce; et en cas que la matière soit importante, les conseils de finances et de marine se réuniront pour la discuter conjointement.

3. Ceux qui seront choisis pour entrer dans ces différents conseils, seront tenus de s'assembler incessamment dans le lieu qui sera destiné à tenir chaque conseil, pour dresser un

projet de réglement sur la forme qui y sera observée par rapport à l'ordre et à la distribution des affaires, au temps et à la
manière de les traiter, à la rédaction qui sera faite des délibérations et aux registres qui en seront tenus, et ce projet sera
porté au conseil de régence, pour y être autorisé et confirmé
ainsi qu'il sera jugé à propos.

4. Toutes les matières qui auront été réglées dans les conseils particuliers, seront ensuite portées au conseil général de
régence, pour y être pourvu par notre très-cher oncle le duc
d'Orléans, régent du royaume, suivant la pluralité des suffrages, si ce n'est qu'il y eut égalité d'avis, auquel cas celui du
régent prévaudra et sera décisif; et néanmoins en ce qui concerne les charges et emplois, les nominations et collations des
bénéfices, les gratifications, pensions, graces et rémissions,
notre très-cher oncle le duc d'Orléans, régent du royaume,
pourra en disposer, ainsi qu'il jugera le plus à propos, après
avoir consulté le conseil général de régence, sans être assujetti à suivre la pluralité des voix à cet égard, le tout conformément à l'arrêt rendu le 2 du présent mois, par notre
cour de parlement, et dont nous avons ordonné l'exécution
dans notre lit de justice du 12 septembre présent mois.

5. Le président de chaque conseil particulier aura séance
et voix délibérative au conseil général de régence pour les affaires qui regarderont le conseil dont il sera président, et fera
le rapport des résolutions qui y auront été prises; et s'il est
jugé nécessaire en certains cas d'y appeler encore quelques-
uns des conseillers dudit conseil, soit pour faire le rapport des
affaires dont le président n'aura pu se charger, ou pour d'autres
raisons, ceux qui y entreront alors auront pareillement voix
délibérative dans le conseil général de régence.

6. Dans les affaires importantes notre très-cher oncle le duc
d'Orléans, régent du royaume, appellera audit conseil général, quand il estimera le devoir faire, tous les présidents des
conseils particuliers, même tels des conseillers desdits conseils
qu'il jugera à propos d'y joindre.

7. Il commettra un des conseillers du conseil général, pour
recevoir deux fois la semaine, à l'issue dudit conseil, avec
deux des maîtres des requêtes de notre hôtel, qui seront actuellement de service en notre conseil, tous les placets qui seront portés dans une des salles du palais, où nous ferons notre
demeure; et seront, lesdits placets, remis entre les mains desdits maîtres des requêtes pour en faire l'extrait, dont ledit
conseiller rendra compte en leur présence, à notre très-cher

oncle le duc d'Orléans, régent du royaume, qui les renverra ensuite aux présidents des conseils ou aux officiers des compagnies, ou autres que chaque placet pourra regarder.

8. Et pour ce qui concerne les réglements généraux qui pourront être à faire pour l'administration de la justice dans notre royaume, voulons qu'il y soit procédé par notre très-cher et féal chancelier de France, avec tels des chefs et présidents des premières compagnies, officiers du parquet et autres magistrats que nous jugerons à propos de choisir, et auxquels nous donnerons les ordres nécessaires à cet effet, nous réservant de les appeler même à nos conseils avec voix délibérative, lorsque leur présence y pourra être nécessaire pour notre service et le bien de notre royaume, sans les détourner de leurs fonctions ordinaires.

9. Voulons aussi que les affaires de nature à être portées auxdits conseils, dans lesquelles notre domaine ou les droits de notre couronne pourroient être intéressés, soient communiquées à nos avocats et procureur généraux en notre cour de parlement à Paris, pour y donner leur avis par écrit, qui sera lu auxdits conseils, où ils pourront même être entendus, quand ils croiront devoir le demander, avant que lesdites affaires y soient réglées. Si donnons, etc.

N° 6. — DÉCLARATION *qui porte que lorsque les ordonnances, édits, déclarations et lettres-patentes seront envoyés au parlement de Paris pour les enregistrer, il pourra, avant d'y procéder, représenter au roi ce qu'il jugera à propos pour le bien public* (1).

Vincennes, 15 septembre 1715. Reg. P. P. 16 sept. (Neron, II, 419.)

LOUIS, etc. La fidélité, le zèle et la soumission avec lesquels notre cour de parlement a toujours servi le roi, notre très-honoré seigneur et bisaïeul, nous engageant à lui donner des marques publiques de notre confiance, et surtout dans un temps où les avis d'une compagnie aussi sage qu'éclairée, peuvent nous être d'une si grande utilité, nous avons cru ne pouvoir rien faire de plus honorable pour elle et de plus avantageux pour notre service même, que de lui permettre de nous représenter ce qu'elle jugera à propos avant que d'être obligée de procéder à l'enregistrement des édits et déclarations que nous lui adresserons, et nous sommes persuadé qu'elle usera

_____

(1) Même jour, pareilles déclarations pour les cours des comptes, des aides et autres cours supérieures.

avec tant de sagesse et de circonspection de l'ancienne liberté dans laquelle nous la rétablissons, que ses avis ne tendront jamais qu'au bien de notre Etat, et mériteront toujours d'être confirmés par notre autorité. A ces causes, etc., voulons et nous plaît, que lorsque nous adresserons à notre cour de parlement des ordonnances, édits, déclarations et lettres patentes émanés de notre seule autorité et propre mouvement, avec nos lettres de cachet portant nos ordres pour les faire enregistrer, notre dite cour, avant que d'y procéder, puisse nous représenter ce qu'elle jugera à propos pour le bien public de notre royaume; et ce dans la huitaine au plus tard du jour de la délibération qui en aura été prise, sinon et à faute de ce faire dans ledit temps, il y sera par nous pourvu ainsi qu'il appartiendra, dérogeant, à cet égard, à toutes ordonnances, édits et déclarations à ce contraires. Si donnons, etc.

N° 7. — LETTRES PATENTES *qui ordonnent l'enregistrement, en la chambre des comptes à Paris, de l'arrêt prononcé en la cour de parlement le 12 septembre, qui a déclaré le duc d'Orléans régent* (1).

Vincennes, 22 septembre 1715. Reg. C. des C. 25 sept. (Arch.)

LOUIS, etc. La perte que nous venons de faire du roi, notre très-honoré seigneur et bisaïeul, nous doit être d'autant plus sensible, que Dieu nous l'a enlevé, avant que nous ayons été en âge de commencer à nous instruire de la manière de gouverner nos peuples, sous un prince aussi recommandable par sa piété que respectable par les vertus héroïques dont la divine providence l'avoit comblé. Nous avons la consolation de voir la paix établie dans l'Europe par les soins infatigables qu'il s'est donnés pour la procurer, et il ne nous reste qu'à maintenir toutes choses en bon ordre dans le royaume pour la sûreté et la tranquillité de nos sujets et les faire vivre pendant notre minorité dans l'union et concorde si nécessaire pour la conservation de notre Etat. Nous nous sommes, à cet effet, transporté en notre cour de parlement où par l'arrêt dont l'extrait est ci-attaché sous le contre-scel de notre chancellerie, Nous, séant en notre lit de justice, nous avons déclaré notre très-cher et très-amé oncle, le duc d'Orléans, régent en France, pour avoir l'administration des affaires de notre royaume pendant notre minorité, conformément à la délibération et arrêt de notre dite

(1) Même jour, pareilles lettres patentes pour la cour des aides.

cour de parlement, du 2 du présent mois : cette prérogative lui étoit non-seulement acquise par sa naissance, mais elle étoit due aux grandes qualités que toute la France reconnoît en lui, et nos sujets doivent attendre toutes sortes de bonheurs d'un prince qui mérite si justement l'attachement de leurs cœurs.

A ces causes, nous vous mandons et ordonnons par ces présentes, signées de notre main, que ledit arrêt ci-attaché sous le contre-scel de notre chancellerie, vous ayez à faire enregistrer en notre dite chambre des comptes, faire publier où besoin sera, et le suivre, garder et observer inviolablement, sans souffrir qu'il y soit contrevenu en quelque sorte et manière que ce soit, ayant toute l'attention possible à ce qui peut maintenir l'union et concorde entre nos sujets, suivant les édits sur ce rendus par feu notre très-honoré seigneur et bisaïeul : car tel est notre plaisir.

N° 8. — DÉCLARATION *portant qu'en attendant la majorité du roi, tous les états et ordonnances de fonds et dépenses seront signés et arrêtés par le régent, et que toutes les recettes et dépenses qui seront employées dans les états et comptes des officiers comptables, seront admises et passées dans les états et comptes en vertu desdits états et ordonnances qui seront par lui signés et arrêtés, sans prestation de serment, dont il est dispensé en considération de son rang.*

Vincennes, 23 septembre 1715. Reg. C. des C. 25 septembre. (Archiv.)

PRÉAMBULE.

LOUIS, etc. Le feu roi de glorieuse mémoire, notre très-honoré seigneur et bisaïeul, ayant jugé à propos de supprimer l'office de surintendant des finances, il voulut bien se charger lui-même d'ordonner des fonds principaux de ses finances, et d'arrêter tous les états et les ordonnances, même celles des dépenses particulières, dont la dispensation n'étoit pas commise à des ordonnateurs revêtus de titres suffisants et autorisés à cet effet. Pour suivre un exemple si plein de sagesse et si conforme à nos intérêts, nous nous serions chargés des mêmes soins; mais comme la foiblesse de notre âge ne nous permettroit pas de donner l'attention nécessaire aux ordonnances et états qui nous seroient présentés, et de faire un grand nombre de signatures, nous avons résolu de les confier, pendant notre minorité, à notre très-cher oncle, le duc d'Orléans, régent de notre royaume, dont la vigilance et le zèle nous sont si particulièrement connus. A ces causes, etc.

N° 9. — ARRÊT *du conseil qui nomme de nouveaux commissaires pour la vérification et liquidation tant des promesses de la caisse des emprunts que des billets de subsistance ou d'emprunt des trésoriers de l'extraordinaire des guerres, etc.* (1).

Vincennes, 28 septembre 1715. (Archiv.)

N° 10. — ÉDIT *portant création de la charge de grand maître et surintendant général des postes, courriers et relais de France, et d'autres charges subalternes pour le service des postes.*

Vincennes, septembre 1715. Reg. P. P. 1er octobre. (Archiv.)

N° 11. — ORDONNANCE *servant de réglement pour le conseil du dedans du royaume.*

Vincennes, 1er octobre 1715. (Archiv.)

De par le roi. — S. M. auroit par sa déclaration du 15 du mois dernier, ordonné des conseils particuliers pour l'examen de toutes les affaires qui peuvent concerner le dedans et dehors du royaume, où elles pussent être discutées, pour être ensuite portées à la décision du conseil-général de la régence ; et voulant former celui qui sera chargé des affaires du dedans du royaume, de l'avis de son très-cher et très-amé oncle le duc d'Orléans, régent, des princes de son sang, et autres pairs de France et personnes considérables de son conseil, S. M. l'a composé du sieur duc d'Antin, pair de France, pour président; et pour conseillers, du sieur marquis de Beringhen, du sieur marquis de Brancas, des sieurs de Fieubet et Roujeault, maîtres des requêtes; et des sieurs Ferrand, Menguy et Goislard, conseillers au parlement; et du sieur de Larroque pour secrétaire.

S. M. a ordonné et ordonne que ledit conseil du dedans du royaume sera chargé de ce qui suit, savoir :

De tout ce qui regardoit généralement ci-devant le conseil des dépêches.

Du soin de tous les haras, excepté celui de S. M.

Des ponts-et-chaussées, turcies et levées et pavés de Paris,

_____

(1) Du même jour, autre arrêt qui ordonne la remise de leurs pièces par tous entrepreneurs des traités faits depuis le commencement de la dernière guerre, etc., pour être procédé à la révision de leurs comptes.—Autre arrêt qui nomme des commissaires pour visiter tous les comptes des traités et recouvremens d'affaires faits depuis 1687.—Autre arrêt qui nomme des commissaires pour liquider les finances et droits des officiers sur les ports et quais de Paris, etc.

suivant les fonds qui en seront faits par le conseil des finances ; sur lesquels fonds seront pris préalablement les gages et salaires des officiers en charge et des employés par commission, qui seront jugés nécessaires ; à l'effet de quoi on communiquera audit conseil de finances tous les devis et marchés, et les comptes en seront rendus à l'ordinaire audit conseil de finances, accompagnés de certificats donnés par le président du conseil du dedans du royaume, et par le conseiller chargé de ce en particulier, pour prouver que les ouvrages auront été duement faits, conformément aux adjudications qui seront faites en la manière accoutumée; et il sera nommé par ledit conseil du dedans du royaume aux commissions nécessaires pour l'exécution desdits ouvrages, se servant toutefois de tous ceux qui sont en charge, si aucuns y a.

Il sera pareillement chargé de l'examen de la confirmation des anciens titres de noblesse et des anoblissements qui ne regarderont ni la guerre, ni la marine, ni les pays étrangers, ni les finances, sans pouvoir toucher aux arrêts rendus.

De faire faire le devoir aux maréchaussées pour l'exécution des ordres des cours supérieures, des gouverneurs et commandants des provinces ; le tout sans déroger à l'autorité des maréchaux de France sur ces compagnies.

De rendre compte au régent des raisons d'exclusion et de la conduite des sujets que l'on pourra proposer dans les élections d'abbayes régulières et autres bénéfices de pareille nature.

Du soin des universités et écoles.

D'examiner toutes les propositions qu'on pourra faire pour ouvrir de nouveaux canaux, ou autres travaux qu'on pourra faire pour la facilité du commerce de province à province ; et lors toutefois que lesdits projets seront approuvés par le conseil-général de la régence, l'exécution en regardera uniquement le conseil des finances.

Veut et entend S. M., qu'il soit pris dans ledit conseil du dedans du royaume, deux conseillers aux choix du régent, qui seront admis au conseil du commerce, à cause de la grande connexité qu'il a avec le dedans des provinces.

Et que ledit conseil du dedans du royaume s'assemble au château du Louvre deux fois la semaine, et plus s'il le faut, à neuf heures du matin, les jours qui seront arrêtés, pour traiter les affaires des provinces et autres qui lui sont comises ; à l'effet de quoi pour une plus grande facilité, S. M. a réglé et décidé que les conseillers qui composent ledit conseil seront chargés des affaires qui le concernent, en la manière suivante, savoir:

Le sieur marquis DE BERINGHEN. Des ponts-et-chaussées, turcies et levées, et pavé de Paris.

Le sieur marquis DE BRANCAS. Des haras du royaume, à la réserve de celui de S. M.

Du soin de faire faire leurs devoirs aux maréchaussées.

Des provinces d'Alsace, Roussillon, Sardaigne et Conflent, des trois évêchés, des frontières de Luxembourg et de la Sare, de la souveraineté de Sedan, Flandre et Artois; à l'exception de tout ce qui regarde le détail des états desdits pays, que S. M. a confié au sieur marquis de Lavrillière, secrétaire-d'état.

Le sieur DE FIEUBET. De la haute et basse Auvergne, de la Guyenne haute et basse jusqu'à Fontarabie, de la Navarre, du Béarn, Bigorre et Nebouzan, du Languedoc haut et bas, et de la Provence; à l'exception pareillement de ce qui regarde le détail des états desdits pays, que S. M. a aussi confié au sieur marquis de Lavrillière, secrétaire-d'état.

Le sieur ROUJEAULT. De l'examen de la confirmation des anciens titres de noblesse et des anoblissements.

Des propositions de nouveaux canaux et autres ouvrages.

Du Berry, Poitou, Haynault, de la Normandie, du Périgord, de la Picardie, du Boulonnois, du Rouergue et comté de Foix; à l'exception pareillement de ce qui regarde le détail des états desdits pays, que S. M. a aussi confié au sieur marquis de Lavrillière, secrétaire-d'état.

Le sieur FERRAND. Du soin de s'instruire des raisons d'exclusion, et de la conduite des sujets que l'on proposera dans les élections d'abbayes régulières et autres bénéfices de pareille nature.

De la Champagne et Brie, du Lyonnois, du Dauphiné, du Limousin, de l'Angoumois, de la Saintonge et de la Bretagne; à l'exception pareillement de ce qui regarde le détail des états desdits pays, que S. M. a aussi confié au sieur marquis de Lavrillière, secrétaire-d'état.

Le sieur MENGUY. De toutes les affaires qui regardent les nouveaux convertis.

De l'Orléanois, du Soissonnois, de l'Ile-de-France, de la haute et basse Marche, de la Franche-Comté, de la Bourgogne, de la Bresse, du Bugey, du Valromey et Gex; à l'exception pareillement du détail des états desdits pays, que S. M. a aussi confié au sieur marquis de Lavrillière, secrétaire-d'état.

Le sieur GOISLARD. Du Mayne, du Perche et comté de Laval, de l'Anjou, de la Touraine, du Bourbonnois, du Nivernois, de La Rochelle, pays d'Aunis, Brouage, île de Ré et d'Oleron.

En conséquence de la distribution et répartition ci-dessus, chacun desdits conseillers rapportera audit conseil du dedans du royaume les affaires des provinces et autres dont il est chargé; et après qu'elles auront été débattues le plus exactement qu'il se pourra et arrêtées à la pluralité des voix, le président les portera au conseil-général de la régence pour y être réglées et décidées suivant que ledit conseil le jugera convenable.

Lorsqu'il se présentera des affaires considérables et d'une grande discussion, le conseiller qui en aura fait le rapport au conseil du dedans du royaume sera admis à en rendre compte au conseil-général de la régence.

Le secrétaire dudit conseil du dedans du royaume tiendra un registre exact de tout ce qui sera arrêté dans ledit conseil, lequel registre sera paraphé chaque séance par le président du conseil et un des conseillers.

Quand le président dudit conseil du dedans du royaume aura rapporté au conseil-général de la régence le résultat dudit conseil du dedans du royaume à la pluralité des voix, avec l'extrait de l'affaire ou procès qui y aura été débattu ou arrêté; s'il est approuvé, les expéditions seront faites par les premiers commis dudit conseil, et ledit conseil les enverra au secrétaire-d'état pour être signées en commandement, accompagnées d'un état signé dudit président et d'un conseiller; lesquelles expéditions signées, le secrétaire d'état renverra audit conseil du dedans du royaume, pour être ensuite diligemment envoyées dans les provinces, ou rendues aux parties.

Les lettres seront écrites à S. A. R. monseigneur le duc d'Orléans, régent du royaume, au conseil du dedans du royaume, et ouvertes par le président dudit conseil, et ensuite renvoyées à chacun des conseillers suivant leurs départements.

Les registres et minutes seront déposés dans un lieu convenable, prochain de celui où se tiendra ledit conseil.

N° 12. — DÉCLARATION *contre les fabrications en France de monnoies étrangères.*

Vincennes, 5 octobre 1715. Reg. C des M. 12 octobre. (Archiv.)

PRÉAMBULE.

LOUIS, etc. Par les ordonnances des rois nos prédécesseurs, la peine de mort a été justement ordonnée contre les faux-monnoyeurs et contre tous ceux qui altèrent, ou qui contrefont les

monnoies; et jamais il n'a été permis aux juges à qui la connoissance en appartient de modérer cette peine sous quelque
prétexte que ce puisse être : cependant nous avons été informé
que dans plusieurs de nos provinces, et principalement sur nos
frontières, il s'est introduit un grand nombre de personnes qui
fabriquent presque publiquement des monnoies étrangères,
qu'ils introduisent ensuite dans les états voisins où elles sont
reçues, et qui se croient à l'abri des supplices, parce que les
monnoies étrangères n'ont point cours dans notre royaume;
comme si tout ce qui est crime en soi, tout ce qui tend à troubler le commerce et la société, à violer la foi publique et à usur-
per les droits sacrés des souverains pouvoit rencontrer quelque
part l'impunité. Nous sommes persuadé d'ailleurs que quand
même la paix ne seroit pas aussi affermie qu'elle l'est entre
nous et les puissances voisines, les égards que les princes se
doivent les uns aux autres exigent toujours qu'ils s'aident mu-
tuellement à arrêter le cours des entreprises injurieuses à leur
caractère, et pernicieuses au bien commun. C'est pour faire
cesser ces désordres et pour ôter tout prétexte à des crimes si
énormes que nous avons cru devoir expliquer nos intentions à
cet égard. A ces causes, etc.

N° 13. — DÉCLARATION *qui fixe des peines contre les commis
des fermes qui prévariqueront, et contre ceux qui les auront
subornés.*

Vincennes, 12 octobre 1715. Reg. C. des A. 24 oct. (Archiv.)

N° 14. — DÉCLARATION *concernant les receveurs-généraux des
finances.*

Vincennes, 12 octobre 1715. Reg. P. P. 24. (Archiv.)

PRÉAMBULE.

LOUIS, etc. Au milieu des soins que nous prenons pour dé-
mêler la confusion que la difficulté des temps a causée dans les
affaires de l'État, et pour rétablir l'ordre dans nos finances,
nous avons cru devoir donner notre première attention à remplacer les fonds nécessaires au paiement des rentes de l'hôtel
de notre bonne ville de Paris, qui procurent la principale subsistance de cette capitale de notre royaume; nous avons délé-
gué en même temps à nos fermiers-généraux des revenus certains pour se rembourser de leurs avances pendant les six
années de leur bail : notre second objet, qui n'est pas moins
important que le premier, a été d'assurer la subsistance et le

paiement de la solde de nos troupes; mais en faisant cet arrangement si essentiel, nous avons pourvu au remboursement des avances faites par les receveurs-généraux de nos finances, et à la sûreté des particuliers porteurs de leurs billets et rescriptions. Les dépenses extraordinaires qui augmentoient de jour en jour pendant la guerre, avoient engagé le feu roi de glorieuse mémoire, notre très-honoré seigneur et bisaïeul, à se servir de différents moyens pour ne pas manquer des fonds nécessaires dans les besoins les plus pressants de l'Etat. Il trouva des secours prompts dans le crédit desdits receveurs-généraux qui firent leurs billets particuliers et qui en endossèrent plusieurs du nommé Le Gendre, au moyen des assignations qu'on tira sur eux par anticipation; ils mirent même leurs endossements sur d'autres billets dudit Le Gendre, dont ils n'avoient reçu aucune valeur: de sorte que nous nous croyons obligés de les mettre en état d'acquitter ces différents engagements, en leur assignant des fonds fixes et certains, à prendre successivement sur leurs recettes et sur leurs exercices; et comme nous avons été informés que des gens mal intentionnés, qui cherchent le désordre pour profiter de la confusion, ont eu la malignité de décréditer les billets de nosdits receveurs-généraux, et de répandre même contre eux des bruits désavantageux, nous avons jugé qu'il étoit convenable pour détruire ces mauvais bruits, et pour donner une entière assurance aux porteurs desdits billets et rescriptions, de rendre sur cela nos intentions publiques par une déclaration expresse. A ces causes, etc.

N° 15. — ARRÊT du conseil qui ordonne que les arrêts qui seront rendus contre les traitans seront exécutés contre leurs cautions, veuves, enfants, héritiers et biens tenants, et que la vente de leurs biens sera faite pardevant les commissaires y nommés à la requête du contrôleur-général des restes.

Vincennes, 17 octobre (Archiv. R. A.)

N° 16. — ÉDIT portant suppression des sept offices d'intendans des finances et des six offices d'intendans du commerce.

Vincennes, octobre 1715. Reg. P. P. 17. (Archiv.)

N° 17. — ÉDIT portant réduction au denier vingt-cinq des rentes créées au denier douze sur les tailles.

Vincennes, octobre 1715. Reg. P. P. 17. (Archiv.)

N° 18. — ORDONNANCE *servant de réglement pour le conseil de guerre.*

Vincennes, 3 novembre 1715. (Archiv. — Rec. Cons. d'État.)

De par le roi. — S. M. auroit par sa déclaration du 15 du mois de septembre dernier, ordonné des conseils particuliers pour l'examen de toutes les affaires qui peuvent concerner le dedans et dehors du royaume, du nombre desquels est celui de la guerre; et voulant prescrire la manière dont elle désire que les affaires qui le concernent y soient traitées pour un plus grand ordre et une plus grande facilité, elle auroit, de l'avis de son très-cher et très-amé oncle le duc d'Orléans, régent, réglé et décidé que les différentes affaires qui concernent la guerre seront doré-navant départies au sieur maréchal duc de Villars, pair de France, président; au sieur duc de Guiche, vice-président, et conseillers qui composent ce conseil pour en être plus particulière-ment chargés, et après les avoir examinées en faire leur rapport au conseil, et suivant ce qui y aura été résolu à la pluralité des voix, expédier les dépêches que S. M. ne signera point; auquel effet les conseillers seront chargés de ces affaires en la ma-nière suivante :

Le sieur maréchal DUC DE VILLARS, pair de France, président, aura l'ouverture de tous les paquets en présence d'un conseiller de semaine; après quoi les lettres seront renvoyées à chacun des conseillers suivant le détail dont il sera chargé.

L'expédition des réponses pressées.

Les lettres à chiffrer et déchiffrer.

Les états des officiers généraux.

L'expédition des ordres pour les départements des commis-saires.

L'expédition des pouvoirs des maréchaux de France pour commander les armées, des pouvoirs des lieutenants généraux, maréchaux de camp et brigadiers, et les commissions des di-recteurs et inspecteurs des troupes.

L'état des chevaliers de Saint-Louis, et l'expédition de leurs provisions.

L'état des officiers qui présentent des mémoires pour de-mander des pensions sur l'ordre de Saint-Louis, le trésor royal, les invalides et le quatrième denier.

L'état des officiers à placer ou remplacer dans les états-ma-jors.

L'expédition des provisions des gouverneurs, lieutenants de roi, majors, aides-majors et capitaines des portes.

L'état des mémoires présentés par les officiers qui prétendent aux emplois.

L'expédition des ordres pour casser, emprisonner, ou rétablir les officiers, tant d'infanterie que de cavalerie et dragons.

L'état des reliefs et congés accordés aux officiers d'infanterie, cavalerie et dragons.

L'expédition des lettres d'état.

Les avis du conseil pour l'expédition des arrêts au sujet des lettres d'état.

Les avis pour l'expédition des arrêts de surséance pour les militaires.

En l'absence dudit sieur maréchal duc de Villars, le sieur duc de Guiche, vice-président, ou en cas d'absence desdits sieurs président et vice-président, le plus ancien conseiller du conseil ordonnera de toutes les expéditions ci-dessus, et fera l'ouverture des lettres et les renvois, assisté du conseiller de semaine, ainsi qu'il est marqué.

Le sieur de REYNOLD. Le détail particulier des Suisses.

Le sieur de SAINT-HILAIRE. Le détail de l'artillerie.

Le sieur marquis de BIRON. Le détail de l'infanterie française et étrangère.

L'expédition de toutes les commissions et lettres des officiers d'infanterie française et étrangère, même pour les Suisses.

L'expédition de toutes les lettres au sujet des dettes des officiers et autres détails de l'infanterie.

L'état des officiers à placer ou remplacer dans les corps ci-dessus.

L'examen des revues des inspecteurs et des commissaires, et des états qui s'envoient des officiers d'infanterie.

L'examen et la décision de toutes les discussions au sujet des masses et habillements, et autres détails d'infanterie.

Le sieur de PUYSÉGUR. Fera expédier les ordonnances du roi pour la police et discipline des troupes.

Les ordonnances pour le semestre.

Les routes.

Les ordres pour les mouvements des garnisons.

Les ordres pour les quartiers d'hiver des troupes.

Les ordres pour la levée des milices.

L'expédition de toutes les lettres concernant les matières ci-dessus.

Le sieur marquis D'ASFELD. Le détail de tout ce qui concerne les fortifications, à l'exception des marchés, des fonds et des comptes.

Le département des directeurs, ingénieurs, inspecteurs et autres officiers employés sur les travaux du roi.

La direction des plans en reliefs et de la construction desdits plans.

Les sieurs marquis de JOFFREVILLE et de LEVY. Le détail de la gendarmerie, de la cavalerie légère française et étrangère, des carabiniers, houssards, et des dragons.

L'expédition de toutes les commissions et brevets des officiers de cavalerie et dragons.

L'état des officiers à placer ou remplacer dans les corps ci-dessus.

L'examen des revues des inspecteurs et des commissaires pour la cavalerie et dragons, et les états qui sont envoyés concernant lesdits officiers, et donneront les ordres pour les chevaux de remonte et à changer.

Le détail des carabiniers.

La convocation du ban et arrière-ban.

Le sieur de SAINT-CONTEST. Le détail de l'Hôtel royal des Invalides et des compagnies d'invalides détachées dans le royaume.

Les marchés des vivres.

Des fourrages.

Des chevaux et voitures employés pour le service.

Des hôpitaux des places et armées.

L'habillement des régiments étrangers et des milices.

Le soin des drapeaux et étendards.

Approvisionnement dans les places du roi.

Le soin des magasins des armes et des meubles.

L'expédition des passeports pour l'habillement des troupes et pour les munitionnaires, bouchers d'armées et autres fournisseurs.

Le sieur LE BLANC. Les envois des fonds pour le paiement des troupes et autres dépenses.

L'examen des comptes des trésoriers généraux de l'extraordinaire des guerres et autres trésoriers, compris ceux de la maison du roi.

L'expédition des reliefs après qu'ils auront été accordés sur le rapport du sieur maréchal de Villars, ou du président du conseil en son absence.

Expédition des états et ordonnances des pensions attachées aux colonels, lieutenants-colonels, majors, capitaines de grenadiers et autres militaires, assignées sur le trésor-royal, après qu'elles auront été réglées au conseil de guerre sur le rapport des sieurs conseillers chargés de ces détails.

Expédition de l'état des garnisons ordinaires pour leur paiement dans les provinces du dedans du royaume.

Détail des fonds, marchés et comptes des fortifications.

Expédition du taillon, et de l'état et examen du compte de l'ordinaire des guerres.

Vérifications des comptes des étapes.

Vérification des doubles emplois dans les comptes de l'extraordinaire des guerres.

Extraits des informations concernant les crimes ou délits militaires.

Expédition des brevets de grace, rappel ou commutation de peine pour délits militaires.

Etat des déserteurs, et expédition des ordres pour les faire arrêter et conduire.

Examen des enrôlements.

Les maréchaussées.

Veut et entend, S. M., que le sieur Pinsonneau, secrétaire dudit conseil, tienne registre de toutes les délibérations qui se prendront dans ledit conseil, lequel s'assemblera trois fois la semaine, depuis dix heures du matin jusqu'à une heure après midi, au Louvre dans la salle destinée pour ledit conseil de guerre.

Toutes les délibérations du conseil de guerre, de quelque nature qu'elles puissent être, tant celles qui devront être portées au conseil de la régence, que celles que le conseil de guerre aura pouvoir d'expédier, seront toujours signées des président ou vice-président et conseiller-rapporteur, et en leur absence du premier des conseillers avec un autre conseiller.

De plus, comme les lettres et dépêches arrivent deux fois par jour, un conseiller par semaine assistera à l'ouverture des lettres qui se fera à quatre heures après midi chez le président du conseil de guerre, en sa présence, ou en cas d'absence chez le vice-président, et à leur défaut chez le premier conseiller qui sera assisté d'un autre conseiller, et il sera envoyé chez chaque conseiller les affaires qui le regarderont, pour ensuite faire son rapport ainsi qu'il est marqué ci-dessus.

A l'heure marquée pour l'entrée du conseil, tous ceux qui le composent seront obligés de s'y trouver; et si un quart-d'heure après la plus grande partie des conseillers est assemblée, on commencera les délibérations.

Tous les états pour remplir les charges des troupes et états-majors des places se porteront au conseil de guerre, où le président et chacun des conseillers dira son avis sur les sujets proposés, dont il sera dressé un état que le président, et en son absence le vice-président, et à leur défaut le plus ancien conseiller portera au régent, au jour et heure qui seront ordonnés.

Toutes les lettres, mémoires et états qui seront envoyés des provinces et places du royaume seront adressés à S. A. R. monseigneur le duc d'Orléans, régent du royaume, pour le conseil de guerre; et tous les paquets ainsi souscrits seront portés de la poste chez le président, et en son absence chez le vice-président, et à leur défaut chez le plus ancien des conseillers.

Quant aux lettres qui n'auront aucun rapport aux départements susdits, elles demeureront au président, et en son absence au vice-président, et à leur défaut au conseiller de semaine pour en rendre compte au régent et les expédier.

Le président et en son absence le vice-président, et à leur défaut le premier conseiller portera la liasse au régent aux jours et heures qui lui seront ordonnés; et les affaires importantes seront portées au conseil de régence par le président et en son absence le vice-président avec tel conseiller que le régent estimera à propos, ainsi qu'il est porté dans la déclaration du 15 septembre dernier.

L'avis du conseil de guerre sera écrit par le sieur Pinsonneau, secrétaire du conseil, au bas de l'extrait.

Les commissaires des guerres enverront doubles copies de leurs revues; l'une sera remise au conseiller chargé du détail de la troupe, et l'autre au bureau où l'on arrête les comptes.

Toutes les expéditions de ce conseil signées au nom dudit conseil par le président, et en son absence par le vice-président, et à leur défaut par le premier conseiller avec le conseiller chargé de l'espèce du détail, seront celles dénommées ci-après, savoir:

Les congés des officiers-majors des places.

Les ordonnances pour le paiement des appointements des officiers-majors des places, ou chevaliers de Saint-Louis.

Les congés absolus aux soldats, cavaliers et dragons.

Les brevets des officiers de l'état-major des régiments.

Les brevets des officiers subalternes de la cavalerie et des dragons.

Au lieu des lettres du roi pour toutes les charges subalternes de l'infanterie, il sera fait des lettres du conseil de guerre.

Idem, pour donner des compagnies aux capitaines qui ont déjà eu des commissions.

Au lieu d'ordre du roi pour casser les officiers, il sera fait des lettres du conseil de guerre.

Idem, pour les rétablir.

Idem, pour les congés.

Les ordres d'envoi pour les fonds qui s'envoient dans les provinces.

Les ordres pour les appointements des officiers-majors des places évacuées.

Les ordres pour faire payer les billets de masse aux marchands.

Les reliefs pour paiement des appointements des officiers.

Les ordres pour le paiement du sou de route.

Les états pour le paiement des appointements des officiers-majors des places.

Les états des appointements des officiers d'artillerie par commission.

Les ordres et dépenses envoyés aux intendants, qu'ils emploient dans les comptes qu'ils arrêtent.

Les ordres pour la marche des troupes.

Les routes des troupes et recrues.

Les ordres des commissaires des guerres.

Les ordres pour recevoir les officiers aux Invalides.

Les brevets qui font partie de ces expéditions seront faits suivant la formule ci-dessous. (*Suit la formule.*)

Ce qui sera signé du président et d'un conseiller, et en son absence du vice-président et d'un conseiller, et à leur défaut par deux conseillers, et contresigné par le sieur Pinsonneau, secrétaire du conseil de guerre.

Et à l'égard des expéditions qui doivent être signées par un secrétaire-d'état, ce seront celles ci-après-énoncées, savoir:

Les provisions des gouverneurs et lieutenants-généraux des provinces, gouverneurs particuliers et autres officiers de l'état-major des places.

Les provisions des grandes charges militaires.

Les pouvoirs des généraux des armées pour les commander, et tout ce qui regarde l'état-major des armées.

Pouvoirs de lieutenants-généraux des armées, et brevets de maréchaux-de-camp et brigadiers, maréchaux-des-logis des camps et armées, et maréchaux-des-logis de la cavalerie.

Brevets de grace ou commutation de peine.

Brevets de retenue.

Provisions de chevaliers de Saint-Louis, des grand'-croix et de commandeurs, avec les lettres pour les faire recevoir.

Brevets de pensions.

L'état des garnisons ordinaires.

L'état au vrai de l'ordinaire des guerres.

Anoblissement pour service militaire.

Provisions de prévôts et autres officiers à la nomination de MM. les maréchaux de France.

Relief de prestation de serment pour un gouvernement de place.

Lettres de surannation sur anoblissement.

Ordre pour commander dans les provinces et places.

Ordonnances particulières pour les gratifications des brigadiers des gendarmes et chevau-légers de la garde qui ont servi le quartier.

Passeports pour les munitions de guerre, vivres, habillements, etc.

Lettres d'état.

Ratification des traités.

Sauvegardes.

Toutes les provisions et commissions des officiers des troupes qui passent au sceau, et les brevets des officiers de la maison du roi et de la gendarmerie jusqu'aux maréchaux-des-logis exclusivement.

Toutes les ordonnances de fonds sur le trésor royal.

Les ordonnances des pensions ou gratifications.

Tous les ordres et états de décharge pour toutes les dépenses de la guerre qui passent à la chambre des comptes.

Les ordonnances pour le paiement, logement, police et rang des troupes.

Les ordres pour la levée des troupes et milices.

Les amnisties et généralement toutes les ordonnances concernant les gens de guerre.

Les ordres aux intendants pour l'imposition des fourrages et ustensiles.

Les ordres de plus value pour masses des troupes qui sont en Alsace.

Et lorsqu'il sera apporté au secrétaire-d'état des expéditions à signer, on lui en enverra en même temps un extrait qu'il gardera pour sa décharge, lequel sera signé du président et d'un conseiller, et en son absence du vice-président et d'un conseiller, ou de deux conseillers en l'absence du président et du vice-président.

A l'égard des ordres pour la marche des troupes et routes, il a été expédié des lettres patentes qui autorisent le conseil dans la personne du président, et en son absence du vice-président, avec un conseiller, et à leur défaut par le conseiller qui présidera le conseil et un autre conseiller avec lui, à signer les ordres et routes pour la marche des troupes, et que l'étape leur soit fournie et les dépenses allouées dans les comptes; à l'effet de quoi lesdites patentes seront enregistrées partout où besoin sera.

N° 19. — ORDONNANCE *servant de règlement pour le conseil de la marine.*

Vincennes, 3 novembre 1715. (Archiv. — Rec. Cons. d'Etat.)

De par le roi. — S. M. ayant par sa déclaration du 15 du mois de septembre dernier ordonné l'établissement de plusieurs conseils pour l'examen de toutes les affaires concernant le dedans et le dehors du royaume, qui doivent être ensuite portées à la décision du conseil-général de la régence; et voulant former celui qui sera chargé des affaires de la marine; de l'avis de son très-cher et très-amé oncle le duc d'Orléans, régent, S. M. a fait le présent règlement.

Ce conseil sera appelé *Conseil de Marine.* Il se tiendra dans une des salles du Palais du Louvre deux fois la semaine, et plus souvent quand le besoin des affaires le demandera.

Il sera composé du sieur maréchal d'Estrées, pour président, du sieur maréchal de Tessé, du sieur marquis de Coetlogon, du sieur de Bonrepos, du sieur Ferrand, du sieur de Vauvré, et du sieur de Champigny, pour conseillers; et du sieur de la Chapelle, pour secrétaire du conseil.

M. le comte de Toulouse, amiral de France, y assistera toutes les fois qu'il le jugera à propos; et alors qu'il y sera, il proposera les affaires dont il doit être délibéré dans le conseil, et recueillera les voix sur celles qui auront été délibérées; le président fera même chose en son absence, et en l'absence du président le premier conseiller.

Les affaires qui se traiteront dans ce conseil seront celles de la marine du Levant et du Ponant, des galères, des consulats, des Colonies, pays et concessions des Indes Orientales et Occidentales, et d'Afrique, la construction, l'entretien et la réparation des bâtiments des arsenaux, les quais, formes, bassins, écluses pour nettoyer les ports, jetées faites ou à faire pour l'entrée et la conservation des ports, batteries faites ou à faire pour la défense des ports et des rades, l'entretien des corps-de-garde dans les capitaineries garde-côtes.

Le conseil de marine aura inspection sur les négociants qui composent en chaque échelle le corps de la nation, en tout ce qui ne regardera point le détail de leur commerce.

Il aura soin de maintenir les privilèges des négociants sous la bannière de France, de réprimer les abus du pavillon, et les fraudes de ceux qui prêtent leurs noms aux étrangers.

Il aura la direction des compagnies des Indes Orientales, de celle du Sénégal et autres pour tout ce qui regarde la guerre, et les établissements dans lesquels il se trouve des troupes et des commandants.

Le conseil de marine aura soin de faciliter aux vaisseaux marchands tous les secours dont ils auront besoin dans les pays étrangers, et de faire cesser les troubles et les obstacles qu'ils y pourront recevoir par des saisies ou autres empêchements dans leur navigation.

Les ordres pour ouvrir et fermer les ports seront donnés par le conseil de marine, de même que tous ceux qui seront nécessaires pour la protection du commerce par l'envoi des escadres ou escortes, et pour la sûreté des côtes et des bâtiments marchands.

Le conseil sera chargé des affaires qui se traiteront avec les puissances d'Alger, de Tunis, de Tripoli et avec le roi de Maroc; mais les traités qui se feront seront communiqués au conseil des affaires étrangères; il sera chargé aussi du rachat et échange des esclaves, et protection des saints lieux de Jérusalem.

Les mémoires en forme d'instruction concernant la marine pour les ambassadeurs et envoyés, seront donnés par le conseil de marine, et le président les portera au conseil de régence, où étant approuvés, ils seront ensuite communiqués au conseil des affaires étrangères pour les garder dans leurs registres avec les instructions desdits ambassadeurs et envoyés.

A l'heure marquée pour l'entrée du conseil, tous ceux qui le composeront seront obligés de s'y trouver, et si un quart-d'heure après la plus grande partie des conseillers est assemblée, on commencera les délibérations.

Toutes les lettres et dépêches qui seront envoyées des différents départements, seront adressées à S. A. R. monseigneur le duc d'Orléans, régent du royaume, pour le conseil de marine. Tous les paquets ainsi souscrits, seront remis par les commis de la poste au secrétaire du conseil, qui les portera ensuite tous les jours chez M. le comte de Toulouse, où elles seront ouvertes avec le président, et en l'absence de M. le comte de

Toulouse elles seront portées chez le président, où l'ouverture en sera faite avec un des conseillers du conseil, chacun à son tour pendant une semaine.

M. le comte de Toulouse et le président prépareront ensemble les matières qui devront être traitées dans le conseil, pour les mettre en délibération dans les temps qu'ils jugeront les plus convenables au bien du service, et à la suite et l'ordre qu'il est indispensable de garder dans les affaires pour leur bonne administration; et quand il y en aura qui demanderont une longue discussion avant que de pouvoir être décidées par le conseil, ils les distribueront aux conseillers pour les examiner à loisir, et en faire ensuite leur rapport au conseil : en l'absence de M. le comte de Toulouse, le président fera la même chose avec le conseiller qui sera de semaine.

Toutes les lettres écrites au nom du conseil, seront signées par M. le comte de Toulouse et le président, et en l'absence de M. le comte de Toulouse, par le président et le conseiller de semaine.

Tous les extraits et délibérations du conseil, de quelque nature qu'elles puissent être, tant sur les affaires qui devront être portées au conseil de régence pour en avoir la décision, que sur celles que le conseil de marine aura pouvoir d'expédier, seront signées de M. le comte de Toulouse et du président, et en l'absence de M. le comte de Toulouse, du président et du conseiller de semaine.

Tous les marchés pour les fournitures générales et particulières des arsenaux seront faits et arrêtés par adjudication au conseil, et quand on donnera ordre d'en faire dans les ports, ils ne pourront avoir lieu que lorsqu'ils auront été ratifiés par le conseil.

Les comptes de recettes et dépenses des invalides de la marine seront clos et arrêtés chaque année par le conseil de marine, et lesdits comptes ainsi arrêtés, serviront aux trésoriers-généraux et particuliers de décharges valables de leur maniement partout où il appartiendra.

Le président, et en son absence le premier conseiller portera la liasse au régent aux jours et heures qui lui seront ordonnés, et M. le comte de Toulouse y assistera, toutes les fois qu'il le jugera à propos.

Le président sera chargé de rapporter au conseil de régence toutes les affaires qui devront y être portées pour en avoir la décision.

Les affaires qui seront délibérées dans le conseil y seront

décidées à la pluralité des voix ; et quand il y aura égalité, celle de M. le comte de Toulouse sera prépondérante, de même qu'en son absence celle du président.

Veut et entend S. M. que tous les extraits, projets et délibérations du conseil soient enregistrées par le secrétaire dans un registre coté et paraphé par M. le comte de Toulouse et le président ; et que les minutes soient gardées dans le secrétariat, qui seront signées et paraphées pareillement par M. le comte de Toulouse et par le président.

Toutes les expéditions de ce conseil signées au nom dudit conseil par M. le comte de Toulouse et par le président, et en son absence par le président et par le conseiller de semaine, et en l'absence du président par le conseiller qui présidera au conseil avec un autre conseiller, seront celles dénommées ci-après, savoir :

Les congés des officiers de marine et des galères, tant d'épée que de plume.

Les congés absolus aux officiers subalternes de la marine et des galères, gardes de la marine et de l'étendard, officiers-mariniers, matelots et soldats.

Les certificats de gardes de la marine et de l'étendard.

Les brevets des officiers subalternes de vaisseaux et galères, tant de plume que d'épée, qui ne passent point au sceau.

Les états et ordres pour le paiement des appointements des officiers d'épée et de plume dans les différents départements.

Au lieu de lettres du roi pour toutes les charges subalternes de l'infanterie de la marine et des galères, il sera fait des lettres du conseil de marine.

Pour faire servir en pied les officiers qui seront réformés.

Idem, pour changer d'une compagnie à une autre, les capitaines qui ont déjà eu commission.

Au lieu d'ordres du roi pour casser les officiers, il sera fait des lettres du conseil de marine.

Idem, pour les rétablir.

Idem, pour les interdire, et pour lever l'interdiction de ceux qui auront été interdits.

Les ordres pour la distribution des fonds arrêtés par le roi chaque année pour la dépense de la marine et des galères.

Les ordres pour la marche des troupes de la marine.

Les routes des troupes passant d'un département à un autre.

Les ordres pour la destination des commissaires.

Les ordres pour la réforme des officiers, en leur conservant la moitié de leurs appointements.

Les ordres pour recevoir les officiers-mariniers, matelots et soldats à la demi-solde des invalides de la marine.

Les listes pour marquer les départements de chaque officier au commencement de l'année.

Les ordres pour les changements des officiers d'un département à un autre.

Les listes d'officiers choisis par le roi pour commander et servir sur les vaisseaux et galères qui seront armés.

Les brevets qui font partie de ces expéditions seront faits suivant la formule ci-dessous. (*Suit la formule.*)

Toutes les expéditions ci-dessus seront signées par M. le comte de Toulouse et par le président, et en l'absence de M. le comte de Toulouse par le président et un des conseillers, et contresignées par le secrétaire du conseil.

Il en sera usé de même pour toutes les expéditions qui regardent les colonies et pays de concessions.

Les expéditions énoncées ci-dessous seront signées par un secrétaire-d'état, savoir :

Toutes les provisions et commissions scellées du grand sceau.

Les brevets de grace ou de commutation de peine.

Libertés de forçats.

Brevets de retenue.

Provisions des chevaliers, commandeurs et grand'-croix de l'ordre de Saint-Louis, avec les lettres pour les faire recevoir.

Brevets de pensions.

Les états au vrai des recettes et dépenses de la marine et des galères.

Les ordonnances du roi pour les fonds de la marine et autres qui s'expédieront sur le trésor royal.

Les lettres d'anoblissement pour le service militaire dans la marine.

Lettres de surannation sur l'anoblissement.

Passeports pour les munitions de guerre, vivres et habillement pour les vaisseaux et les galères.

Passeports accordés par le roi aux vaisseaux marchands, en différentes occasions.

Lettres d'état.

Ratifications de traités.

Toutes ordonnances de pension ou de gratification.

Tous les ordres et états de décharges de la dépense de la marine et des galères, qui passent à la chambre des comptes.

Les ordonnances pour la levée et augmentation de troupes de la marine et des galères.

Les ordres pour ouvrir et fermer les ports.

Les amnisties et généralement toutes les ordonnances concernant les officiers, matelots et soldats des vaisseaux et des galères.

Les ordres pour la construction de nouveaux vaisseaux et galères.

Les ordres pour la construction, vente ou démolition des vaisseaux et galères du roi.

Et lorsqu'il sera apporté au secréaire-d'état des expéditions à signer, on lui enverra en même temps un extrait desdites expéditions, lequel sera signé de M. le comte de Toulouse et du président, et en l'absence de M. le comte de Toulouse, du président du conseil de marine et d'un conseiller, et en l'absence du président, du conseiller qui présidera au conseil avec un autre conseiller, ce qui demeurera au secrétaire-d'état pour sa décharge.

A l'égard des ordres pour la marche des troupes de la marine et des routes, il sera expédié des lettres patentes qui autorisent le conseil dans la personne de M. le comte de Toulouse et du président, et en l'absence de M. le comte de Toulouse, du président et du conseiller de semaine, et au défaut du président, du conseiller qui présidera au conseil et d'un autre conseiller avec lui, à signer les ordres et routes pour la marche des troupes, et que l'étape leur soit fournie, et les dépenses allouées dans les comptes; à l'effet de quoi lesdites patentes seront enregistrées partout où besoin sera.

No 20. — ORDONNANCE *servant de règlement pour le conseil des finances.*

Vincennes, 14 novembre 1715. (Archiv. — Rec. Cons. d'Etat.)

De par le roi. — S. M. ayant, par sa déclaration du 15 du mois de septembre dernier, ordonné des conseils particuliers pour l'examen de toutes les affaires qui peuvent concerner le dedans et dehors du royaume, et voulant, de l'avis de son très-cher et très-amé oncle le duc d'Orléans, régent, former celui des finances, S. M. l'a composé du régent, comme ordonnateur, ainsi que l'étoit le feu roi, du sieur maréchal duc de Villeroy, pair de France, en qualité de chef dudit conseil, du sieur duc de Noailles, pair de France, en qualité de président, du sieur

marquis d'Effiat, en qualité de vice-président, et pour conseillers des sieurs Lepelletier d'Esforts, Rouillé-Ducoudray,
directeur des finances et du contrôle-général, Lepelletier de
la Houssaye et Fagon, conseillers d'État, des sieurs d'Ormesson, Gilbert de Voysins, de Gaumont, de Baudry, maître
des requêtes, et du sieur Dodun, président aux enquêtes, et
pour secrétaires des sieur Lefebvre et la Blinière; et afin d'é-
tablir un ordre certain dans ledit conseil et faciliter une plus
prompte expédition des affaires qui y seront portées pour le
bien de l'État, le soulagement du peuple et l'avantage des particuliers, S. M. a ordonné et ordonne qu'elles y seront traitées
de la manière suivante, savoir : Ledit conseil sera appelé le
Conseil particulier de Finances, et s'assemblera deux jours de
la semaine, qui seront le mardi et le vendredi, depuis neuf
heures du matin jusqu'à midi et demi, dans une des salles du
palais du Louvre.

Le régent aura seul la signature de toutes les ordonnances
concernant les dépenses comptables et les comptants, tant
pour dépenses secrètes, remises, intérêts, qu'autres de toute
nature.

Il aura pareillement le trésor royal et les parties casuelles,
avec la faculté d'y commettre qui bon lui semblera pour lui en
rendre compte.

Les états de distribution de finances, tant pour les recettes
générales que pour les fermes, bois, domaines et autres deniers de toute nature, seront remis par chacun des conseillers
qui en aura le département, au chef dudit conseil des finances,
ou en cas d'absence à celui qui y présidera, et après les décisions intervenues dans ledit conseil, et approuvées par ledit
conseil général de la régence, lesdits états seront signés par le
régent, le chancelier et le chef dudit conseil, le président, le
vice-président et celui des conseillers particuliers qui en aura
fait le rapport, ou par trois d'entre eux.

Le chef dudit conseil de finances aura la même entrée,
séance, fonction et autorité qu'il avoit ci-devant au conseil
royal, et de plus il référera au conseil-général de la régence,
lorsqu'il sera nécessaire, les délibérations qui auront été prises
audit conseil particulier des finances.

Le président, et en son absence le vice-président, seront
char.... après le chef dudit conseil de finances et en son absence, de distribuer à chacun des membres dudit conseil les
affaires qui auront rapport à leur département, et les avis
et mémoires qui y auront relation, de recueillir les voix, de

référer au conseil-général de la régence les résultats des opinions, de rendre compte au régent et de prendre ses ordres pour ce qui devra être proposé audit conseil.

Le sieur LEPELLETIER D'ESFORT aura les domaines, les états des domaines, la capitation, les impositions des provinces de Flandres, Franche-Comté, Alsace et Metz; les états des finances d'Artois et de Bretagne, les cahiers des états desdites provinces; le cahier de l'assemblée des communautés de Provence.

Le sieur ROUILLÉ DU COUDRAY aura l'inspection du contrôle des quittances du trésor royal, des parties casuelles et autres dépendantes du contrôle général des finances, qui sera exercé par les préposés ci-après désignés, les rentes, les grandes et petites gabelles, les états des fermes, les cinq grosses fermes, et la ferme du tabac, les états de finances des généralités de Montpellier et de Toulouse, le cahier des états du Languedoc.

Le sieur LEPELLETIER DE LA HOUSSAYE aura le clergé, les monnoies, les fonds et états au vrai de l'extraordinaire des guerres, pains de munition, vivres, artillerie, bâtiments et maisons royales, et de la marine du Levant et Ponant.

Le sieur FAGON aura les eaux et forêts, les états des bois, les chambres des comptes du royaume, les cahiers des états de Bourgogne, de Béarn, Bigorre et Navarre, les débets et toute autre nature de deniers et revenant-bons à la poursuite et diligence du contrôleur des restes et autres.

Le sieur D'ORMESSON aura le dixième, le domaine d'Occident et la ferme des poudres et salpêtres.

Le sieur GILBERT DE VOYSINS aura les dix-huit généralités des pays d'élection pour la taille, le taillon et les états de finances des généralités des pays d'élection.

Le sieur DE GAUMONT aura les aides et papiers timbrés, les octrois des villes et dettes des communautés.

Le sieur de BAUDRY aura tous les états de dépenses de la maison de S. M., les pensions, les états de dépenses des maisons de madame la duchesse de Berry, de Madame, du Régent, et de madame la duchesse d'Orléans, les ponts-et-chaussées, turcies et levées, barrage et pavé de Paris, en ce qui est de finances; le grand conseil, les petites chancelleries, les ligues suisses, les bureaux des finances, les états des finances de Provence, de Béarn et de Navarre.

Le sieur DODUN aura les parlements et cours supérieures, les états des finances de la généralité de Dijon, les fermes des greffes, amortissements, francs-fiefs et nouveaux acquêts, la ferme du contrôle, insinuations, etc.; la ferme des huiles, les étapes.

Pour ce qui est du commerce et des manufactures, il y sera pourvu par S. M., et à l'égard des autres affaires extraordinaires dont les recouvremens ne sont point encore consommés, elles seront distribuées par le régent aux membres dudit conseil des finances.

Les secrétaires dudit conseil y auront séance, ils dresseront tous les ordres et mémoires, feront les lettres qui auront été résolues audit conseil lorsqu'elles devront être signées par le régent, et ils les lui présenteront pour les signer; ils feront aussi celles qui seront expédiées au nom dudit conseil, et tiendront trois registres, l'un pour les délibérations faites audit conseil, l'autre pour les décisions qui interviendront au conseil général de la régence pour les affaires de finances, et le troisième pour les lettres portant décision qui seront écrites par chacun des conseillers, suivant les délibérations dudit conseil.

Les minutes des arrêts et autres actes arrêtés audit conseil et au conseil-général de la régence concernant les finances, qui se remettoient ci-devant aux secrétaires ordinaires du conseil d'état, directions et finances, leur seront envoyées pour en signer les expéditions en la manière ordinaire.

Toutes les affaires qui étoient ci-devant traitées et décidées dans le conseil royal des finances, seront examinées et délibérées dans ledit conseil particulier de finances; savoir : les brevets de la taille, toutes les impositions ou décharges des impositions faites sur le peuple, toute espèce de changement à faire dans la perception et administration des revenus du roi, tous les résultats pour affaires extraordinaires, et les rôles du trésor royal tant des dépenses comptables que des comptans.

Il ne pourra être fait aucune diminution ou augmentation sur les fermes et recettes générales, ni sur les autres recouvremens de quelque nature que ce puisse être, si ce n'est après en avoir été délibéré dans ledit conseil de finances.

Toutes les demandes d'emplois, de nouvelles charges dans les états, seront rapportées dans ledit conseil des finances. Chacun des conseillers dudit conseil rapportera tous les états des fermes, recettes générales, bois, domaines et autres affaires qui seront de son département, pour être arrêtés audit conseil et signés après les décisions du conseil de régence.

Le contrôle général sera désormais exercé par les deux gardes des registres du contrôle général des finances, présentement commis audit exercice sur les commissions plus amples qui leur en ont été expédiées, et sur lesquelles ils ont prêté serment à la chambre des comptes, où ils fourniront leurs contrôles, et ce, sous la direction du sieur Rouillé, auquel ils seront tenus de fournir tous les huit jours un bref état des signatures qu'ils auront faites et des droits qu'ils auront reçus pour être, à la fin de chaque année, l'état général présenté et arrêté audit conseil de finances, et les deniers de la recette portés au trésor royal.

La grande direction se tiendra à l'ordinaire, et s'assemblera tous les quinze jours, et le président dudit conseil des finances y assistera toutes les fois qu'elle sera assemblée.

Les affiches contenant les conditions des baux des fermes et marchés seront examinées et résolues dans ledit conseil, et ensuite lesdites fermes et marchés publiés, les enchères reçues, les adjudications en seront faites à la grande direction.

Il sera établi un nombre convenable de bureaux, tant de communication qu'avec faculté de juger, selon que les matières et les occurrences le requerront, lesquels seront composés de personnes qui seront à cet effet choisies par le régent.

Le procureur-général du parlement et le procureur-général de la chambre des comptes de Paris auront entrée au conseil de finances, lorsqu'ils l'auront requis, pour y proposer ce qui peut concerner leur ministère ou l'ordre public, et qu'ils y seront appelés.

Le lieutenant-général de police et le prévôt des marchands seront appelés audit conseil, lorsqu'il sera jugé nécessaire, pour y représenter ce qui peut concerner leurs fonctions et l'utilité particulière de la ville de Paris.

Les gardes du trésor royal et les trésoriers des parties casuelles seront mandés audit conseil de finances par rapport à leurs fonctions, comme ils l'étoient ci-devant au conseil royal.

Les intendants des provinces et autres chargés des affaires de S. M. adresseront leurs lettres et mémoires à chacun des conseillers dudit conseil des finances, suivant leurs départements, et on ne pourra leur faire réponse qui porte décision qu'après en avoir référé audit conseil.

Les intendants des provinces feront deux tournées par chacun an dans leurs généralités, l'une entre Pâques et la Pentecôte, l'autre dans les mois d'octobre et de novembre, et ils dresseront exactement des procès-verbaux sur tout ce qui regarde leur ministère, pour les envoyer à leur retour au chef dudit conseil.

Les trésoriers de France seront pareillement tenus de faire des procès-verbaux exacts et circonstanciés de l'état où ils auront trouvé les paroisses et les élections, et ils les enverront à celui des conseillers dudit conseil qui a le département de la taille.

Les propositions qui seront faites par chacun desdits conseillers pour faciliter le recouvrement et la diminution des impositions, des frais de régie et dépenses pour le bien et le soulagement du peuple, seront délibérées dans ledit conseil des finances.

Il sera envoyé tous les deux ans dans les provinces, à commencer du 1er janvier prochain, des personnes de grande probité, pour recevoir les plaintes et les mémoires qui leur seront présentés contre toute sorte de personnes, sans aucune exception, et pour s'instruire de tout ce qui peut être utile et nécessaire au bien public; et à leur retour ils en rendront compte au régent, qui renverra lesdits mémoires et plaintes aux conseils auxquels il conviendra d'en connaître.

Le régent aura la faculté de changer tous les ans le présent règlement, et les départements des membres dudit conseil de finances, ainsi qu'il l'estimera à propos, afin qu'étant instruits à fond de toutes les parties de la finance, ils puissent également remplir les fonctions les uns des autres.

N° 21. — DÉCLARATION *qui porte que les soldats et gens de guerre qui auront quitté le service avec congé ou par réforme, seront exempts de la taille pendant six ans dans les cas y mentionnés.*

Vincennes, 30 novembre 1715. Reg. P. P. 12 décembre. (Archiv. — Rec. cons. d'état.)

PRÉAMBULE.

Louis, etc. Par l'établissement de l'Hôtel royal des Invalides, le feu roi de glorieuse mémoire notre très-honoré seigneur et bisaïeul, a pourvu au paiement de l'une des dettes les plus légitimes de l'État, en assurant la subsistance de ceux qui ont prodigué leur sang pour leur patrie; mais il y en a une infinité d'autres qui, échappés des périls de la guerre, ne peuvent plus subsister par la profession des armes, à cause des réformes faites jusqu'à présent, et que nous avons dessein de continuer pour retrancher les dépenses qui ne se trouveront pas absolument nécessaires, et comme il seroit injuste que la paix qui doit être la source du bien commun fût nuisible à ceux qui ont le plus contribué à la procurer, nous avons cru devoir leur faciliter les moyens de travailler en même temps à leur propre utilité, et à multiplier l'abondance dans le royaume; un nombre considérable de maisons de la campagne étant tombées en ruine faute d'être habitées, et une grande partie des terres ayant été abandonnée par le malheur des temps, et parce que beaucoup de sujets qui étoient nés pour les cultiver ont pris parti dans nos armées, rien n'est plus convenable que de les rappeler avec honneur à leur première condition, en leur accordant des privilèges qu'on regardera sans envie, comme la récompense de leurs services, et qui les encourageront à se donner plus volontiers au travail. A ces causes, etc.

N° 22. — LETTRES PATENTES *qui ordonnent la continuation du nouveau rempart du quartier Saint-Germain.*

Vincennes, 1er décembre 1715. Reg. P. P. 8 février 1716. (Archiv. — Rec. cons. d'état.)

N° 23. — LETTRES PATENTES *qui autorisent les nouveaux plans faits pour l'ouverture d'une rue vis-à-vis de l'hôtel d'Antin, et pour l'embellissement du quartier de la place de Louis-le-Grand.*

Vincennes, 1er décembre 1715. Reg. P. P. 23. (Archiv.—Rec. cons. d'état.)

N° 24. — DÉCLARATION *portant que tous les billets faits pour le service de l'État seront rapportés pour en faire la vérification et la liquidation.*

Vincennes, 7 décembre 1715. Reg. P. P. 12 décembre. (Archiv. — Rec. cons. d'état.)

PRÉAMBULE.

Louis, etc. S'il eût été possible, à notre avènement à la couronne, d'acquitter les dettes immenses qui ont été contractées sur l'État pendant les deux dernières guerres, et de supprimer en même temps toutes les impositions extraordinaires dont nos peuples sont surchargés, notre satisfaction auroit été encore plus grande que celle de nos peuples mêmes. Mais il n'y avoit pas le moindre fonds, ni dans notre trésor royal, ni dans nos recettes, pour satisfaire aux dépenses les plus urgentes; et nous avons trouvé le domaine de notre couronne aliéné, les revenus de l'État presque anéantis par une infinité de charges et de constitutions, les impositions ordinaires consommées par avance, des arrérages de toute espèce accumulés depuis plusieurs années, le cours des recettes interverti, une multitude de billets, d'ordonnances et d'assignations anticipées de tant de natures différentes, et qui montent à des sommes si considérables, qu'à peine en peut-on faire la supputation. Au milieu d'une situation si violente, nous n'avons pas laissé de rejeter la proposition qui nous a été faite de ne point reconnoître des engagements que nous n'avions pas contractés. Nous avons aussi évité de suivre le dangereux exemple d'emprunter à des usures énormes; et nous avons refusé des offres intéressées dont l'odieuse condition étoit d'abandonner nos peuples à de nouvelles vexations. Ces expédiens pernicieux que l'obligation de soutenir la guerre pour parvenir à une paix glorieuse a pu rendre nécessaires, auroient bientôt achevé de précipiter l'État dans une ruine totale, et nous auroient fait perdre jusqu'à l'espérance de pouvoir jamais le rétablir. La première résolution que nous avons cru devoir prendre, a été d'assurer d'abord le paiment de deux charges privilégiées, la subsistance des troupes, et les arrérages des rentes constituées sur l'hôtel de notre bonne ville de Paris. A l'égard des autres dettes, nous avons écouté les avis et examiné les mémoires qui nous ont été présentés de toutes parts, avant que de nous déterminer; et après avoir pesé les inconvénients de chaque proposition, nous n'avons eu garde d'accepter aucune de celles qui tendoient à obliger de recevoir des billets dans les paiements, ou à les convertir en rentes, parce que nous ne voulons gêner ni le commerce ni la liberté publique, et que bien loin de créer de nouvelles rentes qui rendroient perpétuelles les impositions de la capitation et du dixième, notre intention est d'en affranchir nos peuples aussitôt que les mesures que nous prenons pour l'arrangement de nos affaires auront eu leur effet. Dans cette vue nous n'avons rien trouvé de plus convenable, que de faire faire la vérification et la liquidation de tous les différens papiers dont la possession est devenue presque inutile par le décri où ils sont tombés, pour les convertir dans une seule espèce de billets qui ne seront plus sujets à aucune variation jusqu'à ce qu'ils aient été entièrement retirés. Nous nous sommes portés d'autant plus volontiers à prendre ce parti, qu'il nous a été inspiré par les plus habiles marchands et négocians, et unanimement approuvé par les députés pour le conseil du commerce des principales villes de notre royaume, et que d'ailleurs il fera cesser les usures criminelles qui s'exercent et se multiplient à l'occasion de la diversité des papiers. En substituant de nouveaux billets aux anciens, notre objet n'est pas de nous en faire une ressource ; nous prétendons uniquement rendre l'état de chaque particulier certain, et rétablir l'ordre dans nos finances, non-seulement pour proportionner la recette à la dépense ordinaire, mais encore pour parvenir à la suppression des charges les plus onéreuses à l'État. Au surplus dans la réduction qui sera faite des anciens papiers, si nous avons à considérer ceux auxquels il est légitimement dû, nous ne sommes pas moins obligés de faire attention à la situation de nos peuples sur qui tombent les impositions qu'on doit employer à l'acquittement des dettes. En tenant cet équilibre, nous rendrons autant qu'il nous sera possible la justice que nous devons également à tous nos sujets : et comme nous voulons payer régulièrement les intérêts des nouveaux Billets, et en éteindre successivement les capitaux, nous emploierons à cet effet les moyens les plus convenables, et nous y destinons dès à présent des fonds certains, outre une partie de ceux qui reviendront de la réduction des dépenses les plus onéreuses, des grands retranchements que nous faisons et que nous continuerons de faire sur nous-mêmes, et de la sage dispensation de nos revenus. A ces causes, etc.

Nº 25. — DÉCLARATION *qui règle le temps dans lequel les particuliers taillables pourront se pourvoir contre leurs taxes d'office, et qui porte que ce pourvoi ne pourra suspendre les paiements.*

Vincennes, 7 décembre 1715. Reg. C. des A., 16. (Archiv. — Rec cous. d'état.)

Nº 26. — DÉCLARATION *pour l'établissement d'un conseil de commerce et des manufactures.*

Vincennes, 14 décembre 1715. Reg. P. P. 31. (Archiv. — Rec. cons. d'état.)

Louis, etc. Le même désir de procurer le bien de notre royaume, qui nous a porté à donner la déclaration du 15 septembre dernier pour l'établissement de six conseils particuliers, outre le conseil général de régence, nous ayant fait faire attention à la nécessité d'en établir un septième pour ce qui regarde un objet aussi important que sont le commerce, tant intérieur qu'extérieur, et les manufactures du royaume; et considérant de quelle conséquence il est que les matières de cette nature soient entre les mains de ceux qui en ont acquis une longue expérience, nous avons jugé à propos de former ce nouveau conseil de la plupart des sujets qui composoient celui ci-devant établi sous le même nom de conseil de commerce, en exécution de l'arrêt du conseil du 29 juin 1700. A ces causes, etc., voulons et nous plaît :

ART. 1. Qu'il soit incessamment établi un septième conseil particulier appelé de *commerce*, où l'on traitera de tout ce qui concerne le commerce intérieur et extérieur, et les manufactures du royaume; où seront discutées et examinées toutes les propositions, placets et mémoires présentés sur cette matière, ensemble les difficultés qui surviendront au sujet du commerce, tant de terre que de mer, ainsi que des fabriques et manufactures.

2. Que ceux qui seront choisis pour entrer dans ce conseil, seront tenus de s'assembler incessamment dans le lieu qui sera destiné à le tenir, pour dresser un projet de réglement sur la forme qui y sera observée par rapport à l'ordre et à la distribution des affaires, à la manière de les traiter et de rédiger les délibérations, et aux registres qui en seront tenus; et que ce projet sera porté au conseil de régence pour y être autorisé et confirmé, ainsi qu'il sera estimé convenable.

3. Que toutes les matières qui auront été réglées dans ledit conseil, seront ensuite portées au conseil-général de régence, pour y être pourvu décisivement par notre très-cher et très-amé oncle le duc d'Orléans, régent de notre royaume, suivant la pluralité des suffrages, si ce n'est qu'il y eût partage et égalité d'avis, auquel cas celui dont le régent aura été prévaudra.

4. Que celui qui présidera au conseil de commerce aura séance et voix délibérative au conseil général de régence pour les affaires qui regarderont ledit conseil de commerce, et fera le rapport des résolutions qui auront été prises; et s'il est jugé nécessaire en certains cas d'y appeler encore quelques-uns des conseillers dudit conseil, soit pour le rapport des affaires dont le président n'aura pu se charger, ou pour d'autres raisons, ceux qui y entreront alors auront pareillement voix délibérative dans le conseil général de régence. Si donnons, etc.

N° 27. — DÉCLARATION *qui autorise le conseil de guerre dans la personne du président, de signer les certificats de service des officiers.*

Vincennes, 15 décembre 1715. Reg. 15 janvier 1716. (Archiv. — Rec. cons. d'état.)

N° 28. — ARRÊT *du conseil portant défenses de transporter hors du royaume aucunes espèces d'or et d'argent, sans permission du roi.*

Vincennes, 17 décembre 1715. (Archiv. — Rec. cons. d'état.)

N° 29. — RÈGLEMENT *concernant l'organisation du conseil des affaires ecclésiastiques, dit* conseil de conscience.

Vincennes, 22 décembre 1715. (Archiv. — Rec. cons. d'état.)

De par le roi. — S. M. ayant, par sa déclaration du 15 du mois de septembre dernier, ordonné l'établissement de plusieurs conseils pour l'examen de toutes les affaires concernant le dedans et le dehors du royaume, qui doivent être ensuite portées à la décision du conseil général de la régence; et voulant former celui qui sera chargé des affaires ecclésiastiques, de l'avis de son très-cher et très-amé oncle le duc d'Orléans régent, S. M. a fait le présent réglement.

Ce conseil sera appelé *le Conseil de conscience*, et sera composé du sieur cardinal de Noailles, pair de France, pour président; du sieur archevêque de Bordeaux, du sieur d'Aguesseau, procureur général, et du sieur abbé Pucelle, conseiller au parlement, pour conseillers; et du sieur abbé Dorsanne pour secrétaire.

Il s'assemblera tous les jeudis à quatre heures, et plus souvent quand le besoin des affaires le demandera.

Il se tiendra dans une des salles du palais du Louvre; et cependant S. M. trouve bon que pour l'expédition des affaires courantes il s'assemble en l'archevêché.

Les mémoires et placets seront remis au secrétaire pour en rendre un compte sommaire à chaque assemblée; et lorsque les affaires demanderont quelque examen, elles seront distribuées à un des conseillers du conseil par le président qui rendra compte au régent des délibérations, et prendra ses ordres pour ce qui devra être proposé au conseil général de régence.

Les lettres qui seront écrites au nom du conseil de conscience, seront résolues dans l'assemblée, et ensuite signées par le président et par un des conseillers, et contresignées par le secrétaire.

Toutes les lettres et dépêches qui seront envoyées des différentes provinces, seront adressées à S. A. R. monseigneur le duc d'Orléans, régent du royaume, pour le conseil de conscience, et ouvertes par le président dudit conseil.

Le secrétaire rédigera les délibérations, et les lira dans l'assemblée suivante, pour les écrire ensuite dans son registre, où elles seront paraphées à la fin de chaque conseil par le président et un des conseillers; et les expéditions dudit conseil, tant celles qui devront être portées au conseil général de régence, que celles que le conseil de conscience aura pouvoir d'expédier, seront aussi signées du président et du conseiller rapporteur, et en leur absence du premier des conseillers, avec un autre conseiller.

Les matières qui seront traitées dans le conseil de conscience, sont en général, toutes les affaires de religion, dont le roi prend connoissance par lui-même comme protecteur de l'église, et en particulier :

Les réglements qui peuvent être demandés par rapport à la religion au sujet des hérétiques, et surtout la conduite que l'on doit garder envers les nouveaux réunis, et la protection que S. M. voudra bien accorder à ceux d'entre eux qui se trouvent quelquefois persécutés par leurs familles pour changement de religion.

Les réglements qui seront demandés sur la discipline ecclésiastique, l'administration des sacrements, la décence du service et culte divin.

Les disputes qui s'excitent sur des matières de religion dans les universités et particulièrement dans les facultés de théologie qui pourroient troubler la paix de l'église si S. M. n'interposoit son autorité pour les faire cesser.

Les plaintes des diocèses qui peuvent être faites par les évêques, les chapitres, ou autres communautés séculières ou régulières, ou par des particuliers sur des affaires ecclésiastiques.

L'inspection sur la conduite des communautés séculières et régulières dans les cas où il est nécessaire de recourir à l'autorité de S. M., sur quoi on consultera les évêques diocésains.

Les affaires ecclésiastiques qui intéresseront les droits de la couronne, les usages et les libertés de l'église gallicane, ou qui peuvent regarder la discipline de l'église de France.

L'examen des nouveaux établissements, ou introduction des réformes dans les monastères, des constitutions tant anciennes que nouvelles, et des réglements que l'on propose pour des ordres réguliers, ou pour des communautés séculières, en ce qui concerne la religion ou la discipline intérieure et monastique de ces maisons.

L'examen des unions de bénéfices, principalement si ces bénéfices sont de nomination ou collation royale.

Les difficultés qui se trouvent par rapport aux élections qui ne peuvent être faites sans l'agrément du roi, et aux droits de nomination et collation des bénéfices dont on demande des provisions à S. M.

L'examen des dérogations à la déclaration de 1671 qui seront demandées par les dignités, chanoines, prieurs, curés et autres bénéficiers qui sont obligés de résider.

La taxe des bénéfices vacants en faveur des nouveaux convertis, aux lieu et place du tiers du revenu que le feu roi avait destiné pour leur subsistance; laquelle taxe sera arbitrée par le conseil de conscience avant la nomination aux bénéfices.

Généralement l'examen de tous les placets qui seront envoyés par le régent audit conseil.

Et comme il pourroit se trouver des matières mixtes qui regarderoient quelqu'un des autres conseils, aussi-bien que celui de conscience : en ce cas si la matière est importante, les conseils se réuniront pour la discuter conjointement, ou ils en conféreront par députés.

Toutes les matières qui auront été réglées dans le conseil de conscience seront ensuite portées (après qu'il en aura été rendu compte au régent, suivant qu'il a été dit ci-dessus) au conseil général de la régence pour y être décidées.

Les registres et minutes seront déposés dans un lieu convenable et proche de celui où se tiendra ledit conseil de conscience.

N° 30. — ABRÊT *du conseil qui défend aux troupes de danseurs de cordes et sauteurs des foires de Saint-Germain et de Saint-Laurent de Paris, de joindre à leurs divertissements aucunes représentations de scènes comiques.*

Vincennes, 23 décembre 1715. (Rec. cass. — Archiv.)

N° 31. — ÉDIT *portant réduction et conversion des rentes assignées sur les recettes générales des finances et domaines du roi, au-dessous du denier vingt-cinq.*

Vincennes, décembre 1715. (Archiv. — Rec. cons. d'état.)

N° 32. — ÉDIT *concernant les monnoies* (1).

Vincennes, décembre 1715. Reg. P. P. 8 janvier 1716. (Archiv. — Rec. cons. d'état.)

PRÉAMBULE.

LOUIS, etc. Nous avions résolu de laisser subsister nos mon-

_____

(1) Voy. l'évaluation et tarif des espèces, vaisselles et matières d'or et d'argent, arrêté en la Cour des monnoies, le dernier décembre 1715.

noies sur le pied auquel elles se trouvent présentement fixées, persuadés que nous n'y pouvions faire de changement qui ne fût préjudiciable à l'État; nous avions même déclaré sur cela nos intentions par l'arrêt de notre conseil du 12 octobre dernier, en conformité de la déclaration du 15 août précédent. Mais les six corps des marchands de notre bonne ville de Paris, les députés pour le conseil du commerce, les marchands et négociants des principales villes de notre royaume, et une infinité d'autres personnes nous ont demandé avec tant d'empressement de donner une valeur plus considérable aux espèces et matières d'or et d'argent, et ils nous ont si vivement représenté que c'étoit le seul moyen de rendre auxdites espèces le mouvement et la circulation nécessaires pour le débit des denrées, le soutien des manufactures et le rétablissement du commerce, que nous avons cru ne devoir pas résister plus long-temps à leurs instances réitérées sur une matière qui les intéresse de si près, et nous nous y sommes portés d'autant plus volontiers, que nous empêcherons par là le transport des espèces dans plusieurs États voisins, où nous apprenons qu'elles sont reçues sur un pied plus avantageux que dans notre royaume; nous avons aussi considéré que nos peuples se trouveront en état de payer plus facilement leurs impositions; au surplus, en prenant ce parti nous avons bien voulu partager avec eux le bénéfice de cette augmentation, pour les dédommager en quelque sorte des pertes qu'ils ont pu souffrir par les diminutions précédentes. A ces causes, etc.

N° 33. — LETTRES PATENTES *portant union de la surintendance générale des eaux minérales du royaume à la charge de premier médecin du roi.*

Vincennes, décembre 1715. Reg. P. P. 9 janvier 1716. (Archiv. — Rec cass.)

N° 34. ORDONNANCE *servant de règlement pour le conseil de commerce.*

Paris, 4 janvier 1716. (Archiv.)

De par le roi. — S. M. ayant, par sa déclaration du 14 du mois dernier, ordonné l'établissement d'un conseil particulier pour l'examen de toutes les affaires qui peuvent concerner le commerce de terre et de mer, tant au dedans qu'au dehors du royaume et les fabriques et manufactures, a, de l'avis de son très-cher et très-amé oncle le duc d'Orléans régent, réglé et décidé que ledit conseil particulier de commerce sera composé du sieur maréchal duc de Villeroy, pair de France, chef du conseil de finances, du sieur duc de Noailles, pair de France, président du conseil de finances, du sieur maréchal d'Estrées, président du conseil de marine, des sieurs d'Aguesseau, Amelot et de Nointel, conseillers d'état ordinaires, du sieur Rouillé Ducoudray, conseiller d'état, directeur des finances, du sieur d'Argenson, conseiller d'état, du sieur Ferrand, maître des requêtes, conseiller au conseil de marine, du sieur de Machault, maître des requêtes, et du sieur Roujault, aussi maître des requêtes, conseiller du dedans du royaume, et désirant faciliter l'expédition des affaires qui seront portées audit conseil de commerce, et fixer la manière avec laquelle elles y seront traitées et réparties à chacun des conseillers, elle a réglé et ordonné leurs départements, ainsi qu'il ensuit, savoir : Au sieur d'Aguesseau la direction du commerce de France aux Indes orientales et côtes d'Afrique, depuis le détroit de Gibraltar jusqu'au cap de Bonne-Espérance, et de tout ce qui est au-delà dudit cap du côté de l'Asie; la direction du commerce, des compagnies de commerce établies et à établir, et des entreprises et voyages de long cours pour des objets de commerce; les chambres de commerce établies en différentes villes du royaume; les permissions ou défenses de la sortie des blés et autres grains et légumes secs; les réglements des tarifs; le commerce avec les côtes d'Espagne du côté de l'Océan, et avec le Portugal, et tout ce qui dépend de ces deux couronnes; le commerce et les manufactures de la généralité de Bordeaux, Béarn et Navarre.

Au sieur Amelot le commerce et les manufactures des provinces de Normandie, Picardie, Artois, Flandre française, trois évêchés, Alsace, Franche-Comté, Auvergne, et de la généralité de Limoges; le commerce avec les Pays-Bas appelés Espagnols, avec la Hollande, l'Angleterre, l'Ecosse et l'Irlande; le commerce avec le nord, qui comprend la Suède, le Danemark, les Etats du czar de Moscovie, Dantzick, les villes Anséatiques, et autres pays dans la mer Baltique; le commerce avec la Lorraine et les pays de Liège; le commerce avec l'Allemagne.

Au sieur Denointel le commerce et les manufactures des provinces de Bretagne, Touraine, Maine, Anjou, Champagne, Brie et Sédan, Poitou, Saintonge, de la généralité de la Rochelle et pays d'Aunis, Berri, Bourbonnais, et de la généralité d'Orléans; les pêches de la morue, du hareng, de la baleine et autres, et le commerce du poisson de mer; le commerce des colonies, tant françaises et autres pays de l'Amérique de la domination du roi.

Au sieur d'Argenson le commerce intérieur de Paris, et tout ce qui regarde les six corps et communautés des arts et métiers; la manufacture des glaces établie à Paris, à Tour-la-Ville et à Saint-Gobin, et ce qui en dépend; le commerce et les manufactures de l'île de France; les manufactures des verreries établies dans les provinces de l'île de France, Normandie, Picardie, Champagne et Orléanais; l'exécution des défenses de l'usage des toiles peintes et autres toiles, et étoffes des Indes et de la Chine, dans toute l'étendue du royaume.

Au sieur de Machault le commerce et les manufactures des provinces du Languedoc, Roussillon, Provence, Dauphiné, de la généralité de Montauban et comté de Foix, Lyonnais, Bourgogne et Bresse; le commerce de la mer Méditerranée, ce qui comprend les échelles du Levant et tous les États du Grand-Seigneur, les États du roi de Perse, les côtes de Barbarie, l'Italie et les côtes d'Espagne dans la mer Méditerranée; le commerce de Suisse et de Genève.

Et, à l'égard du sieur Rouillé-Ducoudray, il rapportera au conseil de commerce les affaires de finances qu'on aura jugé devoir être communiquées audit conseil de commerce.

Le sieur Ferrand y rapportera aussi les affaires traitées au conseil de marine, dont la communication audit conseil de commerce aura paru nécessaire.

Et le sieur Roujault y rapportera pareillement les affaires portées au conseil du dedans du royaume qui auront paru intéresser le commerce.

Le choix et nomination des inspecteurs appartiendra au chef du conseil, et les commissions desdits inspecteurs seront expédiées au nom du sieur maréchal duc de Villeroy, pair de France, chef des conseils de finance et de commerce, et signées de lui, à l'exception néanmoins de l'inspecteur établi à Marseille, qui dépendra du chef de conseil de marine.

Les négociants députés des provinces et villes de commerce du royaume auront entrée et séance audit conseil, comme ils l'ont eu ci-devant, savoir: deux de la ville de Paris, un de la province de Languedoc, et un de chacune des villes de Lyon, Rouen, Bordeaux, Marseille, la Rochelle, Nantes, Saint-Malo, Lille, Bayonne, Dunkerque et autres, que dans la suite on estimera devoir y être ajoutées.

Les sieurs de Grandval et Bertholot, intéressés dans les fermes de S. M., assisteront et auront séance audit conseil de commerce, pour être ouïs sur les affaires qui auront rapport auxdites fermes.

Les affaires seront préalablement communiquées aux députés qui s'assembleront au moins deux fois la semaine chez le sieur de Valossière, secrétaire dudit conseil, pour les examiner et donner leur avis par écrit. Cet avis contiendra les raisons sur lesquelles il sera fondé, et sera signé, s'il est unanime, de tous ceux qui auront opiné. Si, au contraire, les députés se trouvent de différents sentiments, quoiqu'en nombre inégal, l'un et l'autre avis sera expliqué et signé de tous ceux qui l'auront proposé ou approuvé, pour être rapporté et lu au conseil suivant, et les députés y seront même entendus de nouveau s'il reste quelques difficultés qui demandent de plus grands éclaircissements.

Le conseil de commerce s'assemblera au moins tous les jeudis de chaque semaine, depuis neuf heures du matin jusqu'à midi, dans une des salles du palais du Louvre.

Les conseillers audit conseil y rapporteront chacun les affaires de leurs départements, pour y être examinées et arrêtées à la pluralité des voix.

Les délibérations dudit conseil de commerce seront signées par celui qui aura présidé, et par le conseiller rapporteur, sur un registre que le secrétaire tiendra pour cet effet.

Les arrêts, ordres généraux et lettres écrites au nom dudit conseil, seront signés par celui qui présidera, et par le conseiller rapporteur; et tous les ordres particuliers et autres lettres seront expédiés et signés par chaque conseiller, pour les affaires de son département.

Les intendants et commissaires départis dans les provinces, les chambres de commerce, les marchands, négociants et les inspecteurs des manufactures, adresseront leurs lettres, mémoires et représentations sur les matières qui regarderont le commerce à chacun des conseillers dudit conseil de commerce, suivant leurs départements; et les réponses qui porteront décision ne pourront y être faites qu'après en avoir référé au conseil.

Les minutes des arrêts qui auront été résolus audit conseil, et ensuite au conseil général de régence, concernant le commerce et les manufactures, qui se remettoient ci-devant aux secrétaires ordinaires du conseil d'état, direction et finances, leur seront envoyés pour en signer les expéditions, en la manière ordinaire, et les conseillers rapporteurs auront soin d'en donner une copie au secrétaire du conseil de commerce, ils remettront aussi entre les mains dudit secrétaire, les dossiers, mémoires et autres papiers des affaires qu'ils auront rapportées après qu'elles auront été entièrement réglées et décidées, pour être lesdits dossiers et mémoires, gardés et conservés avec ordre, en sorte qu'on puisse y avoir recours lorsqu'il en sera besoin.

N° 35. — LETTRES PATENTES *sur arrêt qui suppriment dans l'académie royale des inscriptions la classe des élèves.*

Paris, 4 janvier 1716. Reg. P. P. 11 mars. (Archiv.—Rec. cass.)

N° 36. — RÈGLEMENT *pour le service de la garde-côte.*

Paris, 28 janvier 1716. (Archiv. — Rec. cons. d'état.)

N° 37. — DÉCLARATION *qui défend le commerce et la navigation de la mer du Sud, sous peine de confiscation des vaisseaux, et de mort des capitaines ou commandants des vaisseaux.*

Paris, 29 janvier 1716. Reg. P. P. 4 mars. (Archiv. — Rec. cons. d'état.)

N° 38. — LETTRES PATENTES *pour la liberté du commerce sur les côtes de Guinée.*

Paris, janvier 1716. Reg. P. P. 11 mars. (Archiv. — Code Noir.)

N° 39. — ÉDIT *portant réduction au denier vingt-cinq des gages, augmentation de gages et autres charges employées dans les États du roi.*

Paris, janvier 1716. Reg. P. P. 1er avril. C. des C. 23. (Archiv. — Rec. cons. d'état.)

N° 40. — ÉDIT *portant création de la charge de surintendant et ordonnateur général des bâtiments du roi.*

Paris, janvier 1716. Reg. P. P. 7 septembre. (Archiv. — Rec. cons. d'état.)

N° 41. — ÉDIT *qui supprime les deux offices de directeurs-généraux de l'artillerie et celui de commissaire général des poudres* (1).

Paris, janvier 1716. (Archiv. — Rec. cons. d'état.)

_____

(1) Du même jour. Édit portant suppression des offices de trésoriers provinciaux, de contrôleurs et de caissiers de l'extraordinaire des guerres. *Id.* des offices de capitaines généraux, lieutenants-généraux, majors, aides-majors, commissaires, etc.

Nº 42. — ORDONNANCE *pour la perception d'un neuvième par augmentation du prix d'entrée aux opéra, comédies et autres spectacles, pour le bâtiment des nouvelles salles de l'Hôtel-Dieu.*

Paris, 5 février 1716. (Archiv.)

Nº 43. — ARRÊT *du conseil qui permet au prince de Condé de faire ouvrir et fouiller les mines dans les terres et deux lieues aux environs de la baronnie de Chateaubriand, soit que les terres où elles se trouveront appartiennent aux propriétaires, laïcs ou ecclésiastiques, en payant aux particuliers à qui les terres se trouveront appartenir, deux sous par pipe de mine en la manière accoutumée.*

Paris, 11 février 1716. (Archiv.)

Nº 44. — ORDONNANCE *pour le renouvellement et entretien des pompes, avec indication des lieux où elles se trouveront pour empêcher les incendies.*

Paris, 23 février 1716. (Archiv.)

Nº 45. — DECLARATION *qui ordonne que les prisées des imprimeries et des livres seront faites par des imprimeurs ou libraires.*

Paris, 25 février 1716. (Archiv. — Rec. cons. d'état.)

Nº 46. — ÉDIT *qui décharge les négociants de l'obligation de prendre des passeports du roi pour envoyer leurs vaisseaux dans les lieux où il n'y a pas d'interdiction pour la navigation où pour le commerce, et qui exprime les cas dans lesquels lesdits passeports seront à l'avenir expédiés.*

Paris, février 1716. (Archiv. — Rec. cons. d'état.)

Nº 47. — DECLARATION *et réglement qui doit être observé par les propriétaires, capitaines et maîtres des bâtiments en mer.*

Paris, 4 mars 1716. Reg. P. P. 1er avril. (Archiv. — Rec. cass.)

Nº 48. — DECLARATION *servant de réglement pour le contrôle général des finances.*

Paris, 6 mars 1716. Reg. C. des C. 31. (Archiv. — Rec. cass.)

Nº 49. — ORDONNANCE *portant défenses à tous officiers comptables, et autres intéressés dans les traités, et sous-traités des finances, de désemparer de leurs maisons d'habitation et des lieux de leur résidence ordinaire sans congé exprès et par écrit du roi, à peine de punition corporelle, et même de la vie.*

Paris, 7 mars 1716. (Archiv. — Rec. cons. d'état.)

N° 50. — ÉDIT *portant établissement d'une chambre de justice* (1).

Paris, mars 1716. Reg. P. P. 12 mars. (Archiv. — Rec. cons. d'état.)

LOUIS, etc. Les rois nos prédécesseurs ont établi en différents temps des chambres de justice pour réprimer les abus et réparer les désordres commis dans leurs finances ; et cet usage a paru si utile et si nécessaire, que, par l'édit du mois de juin 1625, il a été expressément ordonné qu'il en seroit établi de dix ans en dix ans, afin que les malversations des officiers comptables et des gens d'affaires dans la perception, le maniement et la distribution des deniers publics, ne demeurassent jamais impunies. Le feu roi de glorieuse mémoire, notre très-honoré seigneur et bisaïeul, eut recours au même remède dans les commencements de son règne. Il érigea, par son édit du

(1) Le tableau des restitutions demandées aux traitants fut d'abord de cent soixante millions. Il entra à peine quinze millions dans le trésor royal. On en fit arrêter un grand nombre. On menaça de mort ceux qui feroient disparoître leurs trésors. Mais le régent eut bientôt pitié des financiers qu'il faisoit poursuivre. Il réduisit les taxes. Les courtisans spéculoient sur les graces que le régent accordoit. « Dans leur premier effroi, dit M. de Lacretelle, les traitants vinrent implorer l'appui des nobles ; lorsque l'alarme commença à diminuer, les nobles venoient eux-mêmes trouver les traitants, et leur vendoient leur protection au rabais. C'est de ce moment que date une alliance intime de la noblesse avec la finance. Les dames de la cour s'avilirent en trafiquant de leur intercession. Les membres de la chambre ardente se déshonorèrent par leur vénalité. Le public se réjouit de l'habileté des traitants à parer les coups qu'on vouloit leur porter, et punit avec des chansons et des bons mots, la bassesse et la cupidité de leurs protecteurs. Un partisan taxé à douze cent mille livres, répondit à un seigneur qui lui offroit de l'en faire décharger pour trois cent mille : « Ma foi, M. le comte, vous venez trop tard, j'ai fait mon marché avec madame pour cent cinquante mille. » Le président de la chambre de justice fut appelé *garde des sceaux*, parce qu'il s'étoit approprié de la dépouille du fameux traitant Bourvalais, des sceaux d'argent pour rafraîchir les vins et liqueurs et qu'il avoit l'impudence de les produire sur sa table. On lit dans les mémoires de Sully : « La recherche que j'avois proposée contre les financiers et les monopoleurs, se fit par l'érection d'une chambre de justice. Mais comme on n'en retrancha pas l'abus des sollicitations et des intercessions, elle ne produisit que son effet ordinaire, l'impunité des principaux coupables, pendant que les moins considérables subirent toutes les rigueurs de la loi. » Cette chambre de justice fut érigée en 1604. Il en fut érigée une seconde, contre l'avis de Sully, en 1607. Colbert en établit une en 1661.

mois de novembre 1661, une chambre de justice pour la recherche et la punition de ceux qui avoient été les auteurs et les complices des abus et des délits commis dans les finances de l'État, et pour ordonner la restitution des deniers qu'ils avoient induement perçus, exigés ou détournés. L'épuisement où nous avons trouvé notre royaume, et la déprédation qui a été faite des deniers publics pendant les deux dernières guerres, nous obligent de nous servir des mêmes moyens, et d'accorder à nos peuples la justice qu'ils nous demandent contre les traitants et gens d'affaires, leurs commis et préposés, qui par leurs exactions les ont forcés de payer beaucoup au-delà des sommes que la nécessité des temps avoit contraint de leur demander; contre les officiers comptables, les munitionnaires et autres qui, par le crime de péculat, ont détourné la plus grande partie des deniers qui devoient être portés au trésor royal, ou qui en avoient été tirés pour être employés suivant leur destination; et contre une autre espèce de gens, auparavant inconnus, qui ont exercé des usures énormes en faisant un commerce continuel des assignations, billets et rescriptions des trésoriers, receveurs et fermiers généraux. Les fortunes immenses et précipitées de ceux qui se sont enrichis par ces voies criminelles, l'excès de leur luxe et de leur faste, qui semble insulter à la misère de la plupart de nos autres sujets, sont déjà par avance une preuve manifeste de leurs malversations; et il n'est pas surprenant qu'ils dissipent avec profusion ce qu'ils ont acquis avec injustice. Les richesses qu'ils possèdent sont les dépouilles de nos provinces, la substance de nos peuples et le patrimoine de l'État; bien loin qu'ils en soient devenus légitimes propriétaires, ces manières de s'enrichir sont autant de crimes publics que les lois et les ordonnances ont tâché de réprimer dans tous les temps. La peine de confiscation de corps et de biens a été prononcée contre les usuriers par celles de 1311, de 1349, de 1545 et de 1579. Sous les règnes de Philippe-le-Bel, de Louis X et de Charles VII, la concussion et le péculat ont été punis du dernier supplice; ces mêmes crimes emportent la confiscation de corps et de biens par la disposition de l'ordonnance de François Iᵉʳ, de 1545, et la déclaration du 5 juin 1701 ordonne que les receveurs, les trésoriers et autres préposés pour le maniement de nos deniers, qui auront employé à leur usage particulier ou détourné les deniers de leurs caisses, seront punis de mort, sans que la peine puisse être modérée par les juges qui en doivent connoître. L'exécution de ces lois et de ces ordonnances

n'a jamais été plus nécessaire que dans un temps où les crimes
qu'elles condamnent ont été portés au dernier excès, et ont
causé la ruine presque entière de tous les ordres de notre
royaume. C'est ce qui nous détermine à ordonner l'établissement
d'une nouvelle chambre de justice composée des officiers de
plusieurs de nos cours, avec pouvoir de connoître des crimes,
délits et abus qui ont été commis dans les finances de l'État,
et à l'occasion des deniers publics, par quelques personnes et
de quelque qualité et condition qu'elles soient, et de prononcer à cet égard les peines capitales, afflictives et pécuniaires qu'il appartiendra. Les restitutions qui seront ordonnées à notre profit, serviront uniquement à acquitter les dettes
légitimes de notre royaume, et nous mettront en état de supprimer bientôt les nouvelles impositions, de rouvrir à nos
peuples les plus riches sources de l'abondance par le rétablissement du commerce et de l'agriculture, et de les faire jouir
de tous les fruits de la paix. A ces causes, de l'avis de notre
très-cher et très-amé oncle le duc d'Orléans, régent, de notre
très-cher et très-amé cousin le duc de Bourbon, de notre
très-cher et très-amé oncle le duc du Maine, de notre très-cher
et très-amé oncle le comte de Toulouse, et autres pairs de
France, grands et notables personnages de notre royaume, et
de notre certaine science, pleine puissance et autorité royale,
nous avons, par le présent édit, érigé et établi, érigeons et
établissons une chambre de justice composée des officiers de
nos cours, qui seront par nous nommés pour servir en ladite
chambre, qui tiendra ses séances au couvent des grands Augustins de notre bonne ville de Paris, et être par eux procédé
sans aucune discontinuation, tous les matins depuis sept heures
jusqu'à onze, et même les après-midi depuis trois heures jusqu'à six, à l'instruction et jugement des procès civils et criminels, et autres différends mus et à mouvoir, à la requête de
notre procureur-général en ladite chambre de justice, pour
raison de péculat, concussions, exactions et malversations au
fait de nos finances, crimes et délits commis à l'occasion
d'icelles, en quelque sorte et manière, et par quelques personnes que ce puisse être, soit officiers de nos finances, officiers comptables, traitants, sous-traitants et gens d'affaires,
leurs clercs, commis et préposés, et autres qui ont vaqué et
travaillé tant en la levée, perception et régie de nos droits et
des deniers de nos recettes, qu'autres levées et recouvrements
ordinaires et extraordinaires, traités, sous-traités, entreprises
et marchés, pour étapes, fournitures de vivres aux troupes,

hôpitaux, munitions de guerre et de bouche, aux villes, garnisons, et armées de terre et de mer, circonstances et dépendances, ou en l'emploi et distribution desdits deniers, soit pour les dépenses de la guerre, de nos maisons royales, ou autres charges de notre État; ensemble contre tous ceux qui ont exercé l'usure à l'occasion et au détriment de nos finances, tant sur le papier que sur les espèces, en quelque sorte et manière et par quelque commerce que ce soit, et généralement contre tous ceux, sans aucun excepter ni réserver, qui se trouveront avoir eu part auxdites malversations, et avoir fait tort et préjudice à nous et à nos peuples directement ou indirectement, et en être les auteurs, complices ou participes, et ce depuis le 1ᵉʳ janvier 1689; juger lesdits procès souverainement et en dernier ressort, au nombre de dix pour le moins à l'égard des jugements définitifs, et au nombre de sept pour ce qui regarde les jugements interlocutoires. Voulons et entendons que les jugements par eux donnés, audit nombre, soient de pareille force et vertu que lesdits arrêts de nos cours, leur attribuant pour cet effet, privativement à tous autres juges et officiers, la connoissance et jugement desdits abus, péculat, concussions, exactions, malversations, crimes et délits, circonstances et dépendances contre tous nos sujets qui se trouveront coupables, de quelque qualité et condition qu'ils soient, et en quelque province et lieu de notre royaume, pays, terres et seigneuries de notre obéissance qu'ils soient demeurants, laquelle nous avons interdite à toutes nos cours de parlement, grand conseil, chambre de nos comptes, cour des aides et autres jurisdictions; et avons évoqué et évoquons à nous et à notre conseil, tous procès et différends mus et à mouvoir pour raison desdits abus, péculat, exactions, malversations, crimes et délits, circonstances et dépendances d'iceux, pendants en nos cours de parlement, grand conseil, chambre de nos comptes, cour des aides et autres jurisdictions, en quelque état qu'ils soient, tant en première instance que par appel; lesquels, ensemble ceux qui sont présentement pendants, ou qui seront mus ci-après tant en notre conseil d'état et privé, que par-devant les commissaires par nous députés pour les révisions et redditions des comptes des traités et affaires extraordinaires, par requête, évocation ou autrement, nous avons renvoyé et renvoyons en ladite chambre de justice pour y être jugés et décidés, et lesdits comptes revus, examinés et jugés souverainement et en dernier ressort, comme dit est; le tout nonobstant les édits des mois de juin 1700, octobre

1701 et 1710, et janvier 1711, et tous autres édits, déclarations, arrêts et lettres qui pourroient avoir été expédiées portant décharge en faveur de nos officiers comptables et autres, de toutes recherches contre eux pour le fait de nos finances, encore que lesdits édits, déclarations, arrêts et lettres aient été registrées en nos cours; ensemble à l'ordonnance portant abolition des crimes commis et non poursuivis pendant vingt années : à tous lesquels édits, déclarations, arrêts, lettres et ordonnances, ainsi qu'aux dérogatoires y contenus, nous avons dérogé et dérogeons par ces présentes, sauf à tenir compte auxdits officiers comptables, traitants, entrepreneurs et gens d'affaires, sur les restitutions qu'ils doivent nous faire, des sommes qu'ils ont payées en conséquence desdits édits, déclarations et arrêts. Et d'autant que pour la vérification desdits crimes et abus, il sera souvent besoin d'avoir la communication des comptes rendus, et qui se rendront ci-après, pendant que durera l'établissement de ladite chambre, ensemble des acquits et pièces rapportées sur iceux, et de plusieurs autres titres et pièces; nous mandons et ordonnons aux gens tenant nos cours de parlement, grand conseil, chambre de nos comptes, cour des aides, trésoriers de France, baillis, sénéchaux, élus, et à tous autres nos juges et officiers, leurs greffiers, clercs ou commis, gardes-sacs et de registres, ensemble à tous notaires gardes-notes et autres dépositaires, de faire communiquer et administrer aux officiers de noteredite chambre, et à ceux qui seront par nous ou par elle subdélégués, et à notre procureur-général en ladite chambre, quand ils en seront requis, tous registres, comptes, livres, acquits, et généralement tous autres titres et papiers que besoin sera, sans y faire difficulté; et voulant donner à ceux qui ont malversé dans nos finances, le moyen de réparer en quelque manière leurs crimes par leur bonne foi, et nous mettre en même temps en état de convaincre par des preuves, qu'un excès de sévérité rendroit peut-être plus difficiles, ceux qui persévéreront dans leur mauvaise foi, nous avons, de la même puissance et autorité que dessus, donné et octroyé, donnons et octroyons par notre présent édit, grace et abolition à ceux des coupables et complices des cas et faits susdits, lesquels avant que d'en être accusés ou prévenus, donneront à notre procureur-général en ladite chambre leurs déclarations desdits crimes et délits par eux commis et par leurs complices, ensemble les mémoires et instructions, états et pièces suffisantes pour la preuve et conviction d'iceux, et pour connoître le montant des gains excessifs, et des sommes que ladite chambre jugera devoir être restituées tant par eux que par leurs complices, soit à nous ou à ceux de qui elles se trouveront avoir été induement exigées; au moyen de quoi, pour raison desdits crimes et délits, lesdits coupables ne pourront être recherchés, inquiétés ni poursuivis extraordinairement, ni, à l'avenir, directement ni indirectement, par quelque personne et sous quelque prétexte que ce soit : et afin d'inviter nos bons sujets à l'éclaircissement de la vérité des faits et cas susdits, dont le crime et l'accusation sont publics, et intéressent en même temps l'Etat en général et chacun des particuliers de notre royaume, nous donnons et accordons à ceux qui se voudront rendre et déclarer dénonciateurs desdits crimes, délits et malversations, pour récompense des frais qu'ils seront obligés de faire, et de leurs peines et vacations, le cinquième des amendes et confiscations qui nous seront adjugées; et à ceux qui donneront connoissance et preuve des effets latités, recélés, ou transportés frauduleusement, nous leur accordons le dixième desdits effets; lesquelles portions nous voulons et entendons leur être payées par préférence sur les deniers qui proviendront de leursdites dénonciations, par le receveur qui sera par nous commis à la recette d'iceux; sauf à nos juges en ladite chambre d'ordonner autre et plus grande récompense auxdits dénonciateurs, ou autres personnes, selon la diligence, qualités et circonstances de leurs avis et du service qu'ils nous y auront rendu, sans que notredit procureur-général en ladite chambre puisse être poursuivi ou contraint de déclarer les dénonciateurs, supposé qu'aucun des accusés fût absous des cas susdits, circonstances et dépendances, nonobstant l'art. 73 de l'ordonnance d'Orléans, auquel pour cet effet nous avons dérogé et dérogeons par ces présentes. Si donnons, etc.

N° 51. — ARRÊT *du conseil qui, à raison de l'abondance, permet l'exportation à l'étranger et le transport de province à province, des blés, froments, seigles et méteils, en exemption de tous droits.*

Paris, 14 mars 1716. (Archiv.)

N° 52. — DÉCLARATION *concernant les justiciables de la chambre de justice, et la procédure qui doit y être observée.*

Paris, 17 mars 1716. (Archiv. — Rec. cons. d'état.)

LOUIS, etc. Les crimes de péculat, exactions, concussions,

malversations et abus qui se sont commis depuis le 1ᵉʳ janvier 1689, dans les recouvremens, perception, maniement et distribution des deniers publics ou à l'occasion de nos finances, nous ont obligé d'établir par notre édit du présent mois une chambre de justice, à qui nous avons attribué la connoissance et le jugement de ces différents crimes ; et, quoique les ordonnances du royaume contiennent les règles qui se doivent observer en la recherche et punition des crimes publics et particuliers, néanmoins parce que le pouvoir de notredite chambre s'étend dans tout notre royaume, et qu'il peut s'être introduit divers usages dans quelques-uns des tribunaux ; considérant d'ailleurs que le désordre des temps a fait naître plusieurs espèces de malversations auparavant inconnues, et que l'artifice des hommes imagine tous les jours de nouvelles précautions pour éviter d'être convaincus par les formes ordinaires, nous avons estimé qu'il était convenable et nécessaire pour le bien et l'accélération de la justice de déclarer particulièrement quelques points principaux de l'ordre et de la procédure que nous entendons être tenus par les juges de ladite chambre, ainsi qu'il a été fait et pratiqué à l'occasion des chambres de justice qui ont été établies sous les règnes précédents, afin de parvenir plus aisément à la conviction de ceux qui sont véritablement coupables, et d'en retirer le fruit que nous nous proposons pour l'intérêt de l'Etat et le soulagement de nos peuples. A ces causes, de l'avis de notre très-cher et très-amé oncle le duc d'Orléans, régent, de notre très-cher et très-amé cousin le duc de Bourbon, de notre très-cher et très-amé oncle le duc du Maine, de notre très-cher et très-amé oncle le comte de Toulouse et autres pairs de France, grands et notables personnages de notre royaume, et de notre certaine science, pleine puissance et autorité royale, nous avons dit et déclaré, et par ces présentes signées de notre main, disons et déclarons, voulons et nous plaît ce qui ensuit.

ART. 1ᵉʳ. Nous avons enjoint et ordonné, enjoignons et ordonnons à tous baillis, sénéchaux, leurs lieutenants-généraux et particuliers, et à tous autres nos juges, qu'incontinent et sans délai ils fassent publier en leurs sièges, en vertu de ces présentes et de l'ordonnance de la chambre, tant notre édit du présent mois portant établissement de ladite chambre, que ces présentes ; et en conséquence publier et afficher dans les places et lieux accoutumés des villes et bourgs de leur juridiction, que toutes personnes de quelque qualité et condition qu'elles soient qui auront à faire des plaintes ou dénonciations contre toutes sortes de personnes, soit officiers de finances, officiers comptables, trésoriers, traitants, sous-traitants et gens d'affaires, leurs associés, croupiers et participes, leurs receveurs, caissiers, commis et préposés, et autres qui ont vaqué et travaillé tant en la perception et régie de nos droits, et des deniers de nos recettes, qu'autres levées ordinaires, traités, sous-traités, entreprises et marchés, pour fourniture de vivres aux troupes et hôpitaux, étapes, fourrages, artillerie, munitions de guerre et de bouche aux villes et armées de terre et de mer, circonstances et dépendances; et contre toutes autres personnes de quelque condition et qualité qu'elles puissent être, pour raison de péculat, concussions, exactions, malversations et abus commis, tant dans les recouvrements, perception et maniement, que dans l'emploi et distribution des deniers publics, soit par suppositions de noms, compositions, dons, prêts, achats, voyages, ports, voitures de deniers, pertes supposées, frais de contrainte, adjudications à vil prix et par monopole, doubles quittances ou faux emplois, certifications, compositions faites sur les comptants, acquits-patents, mandements, assignations ou rescriptions, gains illicites et commerces usuraires faits au détriment et à l'occasion de nos finances, soit par la négociation des papiers qui ont eu cours ou autrement, et généralement pour raison de tous crimes, délits et abus commis au préjudice de nos finances depuis le 1er janvier 1689, qu'ils aient à venir en toute liberté faire leurs plaintes en ladite chambre, ou s'ils ne se veulent rendre partie, dénoncer lesdits faits de malversation à notre procureur-général, et apporter ou envoyer toutes les pièces qu'ils auront par écrit, mémoires et instructions.

2. Et afin qu'ils y puissent satisfaire en toute sûreté, nous les avons mis et mettons en notre protection et sauve-garde, faisant inhibitions et défenses à toutes personnes de les détourner ou intimider, soit par menace ou par quelque autre voie directe ou indirecte, à peine de la vie.

3. Enjoignons à nos baillis, sénéchaux ou leurs lieutenants, qu'aussitôt qu'ils en seront requis par les parties intéressées ou par nos procureurs, ils aient, en vertu des présentes, et sans attendre autre commission, à informer desdits crimes et abus contre toute sorte de personnes, et, sur les conclusions de nos procureurs èsdits sièges, décréter le plus promptement que faire se pourra, et se saisir de ceux qui leur paraîtront

coupables, ensemble de leurs registres, papiers et comptes, nonobstant oppositions ou appellations quelconques, et envoyer incessamment les informations par eux faites, ensemble lesdits papiers, registres et comptes à ladite chambre, traduire les prisonniers en toute sûreté, et, en cas de péril d'évasion, en avertir notre procureur général en ladite chambre pour y être pourvu; et néanmoins, si les accusés sont actuellement employés aux recouvrements des droits de nos fermes, lesdits baillis, sénéchaux ou leurs lieutenants, seront tenus, avant que de les décréter, d'en avertir les commissaires départis dans nos provinces, afin qu'il soit commis aux emplois et exercices desdits accusés.

4. Enjoignons à tous témoins de comparoir à la première assignation qui leur sera donnée, à peine de 500 liv. pour le premier refus, et de 1,000 liv. pour le second; et si ce sont personnes qui ne puissent payer l'amende, d'être appliquées au carcan, ou condamnées à autre peine corporelle plus grière s'il y échet, ce qui leur sera déclaré par le premier exploit qui leur sera donné.

5. Enjoignons aussi à tous juges, greffiers, huissiers, sergents ou autres personnes, d'apporter ou envoyer au greffe de ladite chambre, quinze jours après la publication des présentes, les informations, procès-verbaux et procédures étant entre leurs mains, faites touchant lesdites impositions et compositions, crimes et délits susdits, circonstances et dépendances.

6. Commandons à tous huissiers et sergents, qu'aussitôt que les commissions et arrêts de ladite chambre leur seront présentés, ils aient à les mettre sur-le-champ à exécution, et sans user d'aucune remise, à peine de privation de leurs offices; et sur les mêmes peines enjoignons à nos procureurs en chaque siège de tenir la main à l'exécution des présentes, et d'envoyer, huit jours après la réception d'icelles, les procès-verbaux des publications qui en auront été faites, à notre procureur-général en ladite chambre.

7. Voulons en outre que tous les officiers comptables qui ont exercé leurs offices, ou qui en ont joui depuis le 1er janvier de l'année 1689, soit en leurs noms ou sous le nom de leurs commis ou autres, et qui ne sont entrés dans aucuns traités, entreprises, marchés, sociétés ou autres affaires extraordinaires, et qui pareillement n'ont fait aucun commerce ou négociation de billets à l'occasion et au détriment de nos finances, et qui seront cependant déférés à notredite chambre, pour malversations commises dans l'exercice de leursdits of-

fices, soient tenus de passer devant deux notaires, ou devant un notaire et deux témoins, un état qu'ils signeront et affirmeront véritable, de tous leurs biens, de quelque nature qu'ils soient; dans lequel état ils distingueront et emploieront par un article séparé les biens qui leur sont échus par succession, donation ou testament, et par un autre article le surplus des biens qu'ils possèdent, soit sous leurs noms ou sous des noms interposés; seront en outre tenus de comprendre dans ledit état tous les biens qu'ils ont donnés à leurs enfants par contrat de mariage ou autrement, duquel état il y aura deux expéditions dont ils remettront ou feront remettre l'une entre les mains de notre procureur-général ou du commissaire de ladite chambre en chaque bailliage ou sénéchaussée la plus proche du lieu de leur demeure, et retiendront l'autre expédition, après que sur icelle il aura été fait mention par notre procureur-général, ou celui qui sera par lui commis à cet effet dans cette ville de Paris, ou par lesdits commissaires de ladite chambre dans les provinces, que ladite première expédition leur a été remise, et ce dans le temps de quinze jours, à compter de celui de la sommation qui leur en sera faite à la requête de notre procureur-général en ladite chambre pour tout délai, duquel état ils seront tenus de représenter les pièces justificatives audit procureur-général; le tout sous les peines qui seront marquées dans l'article suivant.

8. Et comme il est de notoriété publique que ceux qui sont entrés dans les traités, sous-traités, entreprises, marchés, sociétés ou autres affaires et recouvrements extraordinaires, et ceux qui ont fait un commerce et un métier ordinaire de négocier à l'occasion et au détriment de nos finances les différents papiers qui ont eu cours dans le public, ont fait, par des voies obliques et frauduleuses, souvent même en décriant leurs propres billets, ou en abusant des deniers qui leur étoient confiés, des gains illicites et immenses, qu'il seroit impossible de découvrir exactement par l'examen des traités, par la reddition ou la révision des comptes, même par les dénonciations et procédures qui seront faites en conséquence dans ladite chambre, nous avons cru que ce nouveau genre de malversation et d'iniquité exigeoit de nous de nouvelles précautions; qu'il seroit contre toute justice et contre le bien de l'État que ceux qui ont fait des gains de cette nature, et dont la fortune consiste principalement en effets qui ne sont connus que d'eux et qu'il leur est facile de mettre à couvert, pussent éviter ou éluder les condamnations les plus légitimes; et les

voies qui nous ont été proposées pour prévenir un si grand
inconvénient nous ayant paru d'autant plus justes qu'il falloit
ou laisser le crime impuni en suivant trop exactement les
formes ordinaires, ou prendre des précautions qui sont justi-
fiées par leur nécessité, et qui ne seront d'ailleurs employées
que contre des hommes déjà dénoncés et accusés en quelque
manière par la voix publique, et par conséquent qu'il est permis d'interroger contre eux-mêmes, étant juste d'ailleurs de
distinguer, conformément à l'édit d'établissement de ladite
chambre, ceux qui donneront des preuves de leur bonne foi,
nous avons ordonné et ordonnons que tous ceux qui sont compris dans le présent article, même ceux de nos officiers comptables qui se trouveront dans le même cas, soit pour être en-
tués dans les traités et autres affaires extraordinaires, soit pour
avoir fait le commerce de papiers au préjudice de nos finances,
ainsi qu'il a été dit ci-dessus, ensemble ceux qui ont été commis et employés dans les différents bureaux des finances
de la guerre, de la marine et autres de la même qualité,
dont la fortune est si fort au-dessus de leur première condition, qu'on ne peut douter qu'ils n'aient acquis de si grands
biens par des voies illicites, seront tenus de passer chez eux
devant deux notaires, ou devant un notaire et deux témoins,
un état qu'ils signeront et affirmeront véritable de tous leurs
biens, de quelque nature qu'ils soient, dans lequel état ils distingueront et emploieront, par un article séparé, les biens qui
leur sont échus par succession, donation ou testament, et par
un autre article le surplus des biens qu'ils possèdent, soit sous
leurs noms ou sous des noms interposés; seront en outre tenus de comprendre dans ladite déclaration tous les biens qu'ils
ont donnés à leurs enfants par contrat de mariage ou autrement, lequel état contiendra de plus une déclaration qu'ils
affirmeront pareillement véritable devant lesdits notaires et
témoins, de tous les traités, sous-traités, entreprises, marchés
et autres affaires extraordinaires, dans lesquels ils sont ou ont
été intéressés, soit sous leurs noms ou sous le nom d'autres
personnes, directement ou indirectement, duquel état il y
aura deux expéditions, dont ils feront remettre l'une entre les
mains de notre procureur-général ou du commissaire de ladite
chambre en chaque bailliage ou sénéchaussée la plus proche
du lieu de leur demeure, et retiendront l'autre expédition,
après que sur icelle il aura été fait mention par notre procureur-général ou celui qui sera par lui commis à cet effet dans
cette ville de Paris, ou par lesdits commissaires de ladite

chambre dans les provinces, que ladite première expédition leur a été remise, et ce dans le temps de quinzaine, à compter du jour de la publication des présentes dans chaque bailliage ou sénéchaussée ressortissant nuement en nos cours de parlement, où ils font leur demeure, le tout à peine d'être procédé extraordinairement contre eux comme coupables du crime de péculat, et de confiscation à notre profit de tous leurs biens ou d'une amende égale à la valeur desdits biens dans les provinces où la confiscation n'a pas lieu; leur défendons, sous les mêmes peines, de sortir de leurs maisons, jusqu'à ce qu'ils aient satisfait au présent article, ni même après y avoir satisfait, avant l'expiration de ladite quinzaine; et, après ledit temps expiré, leur défendons aussi, sous les mêmes peines, de sortir de la ville, bourg, village ou paroisse où ils font leur demeure ordinaire, pendant six mois, à moins qu'ils n'en aient auparavant obtenu la permission de notredite chambre, qui ne leur accordera ladite permission qu'en connoissance de cause, pour des raisons importantes, et sur les conclusions de notre procureur-général; leur défendons aussi, sous les mêmes peines, de faire évader ou absenter aucun de leurs commis, pour quelque cause et sous quelque prétexte que ce soit.

9. Voulons pareillement que les femmes non communes en biens, ou séparées de biens d'avec ceux qui sont compris dans les deux précédents articles, fassent dans le temps et en la forme qui y est prescrite, une déclaration exacte de tous leurs biens, à peine de confiscation à notre profit de tous leursdits biens, ou d'une amende égale à la valeur desdits biens dans les provinces où la confiscation n'a pas lieu.

10. Si les états qui auront été passés dans la forme et dans les temps ci-dessus marqués ne sont pas fidèles, et que ceux qui sont dénommés aux trois précédents articles aient omis frauduleusement quelques-uns de leurs effets, ils seront condamnés, savoir: les hommes aux galères à perpétuité avec confiscation de tous leurs biens en quelque lieu qu'ils soient situés, ainsi qu'il a été dit ci-dessus, et les femmes à la confiscation de tous les biens mis sous leur nom, même en telle peine afflictive ou infamante qu'il appartiendra en cas de fraude de la part desdites femmes; et le dixième de tous les biens et effets non déclarés appartiendra au dénonciateur, auquel sera même donné plus grande récompense si notredite chambre le juge à propos. Voulons néanmoins que lorsque

l'erreur ne se trouvera que de dix mille livres sur des biens
dont la totalité ne sera que de cent mille livres, ou de vingt
mille livres pour les biens qui seront au-dessus de cent mille
livres, notredite chambre puisse en ordonner ainsi qu'elle le
jugera à propos, suivant les circonstances particulières de
chaque affaire.

11. Et s'ils ont omis dans lesdits états quelques-uns des
traités, sous-traités, marchés, entreprises et affaires ordinaires ou extraordinaires où ils auront eu intérêt, ils seront
condamnés à la confiscation de toutes les parts qu'ils ont eues,
et de tous les profits qui peuvent leur appartenir dans tous
les traités, entreprises, marchés ou affaires où ils ont été et
peuvent être intéressés, même en plus grande peine s'il y
échet, sans qu'ils puissent se prétendre exempts des rapports
et restitutions qui seraient ordonnées à notre profit pour raison
des mêmes traités et affaires; desquelles confiscations, rapports et restitutions, le dixième sera adjugé au dénonciateur,
même plus grande récompense s'il y échet.

12. Les veuves, héritiers et autres successeurs à titre universel de ceux qui sont compris dans l'article 7, seront tenus
de satisfaire aux dispositions dudit article, et pareillement
les veuves, héritiers et autres successeurs à titre universel de
ceux qui sont compris dans les art. 8, 9 et 10 de notre présente déclaration, seront tenus d'y satisfaire, même les uns
et les autres de rapporter les inventaires faits après le décès
de leurs auteurs, le tout à peine de confiscation de la totalité
desdites successions, et de la moitié de leurs biens propres et
personnels qui viennent d'ailleurs que desdites successions,
même de punition corporelle en cas que par la fraude et par
simulation ils aient omis sciemment de déclarer quelques-uns
des effets provenant desdites successions; de tous lesquels
biens ainsi confisqués le dixième sera adjugé au dénonciateur,
même plus grande récompense s'il y échet.

13. Seront pareillement tenus les enfants et autres donataires par contract de mariage ou autrement de ceux qui
sont compris dans les précédents articles, et qui sont décédés,
savoir: les enfants ou autres donataires des officiers comptables compris dans l'article 7 et les enfants ou autres donataires des gens d'affaires et autres compris dans les art. 8, 9
et 10, de faire leurs déclarations dans le temps et dans la
forme marquée par lesdits articles, chacun pour ce qui les
regarde, des biens qui leur auront été donnés, soit en argent

comptant ou autrement, et ce sous les mêmes peines portées par l'article précédent, en cas qu'ils n'aient pas fait leurs
déclarations, ou que celles qu'ils auront faites se trouvent
fausses.

14. Et d'autant que la plupart des gens de finances, officiers comptables, traitants et autres compris dans les précédents articles, se sentant coupables et prévoyant qu'ils seroient un jour infailliblement recherchés, ont obscurci leurs
affaires par plusieurs contracts, cessions, transports, contre-
lettres et autres actes simulés, pour rendre l'exécution des
présentes et des confiscations qui pourroient intervenir contre
eux inutiles, nous avons déclaré et déclarons nuls et de nul
effet et valeur tous lesdits actes passés en fraude.

15. Ordonnons à toutes personnes de quelques qualité et
condition qu'elles soient, à qui ceux qui sont compris dans les
précédents articles ont déposé quelques-uns de leurs effets,
titres et papiers, ou sous le nom de qui ils ont mis leurs biens
et effets, ou au profit de qui ils ont passé quelques contre-
lettres, obligations, lettres de change, billets ou promesses
feintes et simulées, d'en faire une déclaration devant deux
notaires, ou devant un notaire et deux témoins, de laquelle
il y aura deux expéditions, dont ils feront remettre l'une entre
les mains de notre procureur-général ou du commissaire de
ladite chambre en chaque bailliage ou sénéchaussée la plus
proche du lieu de leur demeure, et retiendront l'autre expédition après que sur icelle il aura été fait mention par notre
procureur-général ou celui qui sera par lui commis à cet
effet dans cette ville de Paris, ou par les commissaires de ladite chambre dans les provinces, que ladite première expédition leur a été remise; et seront tenus de faire ladite déclaration dans le délai de quinzaine du jour de la publication
des présentes dans les bailliages et sénéchaussées où ils font
leur demeure, le tout à peine de bannissement, ou du fouet
et carcan suivant la qualité des personnes, et en outre d'a-
mende tant contre les hommes que contre les femmes, qui
ne pourra être moindre que de la valeur des héritages et
choses contenues esdits actes, dont les quatre cinquièmes
seront à notre profit, et l'autre cinquième au profit du dénonciateur. Et en cas que leurs déclarations se trouvent
fausses ou imparfaites, ils seront condamnés, savoir : les
hommes à trois années de galères, et les femmes à neuf
années de bannissement hors du ressort du parlement où elles
demeurent, et en l'amende contre les uns et contre les autres

du double de la valeur des effets non-déclarés, de laquelle amende les quatre cinquièmes nous seront adjugés, et l'autre cinquième au dénonciateur; voulons que le dixième des effets déclarés par ceux sous le nom de qui ils ont été mis, leur soit délivré au cas que lesdits effets ne se trouvent pas compris dans la déclaration de ceux à qui ils appartiennent.

16. Défendons à tous ceux qui sont sujets à la recherche de notredite chambre de justice de transporter ou faire transporter hors leurs maisons, sans permission de ladite chambre, aucun or ou argent monnoyé ni vaisselle d'argent, si ce n'est pour les envoyer à la monnoie, ensemble aucuns titres et papiers, ni autres effets mobiliers, sous les mêmes peines portées par l'article 8 de notre présente déclaration; défendons pareillement à toutes autres personnes de recevoir aucuns desdits effets, à peine de bannissement à temps et d'amende au moins du double de la valeur desdits effets, de laquelle amende le cinquième sera au profit du dénonciateur.

17. Ordonnons très-expressément à tous les monastères et autres communautés séculières ou régulières qui ont actuellement ou chez qui il a été ci-devant déposé quelque argent monnoyé, vaisselle, meuble, titres, papiers et autres effets appartenant à ceux ou celles qui sont sujets à la recherche de ladite chambre, d'en faire leur déclaration en la forme et dans le temps porté par l'article 15 de notre présente déclaration; leur défendons de recevoir à l'avenir aucuns desdits effets : enjoignons aux supérieurs et supérieures desdits monastères et communautés séculières ou régulières, d'en faire une exacte perquisition, et de tenir la main à ce qu'il ne soit contrevenu au présent article, le tout à peine d'être procédé extraordinairement tant contre ceux qui auroient reçu lesdits dépôts, que contre les supérieurs et supérieures, même par saisie du revenu temporel desdits monastères et communautés, et en outre de déchéance de leurs privilèges. Voulons que le dixième des effets déclarés par lesdites communautés leur soit délivré par le receveur de ladite chambre, au cas que lesdits effets ne se trouvent pas compris dans la déclaration de ceux à qui ils appartiennent.

18. Voulons qu'il soit procédé par ladite chambre à l'examen de tous les comptes des affaires extraordinaires qui n'ont point été rendus et à la révision de ceux qui l'ont été depuis le 1er janvier 1689 jusqu'à présent, tant de fournitures des vivres de terre et de marine, étapes, fourrages,

voitures, hôpitaux, entreprises, marchés et autres régies et recouvrements extraordinaires de quelque nature qu'ils soient; à l'effet de quoi nous ordonnons, que lesdits traitants, entrepreneurs et leurs cautions seront tenus de remettre au greffe de ladite chambre, les doubles des comptes par eux rendus, et les pièces justificatives d'iceux, et ce dans quinzaine à compter du jour de la publication des présentes; et à l'égard des comptes qui restent à rendre ils seront tenus de les présenter et remettre au greffe de notredite chambre, avec les pièces justificatives d'iceux dans un mois, le tout aux peines portées par l'article 8 de notre présente déclaration, sauf à notredite chambre à proroger les délais ci-dessus en connaissance de cause.

19. Voulons et ordonnons que tous les deniers qui proviendront desdites condamnations, confiscations et autres biens, déduction faite de ce qui sera adjugé aux dénonciateurs, et des restitutions que nosdits juges trouveront raisonnables de faire aux particuliers, soient portés par le receveur par nous commis en notre trésor royal pour être employés au paiement des dettes légitimes de notre Etat, nonobstant tous dons que nous pourrions faire desdits biens mobiliers ou immobiliers, principaux ou intérêts, partie ou portion d'iceux, lesquels nous avons déclarés nuls et de nul effet et valeur : et si par importunité ou autrement aucunes lettres de don étoient expédiées contre la présente disposition, voulons que nos cours et juges, auxquels les lettres pourroient être adressées, n'y aient aucun égard. Déclarons que nous n'accorderons aucune grace, remise ou modération, de quelque nature qu'elle puisse être, aux personnes sujettes à la recherche de ladite chambre que sur l'avis de ladite chambre; et s'il en étoit surpris quelqu'une sans ledit avis, la déclarons nulle, subreptice, et défendons à notredite chambre d'y avoir aucun égard.

20. Et afin que la preuve et connoissance desdits abus se puisse plus facilement avoir, et pour n'omettre aucun moyen d'en découvrir la vérité, outre ce que nous avons ci-dessus ordonné pour les juges établis en nos provinces, permettons à notredit procureur-général en ladite chambre d'obtenir et faire publier partout où il appartiendra les censures et monitions en tel cas requises et accoutumées, sans qu'il soit besoin de prendre aucun arrêt qui l'ordonne.

21. Voulons que suivant notredit édit il soit procédé par l'un des juges de ladite chambre de justice, aux informations

et auditions des dénonciateurs et témoins, le plus promptement que faire se pourra, en prenant même leurs clercs pour greffiers, pourvu qu'ils soient âgés de vingt-cinq ans, auxquels ils feront prêter le serment en la manière accoutumée; permettons aussi à notre procureur-général, aux occasions pressantes et où il y aura danger d'évasion, de faire arrêter et constituer prisonniers ceux contre lesquels il aura reçu des plaintes, accusations et dénonciations, quoi qu'il n'y eût encore aucun décret décerné contre eux, et ce, ou en vertu d'une ordonnance qui sera décernée par ladite chambre sur la requête dudit procureur-général, ou même en vertu de l'ordre dudit procureur-général lorsque l'occasion sera si pressante qu'il n'aura pas le temps de recourir à l'autorité de ladite chambre, sauf à les faire ensuite arrêter et recommander dans les vingt-quatre heures en vertu du décret qui sera décerné par ladite chambre sur le vu desdites informations; et pour éviter aux longueurs, voulons que notredite chambre ait à délibérer, si bon est, sur les minutes des informations sans attendre qu'elles aient été grossoyées.

22. Enjoignons à ceux qui ont été employés aux négociations, entremises, certifications, compositions et traités frauduleux et prohibés pour raison de nosdites finances, assignations, rescriptions, mandements, quittances et autres actes, sans connoître qu'il y eût fraude et que ce fussent traités et négociations défendues, et qui y ont de leur part procédé de bonne foi selon la charge qui leur a été donnée de la part de ceux qui les ont employés, d'en donner avis à notredit procureur-général dans quinzaine du jour de la publication des présentes, à peine d'être eux-mêmes condamnés comme complices à la restitution des sommes qui ont été remises ou quittancées par leurs négociations, et de telle punition qui sera arbitrée par nos juges, auxquels nous mandons faire et adjuger telle récompense qu'ils verront être raisonnable, auxdites personnes qui se viendront découvrir de bonne volonté.

23. Défendons à tous nos sujets sur peine de la vie, de méfaire ni médire aux personnes susdites et à tous dénonciateurs, lesquels à cette fin nous avons pris et mis, prenons et mettons en notre sauve-garde et protection spéciale.

24. Défendons à tous huissiers et sergents d'attenter à leurs personnes, sous prétexte de quelque contrainte par corps qu'on pourroit avoir obtenue contre eux, au préjudice des défenses particulières que nous accorderons à chacun d'eux

sur les certificats de notredit procureur-général, et pour le temps porté par icelles.

25. Défendons aussi à tous les dénonciateurs, témoins et autres qui ont eu connoissance ou communication desdites fraudes et abus, d'accorder, composer ou transiger avec les coupables ou autres personnes pour eux directement ni indirectement, à peine de punition corporelle et de confiscation de tous leurs biens.

26. Voulons en outre qu'en vertu des arrêts de notredite chambre de justice, il soit à la requête de notredit procureur-général en icelle procédé aux saisies réelles des charges et offices, rentes et maisons, terres, seigneuries et autres immeubles appartenants aux particuliers condamnés par ladite chambre, et lesdites saisies réelles, criées, ventes et adjudications par décret, circonstances et dépendances, faites et poursuivies en ladite chambre, qui pourra évoquer en icelle les autres saisies et criées qui pourroient avoir été faites des biens, offices et héritages desdits particuliers en quelques cours et juridictions de notre royaume qu'elles soient pendantes, et procéder à l'instruction et jugement tant desdites saisies et criées évoquées suivant les derniers errements, que de celles qui seront faites à sa requête, ainsi qu'il sera jugé raisonnable pour la plus prompte expédition; seront lesdites saisies réelles ainsi faites, et celles qui seront évoquées en ladite chambre, registrées ès-registres qui seront pour cet effet tenus par celui qui sera par nous commis pour commissaire aux saisies réelles de ladite chambre, à la diligence duquel sera par les juges de ladite chambre procédé aux baux judiciaires, et le prix d'iceux et revenus des choses saisies, régis et mis ès-mains dudit commissaire, pour en rendre compte et être délivrés quand, à qui, et ainsi qu'il sera par ladite chambre ordonné, tout ainsi que les commissaires aux saisies réelles ont accoutumé de faire; seront lesdits offices et charges vendus et adjugés en ladite chambre sur les procurations *ad resignandum* qui en seront données par les titulaires, ou sur les arrêts de ladite chambre qui vaudront procuration, sans aucune formalité de criées après trois publications qui seront faites en la manière accoutumée; et à l'égard des rentes, maisons, terres, seigneuries et autres héritages et biens immeubles, les saisies réelles et les criées en seront enregistrées au greffe de notredite chambre, et les poursuites, procédures, ventes et adjudications faites en icelles suivant nos ordonnances et coutumes et les formalités qui s'y observent; et pour

éviter les longueurs des criées et la fraude que pratiquent ordinairement les condamnés et parties saisies, par les appellations et oppositions frivoles et illusoires, suscitant même le plus souvent des appellations et oppositions de créanciers supposés pour perpétuer lesdites criées et instances d'ordre; nous voulons qu'il ne soit reçu aucunes appellations de saisies réelles et criées; et si aucunes sont interjetées, nous les déclarons dès à présent converties en opposition; voulant que nonobstant icelles et en vertu des présentes, sans qu'il soit besoin d'aucun jugement, il soit incessamment procédé et passé outre aux saisies réelles, criées et adjudication, sauf aux parties à se pourvoir en ladite chambre, tant sur l'opposition afin d'annuler, que de charge et distraire, qu'ils seront tenus former au greffe de ladite chambre avant le congé d'adjuger; après lequel aucuns ne seront reçus sous quelque prétexte que ce soit, sans toutefois que lesdites oppositions afin d'annuler puissent retarder le cours des criées; nonobstant et sans préjudice desquelles sera passé outre jusqu'à ladite adjudication exclusivement; voulant aussi que tous les opposants tant afin d'annuler, décharger et distraire, que de conserver et pour quelque autre cause que ce soit, soient tenus, à peine de déchéance de leurs oppositions, de fournir incessamment les causes et moyens, donner copies des pièces justificatives d'icelles et communiquer les originaux, pour être incessamment procédé à l'instruction et jugement de chacune d'icelles, tant conjointement que séparément, incontinent après qu'elles auront été formées, ainsi que le cas le requerra, et que par ladite chambre sera réglé et ordonné. Voulons en outre que les opposans afin d'annuler, décharger ou distraire, dont les oppositions se trouveront mal fondées, et avoir été formées pour retarder le jugement desdites criées, soient condamnés envers nous en une amende arbitraire : et à l'égard des saisissans et opposans afin de conserver et d'être payés des sommes non dues, supposées ou acquittées, ils soient condamnés envers nous pareillement en une amende arbitraire, même procédé, s'il y échet, extraordinairement contre eux comme complices et coupables du crime de péculat; seront les adjudicataires tenus de payer et consigner incessamment le prix de leurs adjudications ès-mains de celui qui sera par nous commis pour receveur des consignations de ladite chambre, pour être par lui distribué quand et à qui sera par ladite chambre ordonné.

27. Voulons que dans les procès criminels, la procédure

prescrite par l'ordonnance du mois d'août 1670, soit gardée
et observée; et qu'à l'égard des demandes et instances civiles,
elles soient instruites sommairement par requêtes qui seront
communiquées aux parties, par ordonnance de l'un des juges
de notredite chambre avec une simple sommation d'y répondre
dans huitaine, après laquelle il sera procédé au jugement desdites demandes et instances, sans autre sommation ni inter-
pellation.

N° 53. — DÉCLARATION *portant que les billets et rescriptions des
receveurs généraux seront rapportés dans l'espace de huit jours,
par-devant les commissaires nommés à cet effet, pour être visés.*

Paris, 24 mars 1716. Reg. P. P. 26. (Archiv. — Rec. cons. d'état.)

N° 54. — DÉCLARATION *pour les billets de l'État.*

Paris, 1ᵉʳ avril 1716. Reg. P. P. 4. (Archiv.)

N° 55. — DÉCLARATION *sur la réception des dénonciations et
dépositions des domestiques des comptables justiciables de la
chambre de justice:*

Paris, 1ᵉʳ avril 1716. Reg. P. P. 3 (Rec. Cass.)

EXTRAIT.

Louis, etc. Par notre édit du mois de mars dernier, nous
avons établi une chambre de justice pour la recherche et punition des crimes, délits, malversations et abus qui se sont
commis depuis le 1ᵉʳ janvier 1689 dans le recouvrement,
distribution et maniement des deniers publics, et à l'occasion
des finances; et par notre déclaration du 17 du même mois,
nous avons réglé la procédure qui doit être observée, tant par
les juges de ladite chambre, que par les baillis, sénéchaux,
ou leurs lieutenans, et ordonné les gratifications et récompenses que nous avons résolu de donner aux dénonciateurs,
et à ceux qui donneront des avis certains desdits abus, malversations et recèlemens. Mais comme, en matière criminelle,
les dépositions des témoins ne sont certaines et assurées qu'a-
près le récolement, et que par l'éloignement de plusieurs provinces de notre royaume, les preuves pourroient dépérir pendant le temps qui seroit employé à traduire les accusés, et
parce que plusieurs officiers comptables, traitants, sous-traitants et autres personnes sujettes à la recherche de notredite
chambre, pourroient mettre leur principale défense en la

fuite, dans l'espérance qu'ils auroient cinq ans entiers pour purger la contumace, et pour rentrer dans leurs biens et offices; nous avons résolu d'y pourvoir conformément à ce qui avoit été établi par la déclaration du 2 décembre 1661. Nous avons pareillement cru devoir expliquer plus clairement nos intentions au sujet des dénonciateurs, afin de les rassurer contre les craintes et les inquiétudes qu'on pourroit leur inspirer, et pour faire cesser des bruits qui ne peuvent être répandus que par ceux qui ont intérêt de les intimider. A ces causes, etc.

Il sera loisible à toutes personnes qui voudront faire des dénonciations aux termes de notredit édit du mois de mars dernier, même aux laquais et autres domestiques de ceux qui sont justiciables de notredite chambre, de faire lesdites dénonciations sous leurs noms si bon leur semble, ou sous des noms empruntés en donnant des indices clairs et certains des faits qu'ils dénonceront, et il sera donné un double de la dénonciation au dénonciateur, ou à celui du nom duquel il voudra se servir, lequel double sera visé et paraphé par notre procureur-général en ladite chambre; et lorsque les condamnations auront été prononcées, les porteurs desdits doubles de dénonciations visées et paraphées en la manière ci-dessus expliquée, seront payés en vertu d'arrêts de notredite chambre rendus sur les conclusions de notre procureur-général, non-seulement du cinquième des amendes et restitutions, mais encore du dixième des confiscations qui auront été prononcées, et généralement de toutes les sommes qui reviendront entre les mains du receveur-général de la chambre en conséquence desdites dénonciations, à mesure que lesdites sommes entreront dans sa caisse, sans aucun délai ni difficulté.

N° 56. — ARRÊT *du conseil qui nomme des commissaires pour l'examen des propositions tendantes à diminuer les charges de l'État, faciliter le commerce, et procurer le soulagement des peuples et l'avantage du royaume.*

Paris, 25 avril 1716. (Archiv.)

N° 57. — LETTRES PATENTES *portant privilège au sieur Law et sa compagnie, d'établir une banque générale, et de stipuler en écus de banque du poids et titre de ce jour.*

Paris, 2 mai 1716. Reg. P. P. 4 mai. (Archiv. — Rec. cons. d'état.)

Louis, etc. Les avantages que les banques publiques ont

procurés à plusieurs Etats de l'Europe, dont elles ont soutenu le crédit, rétabli le commerce, et entretenu les manufactures, nous ont persuadé de l'utilité que nos peuples retireroient d'un pareil établissement. Le sieur Law nous ayant proposé il y a quelques mois d'en former une, dont le fonds seroit fait de nos deniers, et qui seroit administrée en notre nom et sous notre autorité, le projet en fut examiné dans notre conseil de finances, où plusieurs banquiers, négociants et députés des villes de commerce ayant été appelés pour avoir leur avis, ils convinrent tous, que rien ne pouvoit être plus avantageux à notre royaume, qui, par sa situation et sa fertilité jointe à l'industrie de ses habitants, n'avoit besoin que d'un crédit solide pour y attirer le commerce le plus florissant; ils crurent néanmoins que les conjonctures du temps n'étoient pas favorables, et qu'il conviendroit mieux qu'un tel établissement fût fait sur le compte d'une compagnie. Ces raisons jointes à quelques conditions particulières du projet, nous déterminèrent à le refuser; mais ledit sieur Law nous a supplié de vouloir lui accorder la faculté d'établir une autre espèce de banque, dont il offre de faire les fonds, tant de ses deniers que de ceux de sa compagnie, et par le moyen de laquelle il se propose d'augmenter la circulation de l'argent, faire cesser l'usure, suppléer aux voitures des espèces entre Paris et les provinces, donner aux étrangers le moyen de faire des fonds avec sûreté dans notre royaume, et faciliter à nos peuples le débit de leurs denrées, et le paiement de leurs impositions. La grace qu'il nous demande, c'est de lui donner un privilége pendant l'espace de vingt années, et de lui permettre de stipuler en écus de banque, qui, étant toujours du même poids et du même titre, ne pourront être sujets à aucune variation : condition essentielle et absolument nécessaire pour procurer et conserver la confiance de nos sujets et celle des étrangers : nous suppliant en même temps de vouloir nommer des personnes d'une probité et d'une intelligence connues, pour avoir inspection sur la banque, viser les billets, coter et parapher les livres, afin que le public soit pleinement persuadé de l'exactitude et de la fidélité qui y seront observées. Et comme il nous paroit que cet établissement, de la manière dont il est proposé, ne peut causer aucun inconvénient; qu'il y a au contraire tout sujet d'espérer qu'il aura un succès prompt et favorable, et qu'il produira des effets avantageux, à l'exemple de ce qui se passe dans les Etats voisins, nous avons cru devoir accorder audit sieur Law, dont l'expérience, les lumières et la capacité nous sont connues, le privilège qu'il nous demande pour lui et pour sa compagnie. Et notre très-cher et très-amé oncle le duc d'Orléans, régent de notre royaume, attentif à tout ce qui peut apporter du soulagement à nos peuples, et procurer le bien de notre Etat, a cru qu'il n'étoit point indigne de son rang et de sa naissance d'en être déclaré le protecteur. A ces causes, etc., voulons et nous plaît :

ART. 1er. Que ledit sieur Law et sa compagnie aient seuls le droit et le privilège d'établir pour leur compte particulier une banque générale dans notre royaume, et de la tenir et exercer pendant le temps de vingt années, à compter du jour de l'enregistrement des présentes; leur permettons de stipuler, tenir leurs livres et faire leurs billets en écus d'espèces, sous le nom d'écus de banque; ce qui sera entendu des écus du poids et titre de ce jour; permettons pareillement à nos sujets et aux étrangers qui négocieront ou contracteront avec eux de stipuler de la même manière, afin que l'argent de banque, étant toujours du même poids et du même titre, ne puisse être sujet à aucune variation, dérogeant pour cet effet seulement à toutes ordonnances, édits, déclarations et arrêts à ce contraires.

2. Voulons que ladite banque soit libre et affranchie de toutes taxes et impositions, et que les actions de la banque et les sommes qui y seront en caisse appartenantes aux étrangers, ne puissent être sujettes aux droits d'aubaine, de confiscation ou lettres de représailles, même en cas de guerre entre nous et les princes et Etats dont lesdits étrangers seront sujets, auxquels droits nous renonçons expressément par ces présentes.

3. Les billets de la banque seront faits en la forme dont les modèles seront annexés à nos présentes lettres, et ils seront signés par ledit sieur Law et par l'un de ses associés, et visés par l'inspecteur qui sera commis à cet effet.

4. La caisse générale de la banque sera fermée à trois serrures et trois clés différentes, dont une sera gardée par ledit sieur Law, une autre par l'inspecteur, et la troisième par le trésorier.

5. Il sera tenu par ledit sieur Law et par sa compagnie des registres en bonne forme cotés et paraphés par l'inspecteur de la banque.

6. Le bureau principal de ladite banque sera tenu à Paris dans la maison dudit sieur Law, ou dans tel autre quartier de la ville qui sera jugé convenable pour la commodité du public; et il sera ouvert tous les jours depuis neuf heures jusqu'à midi,

et depuis trois heures jusqu'à six, à l'exception des dimanches et des fêtes solennelles.

7. Il sera libre à toutes personnes de porter à la banque leurs deniers, pour le montant desquels il leur sera délivré des billets de banque payables à vue.

8. Défendons à peine de la vie de fabriquer ou falsifier les billets de la banque, ni de contrefaire le cachet ou les planches sur lesquelles lesdits billets seront gravés.

9. Notre très-cher et très-amé oncle le duc d'Orléans sera le protecteur de la banque, dont il se fera rendre compte ou à ceux qui seront par lui préposés, toutes les fois que bon lui semblera, et dont il nommera l'inspecteur, qu'il pourra remplacer ou changer comme il jugera à propos, et les réglements et projet de régie et d'opération de ladite banque lui seront présentés pour être par lui approuvés, et seront en tant que besoin par nous confirmés.

10. Déclarons au surplus que par le privilège que nous accordons audit sieur Law et à sa compagnie, nous n'entendons empêcher en aucune manière les banquiers de notre royaume de continuer leur commerce comme à l'ordinaire.

Nº 58. — ORDONNANCE *qui permet le rétablissement d'une nouvelle troupe de comédiens italiens, avec défenses à toutes personnes d'entrer sans payer.*

Paris, 8 mai 1716. (Archiv. — Rec. cons. d'état.)

Nº 59. — DÉCLARATION *concernant les vingt-quatre millions de rentes au denier douze, assignées sur les tailles.*

Paris, 9 mai 1716. Reg. P. P. 20 juin. (Archiv. — Rec. cons. d'état.)

Nº 60. — DÉCLARATION *touchant la distinction et les marques d'honneur des pairs de France siégeant en parlement, portant que les prétentions demeureront provisoirement dans l'état où elles étoient le 1er septembre 1715.*

Paris, 10 mai 1716. Reg. P. P. 12 mai. (Archiv. — Rec. cons. d'état.)

LOUIS, etc. Les distinctions et les marques d'honneur que les pairs de France prétendent avoir en notre cour de parlement, leur avoient donné lieu de présenter des mémoires, au feu roi notre très-honoré seigneur et bisaïeul, pour le supplier d'y pourvoir par son autorité, et nous aurions fort souhaité qu'il eût bien voulu prévenir notre décision par la sagesse de la sienne , et que nous n'eussions eu qu'à suivre ce qu'il auroit réglé sur ce sujet avec autant de lumière que d'autorité. Mais sa mort nous ayant privé de cet avantage, et les pairs de France nous ayant présenté de nouveaux mémoires sur le même sujet , nous aurions jugé à propos de donner un arrêt, le 22 mars dernier, pour y pourvoir par provision , en laissant les choses dans le même état où elles se trouvoient dans le temps de la mort du feu roi. Nous étions même sur le point de faire expédier des lettres-patentes sur cet arrêt pour faire connoître nos intentions à notre cour de parlement, lorsqu'elle nous a représenté que si elle ne pouvoit trop louer la sage résolution que nous avions prise d'étouffer toute semence de discorde en remettant les choses dans le même état où elles étoient le premier jour de septembre de l'année 1715 , elle croyoit qu'il lui étoit permis de souhaiter que cette résolution soit exprimée d'une manière qui ne donne point à notredite cour le déplaisir de penser que nous n'ayons pas approuvé quelqu'une de ses démarches, quoiqu'elle n'y ait eu en vue que le bien de notre service. que c'étoit cette considération qui l'avoit porté à prendre les précautions marquées par l'arrêté qu'elle fit le 2 septembre 1715 , dans une conjoncture où elle n'avoit aucune autre voie pour ne pas différer d'assurer la régence de notre royaume à notre très-cher et très-aimé oncle le duc d'Orléans, et de fixer par là l'état du gouvernement, suivant que notredite cour s'en est expliquée elle-même par sa délibération du 27 février dernier; que d'ailleurs , il lui seroit fort sensible , soit par rapport à sa dignité dont elle doit être jalouse pour le bien même de la justice, soit par rapport aux sentiments qu'elle a toujours eus, et qu'elle aura toujours pour les pairs de France, que le public pût croire par les termes dans lesquels notre volonté seroit expliquée, que notredite cour eût voulu être partie contre eux sur des honneurs et des distinctions que ceux qui ont l'honneur de nous représenter ne peuvent déférer sans notre ordre, mais qui dans le fond ne regardent que sa majesté royale, souveraine dispensatrice des dignités et des honneurs entre ses sujets. Qu'ainsi lorsque nous ordonnerons à notredite cour de parlement de nous rendre compte de ce qui se trouve dans ses registres sur les usages pratiqués à l'égard des pairs de France , elle exécutera nos ordres avec le respect et la soumission qu'elle nous doit, sans tomber dans l'inconvénient de devenir partie dans une affaire de cette nature , nous avons reçu d'autant plus favorablement ces représentations de notredite cour qu'elles n'ont rien qui ne nous donne de nouvelles preuves de son zèle et de sa fidélité, et qui ne s'accorde aussi parfaitement avec les sentiments d'estime et de bienveillance que nous avons pour elle ; et comme l'arrêté fait par notredite cour le 2 septembre 1715, suivant l'explication portée par la délibération du 27 février dernier, n'a été fait que pour ledit jour, et que nous avons résolu de remettre toutes choses dans l'état où elles étoient ledit jour 1er septembre 1715, que d'ailleurs nous ne pouvons qu'approuver et louer la sage disposition dans laquelle est notredite cour, de croire qu'elle ne doit point être partie sur des prétentions qui dépendent entièrement de notre grâce et de notre autorité, nous avons bien voulu en suspendant le règlement qui nous a été demandé par les pairs de France, expliquer notre volonté sur ce qui s'est passé depuis la mort du feu roi, et sur ce qui se passera pendant que cette suspension aura lieu, de telle manière qu'il paroisse clairement que notre intention est de ne faire aucun préjudice à personne et de mettre seulement dans cette affaire un intervalle qui pourra être favorable à l'union et à la parfaite intelligence que nous souhaitons de voir régner entre tous ceux qui doivent concourir à notre service et au bien public.

A ces causes, etc., voulons et nous plaît que toutes choses, en ce qui concerne lesdites prétentions, demeurent par provision dans le même état où elles étoient le 1er jour de septembre 1715, et que l'usage qui avoit lieu audit jour subsiste en son entier sans aucun changement ni innovation de fait ou de droit ; et en conséquence ordonnons que tout ce qui s'est fait depuis ledit jour 1er septembre 1715 que nous regardons comme non fait et non avenu, ni la possession qui sera continuée dans le même état où elle étoit alors, ne puissent être tirés à conséquence directement ou indirectement par rapport au règlement que nous pourrons faire dans la suite, ni établir aucun droit nouveau, le tout jusqu'à ce qu'autrement par nous en ait été ordonné, après nous être fait rendre compte par notre cour de parlement de ce qui se trouve dans les registres sur les usages pratiqués à l'égard des pairs de France, ainsi que nous le jugerons à propos, sans néanmoins que notredite cour puisse être obligée de défendre à leurs prétentions, ni être considérée comme partie dans le règlement que nous croirons devoir faire, faisant au surplus très-expresses inhibitions et défenses à toute personne de quelque état et dignité qu'elle soit de faire ou entreprendre aucune chose directement ou indirectement au préjudice de notre présente déclaration, à peine contre les contrevenants d'encourir notre indignation; et attendu que nous avons résolu de suivre le dernier état tel qu'il étoit au jour de la mort du feu roi, pour tout ce qui regarde les usages pratiqués à l'égard des pairs de France, jusqu'à ce qu'il y ait été autrement par nous pourvu, nous voulons que le procès commencé par notre cour de parlement à la requête de notre procureur-général contre notre cousin le duc de Richelieu et le comte de Gacé soit continué, et à eux fait et parfait en exécution de l'arrêt du 27 février dernier, toute la grand'chambre assemblée, nous réservant d'y convoquer les pairs, pour le jugement définitif en la manière accoutumée, ainsi que nous le jugerons à propos, sans que ce qui se passera dans ledit procès puisse nuire ni préjudicier à la prétention desdits pairs de France sur l'instruction et jugement des procès criminels de ceux qui ne sont pas encore reçus en ladite dignité au parlement ni leur donner aucun droit nouveau sur laquelle prétention il sera par nous pourvu ainsi qu'il appartiendra dans le réglement que nous jugerons à propos de faire concernant les autres prétentions desdits pairs de France.

N° 61. — LETTRES PATENTES *contenant réglement pour la banque générale accordée au sieur Law et à sa compagnie* (1).

Paris, 20 mai 1716. Reg. P. P. 23. (Archiv. — Rec. cons. d'état.)

LOUIS , etc. Par nos lettres-patentes du 2 du présent mois,

(1) 25 juillet, déclaration sur les endossements des billets de la banque générale. — 10 avril 1717, a. d. c. qui ordonne que les billets de la banque seront reçus comme argent pour paiement de toute espèce de droits et impositions. — Août, édit portant établissement d'une compagnie de commerce de l'Occident, et union à la compagnie de la Louisiane.— 12 sept., arrêt du conseil qui ordonne que tous officiers comptables, fermiers, sous-fermiers, receveurs, commis, et généralement tous ceux qui ont le maniement des deniers du roi dans les ville et faubourgs de Paris, seront tenus de faire leurs recettes et paiements en billets de la banque générale.— 26 février 1718, a. d. c. qui ordonne que lesdits billets seront reçus comme argent pour le paiement de tous les droits du roi, et payés à vue et sans escompte. — 1er juin, a. d. c. prescrivant qu'ils soient pris en paiement de toutes impositions. — 12 juin, a. d. c. qui ordonne que ceux qui voudront s'intéresser dans le commerce de la compagnie d'Occident soient tenus de fournir le cinquième de leurs soumissions en billets d'état, etc. — 28 juin, a. d. c. qui dispense de faire des soumissions pour ceux qui voudront s'intéresser dans ladite compagnie en payant le cinquième en billets d'état.— 12 août, arrêt du parlement de Paris qui ordonne que la banque demeurera réduite aux termes et opérations portées par les lettres patentes des 2 et 20 mai, fait défenses à ses directeurs, etc., de garder ni retenir directement ni indirectement, aucuns deniers royaux dans la

nous avons accordé au sieur Law et à sa compagnie le privilège d'établir dans notre royaume et de tenir, pendant le temps de vingt années, une banque générale, avec la faculté

caisse de ladite banque, ordonne que les deniers royaux seront remis à chacun des officiers comptables pour être par eux employés au fait et exercice de leur charge, rend ces officiers ayant maniement des finances, garants et responsables en leurs propres et privés noms, chacun à leur égard, de tous les deniers de leur maniement convertis en billets de banque ou autres pour lesquels deniers ils auroient pris, accepté ou reçu lesdits billets ; fait défenses à tous étrangers, même naturalisés, de s'immiscer directement ni indirectement, et de participer en leurs noms ou sous des noms interposés, au maniement et administration des deniers royaux. — 26 août, lettres patentes qui défendent au parlement de faire aucune assemblée ou délibération touchant l'administration des finances, et de prendre connoissance d'aucunes affaires qui concernent le gouvernement de l'état, si son avis ne lui a été demandé par un ordre exprès. — Du même jour, lettres patentes concernant le commerce de la Louisiane. — 4 décembre, déclaration qui convertit la banque générale en banque royale. — 27 décemb., a. d. c. portant établissement des bureaux particuliers de la banque à Lyon, La Rochelle, Tours, Orléans et Amiens. — 11 février 1719, a. d. c. qui ordonne qu'il sera délivré des billets de banque pour les espèces d'or comme pour les espèces d'argent, et qu'il sera libre à la banque de payer dans les mêmes espèces, nonobstant que les billets soient stipulés en espèces d'argent, à condition néanmoins que la banque ne recevra et ne paiera les espèces tant d'or que d'argent que pour la valeur et suivant le cours qu'elles auront alors dans la commune. — 1er avril, nouvelle émission de billets. — 22 avril, *Id.* pour compléter cent dix millions. — 10 juin, *Id.* pour compléter cent soixante millions. — Mai, édit portant réunion des compagnies des Indes orientales et de la Chine à la compagnie d'Occident, et création de vingt-cinq millions de nouvelles actions. — 16 juillet, a. d. c. qui ordonne qu'il sera fourni vingt-cinq millions par le trésorier de la banque à la compagnie des Indes, en billets de banque pour être envoyés à la Louisiane. — 25 juillet, a. d. c. portant établissement de bureaux de banque dans chaque ville du royaume où il y a des hôtels des monnoies. — 27, a. d. c. qui permet à la compagnie des Indes de faire vingt-cinq millions de nouvelles actions. — 12 août, a. d. c. portant que les souscriptions faites pour les actions de la compagnie des Indes seront coupées en autant de parties de cinq cents livres chacune que les porteurs voudront. — 12 septembre, a. d. c. qui ordonne qu'il sera fabriqué pour cent vingt millions de livres de billets de la banque de dix mille livres chacun. — 13, a. d. c. qui permet à la compagnie des Indes de faire pour cinquante millions de nouvelles actions. — 28, a. d. c. qui permet à la compagnie des Indes de faire pour cinquante millions de nouvelles actions. — 2 octobre, a. d. c. qui permet à la compagnie de faire pour cinquante millions de nouvelles actions. — 12 octobre, a. d. c. qui accepte les offres de la compagnie des Indes de prêter au roi la somme de quinze cent millions, et déclare qu'il ne sera fait aucunes autres actions ni en vieilles espèces ni de quelque autre manière que ce soit. — 24, a. d. c. portant qu'il sera fait pour cent vingt millions de nouveaux billets de banque à raison de dix mille livres chaque billet. — 10 novembre, a. d. c. qui permet aux directeurs de la compagnie des Indes d'employer telle partie des fonds qu'ils jugeront convenable pour l'accroissement du commerce de la pêche et l'établissement des manufactures, sans qu'il puisse être fait de nouvelles actions par ladite compagnie des Indes. — Du 21, a. d. c. qui nomme des commissaires pour juger les différends mus et à mouvoir, au sujet des négociations des actions de la compagnie des Indes. — 1er déde stipuler, tenir leurs livres, et faire leurs billets en écus d'espèces, sous le nom d'écus de banque du poids et titre de ce jour; et, comme il est nécessaire pour l'intérêt des action-

---

cembre, a. d. c. qui permet aux créanciers d'exiger leurs paiements en billets de banque, déclare nulles les offres non faites en billets de banque, etc. — 21, a. d. c. qui ordonne la manière dont les paiements doivent être faits tant à Paris que dans les provinces, et qui règle la différence entre la monnoie de banque et la monnoie courante. — 29, a. d. c. qui ordonne que les billets de banque de dix livres, quoique non signés à la main, mais seulement en caractère d'impression, auront cours et seront reçus sans aucune difficulté. A. d. c. qui ordonne qu'il sera fait pour trois cent soixante millions de billets de banque. — 28 janvier 1720, a. d. c. qui permet de faire des recherches dans toutes les maisons, même dans les communautés et lieux privilégiés, des espèces qui pourroient avoir été recélées. — 9 février, a. d. c. qui évoque au conseil tout procès relatif aux billets de banque. — 19, a. d. c. qui défend à toute personne de quelque état et condition qu'elle puisse être, même à aucune communauté ecclésiastique, séculière ou régulière, de garder plus de cinq cents livres en espèces à peine de confiscation et dix mille livres d'amende, et défend à toutes personnes et communautés excepté les marchands orfèvres et joailliers, d'avoir en leur possession aucunes matières d'or et d'argent, ordonne la saisie et confiscation de toutes sommes et matières d'or et d'argent, en entier au profit des dénonciateurs. défend de faire des paiements de cent livres et au-dessus autrement qu'en billets de banque. — 22, délibération de la compagnie des Indes portant acceptation des propositions faites par le roi de se charger de la régie et administration de la banque, pour le temps de son privilège. — 23, a. d. c. concernant la banque et la compagnie des Indes. — 5 mars, a. d. c. concernant les billets de banque, les actions de la compagnie des Indes, le cours des espèces et le prix des matières d'or et d'argent. — 12, a. d. c. qui ordonne qu'il sera imprimé pour trois cents millions d'actions de la compagnie des Indes, pour servir tant à la conversion des actions qualifiées actions de la compagnie d'Occident qu'à remplir les engagements de la compagnie des Indes au sujet des souscriptions et des primes qui ont été délivrées, et à ses autres opérations. — 22, ordonnances qui défend de s'assembler dans la rue Quincampoix pour y négocier du papier. — 28, ordonnance portant défenses de s'assembler dans aucuns lieux ni quartiers que ●puisse être, et de tenir bureau pour les négociations de papiers, à peine de prison, de trois mille livres d'amendes, etc., à l'exception des agens de change seulement. — A. d. c. portant qu'il sera délivré à la banque des billets de dix livres seulement. — 6 avril, a. d. c. qui déclare nulles et de nul effet les stipulations faites pour paiement en espèces sonnantes, et ordonne que nonobstant pareilles stipulations faites et à faire, tous paiements soient faits en billets de banque. — 19, a. d. c. qui ordonne qu'il sera fait pour quatre cent trente-huit millions de billets de banque de mille, cent et dix livres, et ordonne que dans trois mois les billets de dix mille seront rapportés pour être coupés en billets de mille, cent et dix livres. — 20, a. d. c. qui ordonne qu'il ne sera plus fourni aux bureaux de la banque ni dans aucuns autres bureaux, des billets de banque pour les sixièmes, douzièmes d'écus, pour les livres d'argent et les louis d'argent. — 28, a. d. c. qui ordonne que dans les pays d'état les particuliers qui paieront en billets de banque leurs quotes dans les impositions qui se lèvent au profit du roi, jouiront du bénéfice de dix pour cent. — 9 mai, a. d. c. qui ordonne qu'il ne sera pas envoyé de vagabonds, gens sans aveu, fraudeurs et criminels à la Louisiane. — 16, a. d. c. pour constituer sur la compagnie des Indes, quatre millions de rentes viagères à raison du denier vingt-cinq. — 21, a. d. c. qui ordonne la réduction pro-

naires et la sûreté du public de prescrire la forme, les conditions et les règles qui doivent être observées dans la régie et administration de ladite banque, il nous a paru qu'il étoit convenable de faire sur cela un réglement général. A ces causes, de l'avis de notre très-cher et très-amé oncle le duc d'Orléans régent, de notre très-cher et très-amé cousin le duc de Bourbon, de notre très-cher et très-amé oncle le duc du Maine,

gressive des actions de la compagnie des Indes et billets de banque jusqu'à moitié de leur valeur nominale. —27, a. d. c. qui révoque celui du 21.— 1er juin, a. d. c. qui permet à toutes personnes d'avoir en leur possession et de garder telles sommes en espèces qu'elles jugeront à propos. — 3, a. d. c. concernant les actions de la compagnie des Indes.—5, id. concernant les actions entières de ladite compagnie. — 11, a. d. c. qui ordonne que les billets de banque seront brûlés à mesure de leur rentrée dans les caisses de la banque, et création de cinq cents millions de nouveaux billets.—14, a. d. c. concernant les actions de la compagnie des Indes.—20, id.—22, a. d. c. qui ordonne que les billets de banque existant dans les caisses seront bâtonnés et coupés en deux.— 26, a. d. c. qui ordonne qu'il sera fait pour cent millions de billets de banque de cent et dix livres, uniquement employés à couper les billets de dix mille et mille livres. — Juillet 1720, édit qui accorde à la compagnie des Indes la jouissance à perpétuité des droits et priviléges concernant son commerce, à la charge de retirer de mois en mois, cinquante millions de billets de banque jusqu'à concurrence de six cents millions.— 9, a. d. c. qui donne cours aux anciennes espèces d'or ou d'argent interdites du commerce, et permet l'entrée dans le royaume des espèces et matières d'or et d'argent sans payer aucuns droits. — 13 juillet, a. d. c. portant qu'il sera ouvert à l'hôtel de la banque à Paris et dans toutes les villes du royanme où il y a des hôtels des monnoies, un livre de comptes courants et de virements départies, dont le fonds ne pourra passer six cents millions. —17, a. d. c. qui ordonne que les marchands et artisans qui refuseront de recevoir en paiement les billets de banque, seront condamnés au paiement du double de la somme offerte.— 22, ordonnance portant réglement pour le commerce établi dans la bourse de l'hôtel de Soissons.—A. d. c. qui accorde à la compagnie des Indes la ferme générale des tabacs, les bénéfices de la fabrication des monnoies, du bail des fermes générales, la régie des finances, etc. — 31, a. d. c. concernant les rentes sur l'hôtel-de-ville de Paris, et les comptes courants en banque.—31, a. d. c. qui permet à la compagnie des Indes de faire et délivrer des souscriptions pour cinquante mille actions sur le pied de neuf mille chacune. — 14 août, a. d. c. qui permet à ladite compagnie de faire et délivrer vingt mille actions outre celles portées en l'arrêt du 31 juillet. — 15, a. d. c. concernant le cours des billets de banque.—16, ordonnance portant défenses d'exposer aucunes marchandises tant dedans qu'au dehors de l'enclos du jardin de l'hôtel de Soissons, et à tous artisans, ouvriers, colporteurs et gens de livrée d'y entrer.— 25, a. d. c. qui ordonne que les billets de banque ne seront plus reçus que pour leur valeur et sans aucune plus-value en paiement tant des impositions que des droits sujets aux quatre sous pour livre.— 29, a. d. c. qui ordonne l'établissement d'un conseil pour la régie et administration générale de la compagnie des Indes, et contenant réglement pour les directeurs et actionnaires de ladite compagnie. — 2 septembre, a. d. c. portant qu'il sera fabriqué pour cinquante millions de billets de cinquante et de dix livres.— 10, a. d. c. qui subroge la compagnie des Indes aux droits et prétentions appartenant à la compagnie de Saint-Domingue, tant en France qu'en Amérique et autres lieux, avec le privilége exclusif de fournir à l'île de Saint-Dode notre très-cher et très-amé oncle le comte de Toulouse, et autres pairs de France, grands et notables personnages de notre royaume, et de notre certaine science, pleine puissance et autorité royale, nous avons, par ces présentes, signées de notre main, dit et ordonné, disons et ordonnons, voulons et nous plaît ce qui ensuit.

ART. 1er. Le fond de la banque sera composé de douze

mingue trente mille nègres tirés de l'étranger. — 15, a. d. c. portant réglement pour les billets de banque et les actions de la compagnie des Indes. — 18, a. d. c. concernant les sommes écrites en banque qu'on voudra retirer — 19, a. d. c. concernant la conversion des actions de la compagnie des Indes. — *Id.* ordonnant la fabrication de cinquante millions de billets de banque de cinquante livres. — 24, *id.* concernant la régie des comptes courants et virements de parties. — 27, a. d. c. qui accorde et réunit à perpétuité à la compagnie des Indes le privilège exclusif pour le commerce de la côte de Guinée. — 10 octobre, *id.* portant suppression des billets de banque pour le 1er novembre prochain. — 11, *id.* portant qu'il ne sera plus reçu aucuns billets de banque dans les bureaux de recettes, soit générales, soit particulières, tant des pays d'États que du clergé. — 27, *id.* qui permet à la compagnie des Indes d'emprunter quinze millions, deux tiers en espèces, un tiers en billets de banque à raison de quatre pour cent d'intérêts. — 8 novembre, *id.* qui permet à la compagnie des Indes de faire fondre et affiner toutes sortes d'espèces et matières d'or et d'argent. — 27, *id.* qui permet à la compagnie d'emprunter 22 millions cinquante mille livres, deux tiers en argent, un tiers en billets de banque. — 26 déc., *id.* portant suppression des comptes en banque et virements de parties. — 26 janvier 1721, *id.* ordonnant la vérification de tous contrats de rentes tant perpétuelles que viagères, etc. — 14 septembre 1722, *id.* ordonnant la remise des effets visés et le retrait de certificats de liquidation dans les délais fixés, à peine de nullité. — 21, *id.* ordonnant récolement et brûlement de tous registres et papiers relatifs aux operations du visa. — 22 mars 1723, *id.* qui fixe à cinquante-six mille le nombre des actions de la compagnie des Indes — *id.* qui accorde à la compagnie des Indes le privilège de la vente exclusive du tabac. — 23, *id.* ordonnant qu'il sera passé à la compagnie des Indes un contrat d'aliénation à titre d'engagement desdroits composant le domaine d'Occident. — 30 août 1723, *id.* qui règle la forme de l'administration de la compagnie des Indes. — 31 août, *id.* qui accorde à la compagnie des Indes le privilège exclusif de la vente du café. — 2 septembre, *id.* qui ordonne que les notaires et dépositaires seront tenus de placer en rentes sur les tailles les certificats de liquidation qu'ils ont entre leurs mains, provenant des dépôts qui leur ont été faits. — 10 octobre, *id.* réglant la manière dont la compagnie des Indes fera l'exploitation de la vente exclusive du café. — 20 novembre, *id.* pour faire recevoir la liquidation au-dessous de mille livres en acquisition de rentes perpétuelles sur les tailles jusqu'au 1er janvier 1724, avec défenses de les exposer dans le public. — 28 décembre, *id.* portant défenses à toutes personnes de passer aucuns marchés à prime ou à termes d'actions de la compagnie des Indes. — 15 février 1724, *id.* portant faculté à la compagnie des Indes de convertir volontairement un nombre d'actions en rentes purement viagères, ou viagères par forme de tontine. — *id.* concernant le privilège exclusif des loteries accordé à la compagnie des Indes. — Juin 1725, édit portant confirmation des opérations du visa et de la nullité des effets non visés. — 28 septembre 1726, *id.* portant confirmation des privilèges et exemptions de droits en faveur de la compagnie des Indes.

cents actions de mille écus chacune, ainsi le capital sera de douze cent mille écus de banque, c'est à-dire de six millions argent comptant.

2. Le 1er juin prochain, il sera ouvert chez le sieur Law directeur (place de Louis-le-Grand) un registre, pour y recevoir les soumissions des personnes qui voudront y prendre intérêt, et y acquérir tel nombre d'actions qu'elles voudront.

3. Ce registre sera coté et paraphé par le directeur, et par le sieur Fénélon, député au conseil de commerce, nommé par notre très-cher et très-amé oncle le duc d'Orléans inspecteur de ladite banque.

4. La banque sera tenue (en attendant qu'on puisse la placer plus commodément pour le public) dans la maison dudit sieur Law directeur, et elle sera ouverte tous les jours depuis neuf heures jusqu'à midi, et depuis trois heures jusqu'à six, à l'exception des dimanches, des fêtes solennelles, et des jours marqués pour faire le bilan de la banque.

5. La banque commencera son exercice, aussitôt qu'il y aura des soumissions faites pour les douze cents actions, et alors les actionnaires s'assembleront à l'hôtel de la banque, pour choisir les officiers qui seront nécessaires pour la régie et le détail de ladite banque, et pour régler et ordonner le paiement des actions.

6. Dans cette assemblée, et dans les autres assemblées générales de la compagnie, tout sera décidé à la pluralité des voix, qui seront comptées de la manière suivante ; ceux qui auront cinq actions et moins de dix, n'auront qu'une voix ; ceux qui auront dix actions et moins de quinze, auront deux voix ; et ainsi de cinq en cinq, et ceux qui auront moins de cinq actions n'auront point de voix.

7. On fera le bilan de la banque deux fois par année, et alors la banque sera fermée depuis le 15 jusqu'au 20 du mois de juin, et depuis le 15 jusqu'au 20 décembre.

8. Il y aura chaque année deux assemblées générales de la compagnie, qui se tiendront à l'hôtel de la banque, le 20 du mois de juin, et le 20 du mois de décembre à dix heures du matin, on y délibérera sur les affaires de la compagnie, la première se tiendra le 20 décembre prochain, et dans chacune de ces assemblées, on réglera les dividendes ou répartitions qui seront payées aux actionnaires.

9. La caisse de la banque sera partagée en caisse générale et caisse ordinaire. La caisse générale sera fermée à trois serrures, et trois clefs différentes, dont l'une sera gardée par le

directeur, une autre par l'inspecteur, et la troisième par le trésorier, de manière que cette caisse ne pourra être ouverte qu'en présence de ces trois personnes.

10. La caisse ordinaire sera confiée au trésorier et ne pourra passer deux cent mille écus de banque, chacun des caissiers ne pourra avoir plus de vingt mille écus, et ils donneront tous des sûretés suffisantes pour les sommes qui leur seront confiées.

11. Les billets de la banque seront signés par le directeur, et par un des associés qui sera nommé à la pluralité des voix dans la première assemblée, et visés par l'inspecteur, et il en sera fait dans une seule fois la quantité qui sera jugée nécessaire, lesquels seront enregistrés par numéros, dates et sommes, sur un livre tenu à cet effet.

12. Le sceau de la banque sera apposé aux billets, en présence du directeur, de l'inspecteur et du trésorier, après quoi lesdits billets qui auront été signés, visés et scellés, seront enfermés dans la caisse générale, ainsi que le sceau de la banque et les planches, sur lesquelles lesdits billets auront été gravés.

13. Quand les caissiers auront besoin d'argent, le trésorier leur en fournira, retirant en même temps la valeur en billets, il leur fournira de même des billets, et retirera d'eux la valeur en argent; la même opération sera faite entre la caisse du trésorier et la caisse générale, de manière que la caisse confiée au trésorier et aux caissiers, ne pourra jamais excéder la somme de deux cent mille écus.

14. La banque tiendra un livre pour la vente et transport des actions, et le vendeur paiera en écus de banque pour chaque action qui sera transportée, dans lequel livre il signera la vente ou transport.

15. Pour éviter la perte par les tares des sacs, les frais, et autres inconvéniens des paiements en espèces, il sera libre à toutes personnes de porter leurs deniers à la banque, pour lesquels il leur sera délivré des billets payables à vue.

16. Pour faciliter le commerce, la banque pourra se charger de la caisse des particuliers, tant en recette qu'en dépense, et elle fera à leur choix les paiemens comptants, ou en virement des parties, moyennant cinq sous de banque (1) pour mille écus de banque, et la compagnie nommera deux commissaires pour tenir les livres des virements et pour la recette dépense des particuliers.

_____

(1) Le sou de banque faisoit le vingtième de l'écu de banque, c'est-à-dire cinq sous monnoie courante.

17. Elle pourra escompter les billets ou lettres de change de la manière qui sera réglée par la compagnie.

18. Comme cet établissement ne doit porter aucun préjudice aux particuliers, marchands, banquiers ou négociants, la banque ne fera par terre ni par mer, aucun commerce en marchandises, ni assurances maritimes, et elle ne se chargera point des affaires des négociants par commission, tant au dedans que dehors le royaume.

19. La banque ne fera point de billets payables à terme, mais ils seront tous payables à vue, et elle ne pourra emprunter à intérêt, sous quelque prétexte, ni de quelle manière que ce puisse être.

20. Le directeur fera la visite des caisses, au moins une fois la semaine, ou plus souvent s'il le juge à propos, sans avoir aucun jour marqué, et l'inspecteur pourra assister à ces visites, de même que ceux des actionnaires, qui seront choisis dans l'assemblée générale commissaires pour la régie de la banque, conjointement avec le directeur.

21. Le conseil de la banque aura pouvoir d'ordonner à la pluralité des voix, les emplois qu'il jugera convenables et utiles au bien de la banque, et de faire les réglemens particuliers, concernant l'administration de ladite banque.

Si donnons, etc.

Nº 62. — ORDONNANCE *portant établissement de cadets dans le régiment des gardes françaises.*

Paris, 20 mai 1716 (Archiv. — Rec. cass. — Rec. cons. d'état.)

Nº 63. ORDONNANCE *servant de réglement pour prévenir les difficultés qui peuvent arriver à la mer au sujet du commandement des vaisseaux en cas de vacance par mort des commandants ou autrement.*

Paris, 26 mai 1716. (Archiv. — Rec. cass. — Rec. cons. d'état.)

Nº 64. — ARRÊT *du parlement de Paris qui fait défenses à tous archevêques et évêques, d'introduire dans leurs diocèses l'usage des souscriptions et signatures, sans délibération des évêques, revêtue de lettres patentes du roi registrées en la cour, et qui leur enjoint de procéder par les voies canoniques pour la fulmination des sentences d'excommunication.*

28 mai 1716. (Archiv. — Rec. cass.)

N° 65. — RÈGLEMENT *portant que les capitaines des compagnies des gardes de la personne du roi, lui rendront compte directement de tout ce qui concernera leurs compagnies, et qu'ils prendront ses ordres pour la distribution des grâces.*

Paris, 29 mai 1716. (Archiv.)

N° 66. — ÉDIT *portant réglement sur les amendes des eaux et forêts* (1).

Paris, mai 1716. Reg. P. P. 20 juin. (Archiv. — Néron, II. — Baudrillart, I, 210.)

N° 67. — ÉDIT *concernant la régie du domaine de Versailles.*

Mai, 1716. Reg. P. P. 22 juin. (Archiv. — Baudrillart, I, 207.)

N° 68. — ÉDIT *portant suppression des offices de conseillers du roi, notaires et secrétaires dans les cours de parlement, chambres des comptes et cours des aides, grand conseil, requêtes de l'hôtel et du palais, conseils supérieurs et provinciaux, cour des monnoies, et bureaux des finances, etc.*

Paris, mai 1716. Reg. P. P. 13 juin. (Archiv.)

N° 69. — ÉDIT *concernant les lettres ou billets de change, ou autres billets payables au porteur.*

Paris, mai 1716. (Archiv.)

PRÉAMBULE.

LOUIS etc. Nous avons été informés que les billets payables au porteur sont une des principales causes des abus qui se commettent depuis plusieurs années dans les différents commerces de marchandises, d'argent et de papier, par des personnes de tous états et de toutes professions : les billets en blanc auxquels ils ont succédé, et dont ils ne diffèrent proprement que de nom, inventés au commencement du dernier siècle par des négociants de mauvaise foi, avoient introduit de si grands désordres, que dès le 27 août 1604, les marchands s'en étoient plaints aux députés de la chambre pour le rétablissement du commerce, et que notre parlement de Paris les déf... par plusieurs arrêts et réglements. L'usage en fut d'a... interd... un arrêt de notredite cour du 7 juin 1611,

_____

(1) Il y a sur cet édit un commentaire de Jean Henriquez, dans son Code pénal des Eaux et Forêts. Verdun, 1781, 2 vol in-12.

et plusieurs banquiers, courtiers de change et autres gens
d'affaires ne laissant pas de continuer de s'en servir dans leur
commerce, pour couvrir leurs usures et tromper plus facilement le public, il intervint un réglement général en notredite
cour, toutes les chambres assemblées, le 26 mars 1624, qui
défendit encore ces sortes de billets sous de rigoureuses peines,
et en abolit entièrement l'usage. Le même esprit de fraude et
d'usure ayant ensuite imaginé les billets payables au porteur
qui, sous un autre nom, étant en effet la même chose que les
billets en blanc, causèrent les mêmes abus; et plusieurs
plaintes en ayant été portées en notredite cour, elle rendit
sur la requête de notre procureur général, le 16 mai 1650, un
nouvel arrêt de réglement, par lequel après avoir entendu les
juges consuls et les anciens marchands de notre bonne ville
de Paris, il fut fait défenses à tous marchands, négociants et
autres personnes de quelque qualité et condition qu'elles
fussent, de se servir à l'avenir au fait de leur commerce, et en
quelque autre traité ou affaires que ce pût être, de promesses
ou billets à moins qu'ils ne fussent remplis du nom du créan-
cier, et des causes pour lesquelles on les auroit passés, soit
pour argent prêté ou pour lettres de change fournies ou à
fournir, à peine de nullité des promesses ou billets, et ordonné
que l'arrêt seroit publié et affiché. Ceux qui avoient abusé
de ces sortes de billets, trouvèrent encore le moyen de couvrir leurs usures et de pratiquer les mêmes abus, en mettant
leurs signatures en blanc au dos des lettres et billets de change
sans être remplies d'aucuns ordres, à quoi ayant été pourvu
par un nouveau réglement de notredit parlement de Paris du
7 septembre 1660, par la déclaration du feu roi notre très-
honoré seigneur et bisaïeul du 9 janvier 1664 qui le confirme
et par l'ordonnance du mois de mars 1675, l'usage pernicieux
des billets payables au porteur s'est introduit de nouveau par
la mauvaise interprétation qu'on a donnée à cette ordonnance,
et en multipliant depuis plusieurs années tous les abus tant
de fois condamnés, il a servi à couvrir les usures les plus
énormes et les banqueroutes les plus frauduleuses, et à rendre
les débiteurs les plus opulents, maîtres absolus de disposer de
leur fortune au préjudice et à la ruine de leurs créanciers
véritables, par la liberté qu'ils ont de supposer qu'ils sont débiteurs de grandes sommes par des billets payables au porteur,
d'en signer en telle quantité et de telle date qu'il leur plaît,
et de faire paroître de faux créanciers porteurs de ces billets
pour donner la loi aux créanciers légitimes et pour se faire

faire des remises considérables; en sorte qu'il arrive très-souvent qu'un débiteur de mauvaise foi se trouve plus riche après une banqueroute consommée par un accommodement forcé, qu'il ne l'étoit auparavant; et que jouissant avec impunité du bien de ceux qui lui ont confié leurs deniers, il les met eux-mêmes dans la nécessité de faire des banqueroutes qui troublent le commerce et causent la ruine d'une infinité de personnes. Et comme les ordonnances, déclarations et réglements faits jusqu'à présent, et que l'on pourroit faire dans la suite contre tous ces désordres, seront toujours inutiles tant que l'usage de lettres et billets de change et autres billets payables au porteur sera toléré, nous nous croyons obligés de l'abolir entièrement pour faire cesser des fraudes et des abus si préjudiciables au bien du commerce et à l'intérêt des créanciers légitimes, en prenant néanmoins les précautions que l'équité nous inspire par rapport au passé; mais attendu que la plus grande partie des inconvénients qui se rencontrent dans les billets payables au porteur faits par des particuliers, ne peuvent se trouver dans les billets de l'Etat, et que d'ailleurs, dans la résolution où nous sommes de prendre toutes les mesures nécessaires pour en avancer le remboursement, il ne convient point de rien changer par rapport à ces billets que nous ne pensons qu'à éteindre et acquitter le plus tôt qu'il nous sera possible pour en libérer entièrement l'Etat, notre intention est qu'ils ne soient point compris dans la disposition de notre présent édit; et comme les billets de la banque générale établie par nos lettres patentes du 2 du présent mois, ne sont pas non plus sujets à la plupart des abus qui se commettent par rapport aux billets payables au porteur passés par des particuliers; qu'à l'égard des billets de la banque la date n'en sauroit être fausse ni le débiteur supposé, et qu'on ne peut antidater ces billets ni supposer des créanciers simulés par le moyen desdits billets, dans la vue de faire une banqueroute frauduleuse, ou de la couvrir pour se dérober aux poursuites des créanciers légitimes et aux peines établies par la loi, nous avons estimé devoir les excepter aussi de la prohibition générale portée par le présent édit. A ces causes, etc.

N° 70. — DECLARATION *portant réglement pour les receveurs généraux des finances et les receveurs des tailles.*

Paris, 10 juin 716. Reg. P. P. 20 juin (Archiv. — Rec. cons. d'état.)

N° 71. — ORDONNANCE *portant règlement sur l'indemnité de table accordée aux officiers-généraux, capitaines et autres commandants des vaisseaux du roi à la mer.*

Paris, 10 juin 1716. (Archiv. — Rec. cons. d'état.)

N° 72. — DÉCLARATION *qui oblige tous ceux qui ont fait ou feront faillite, de déposer un bilan exact au greffe de la juridiction consulaire.*

Paris, 13 juin 1716. Reg. P. P. 8 juillet. (Archiv. — Rec. cons. d'état. — Rec. cass.)

N° 73. — ÉDIT *portant suppression des offices de maires, lieutenants de maires, échevins, consuls, capitouls, jurats, avocats et procureurs du roi, assesseurs, commissaires aux revues et logements des gens de guerre, contrôleurs desdits commissaires, secrétaires-greffiers des hôtels-de-ville, contrôleurs d'iceux, de greffiers des rôles des tailles, et des offices d'archers, hérauts, hoquetons, massarts, valets de ville, trompettes, tambours, fifres, portiers, concierges, gardes-meubles et gardes desdits hôtels-de-ville, et de syndics des paroisses du royaume, situées tant dans l'étendue des généralités des pays d'élections, que dans la province de Bretagne.*

Paris, juin 1716. (Archiv. — Rec. cons. d'état. — Rec. cass.)

PRÉAMBULE.

Louis, etc. Le feu roi, de glorieuse mémoire, notre très-honoré seigneur et bisaïeul, créa par ses édits des mois de juillet 1690, août 1692, mars, mai et août 1702, octobre 1703, janvier 1704, décembre 1706, juillet 1707, octobre 1708, mars 1709, avril 1710 et janvier 1712, des offices des maires, lieutenants de maires, échevins, consuls, capitouls, jurats, de nos avocats et procureurs, assesseurs, commissaires aux revues et logements des gens de guerre, contrôleurs d'iceux, secrétaires, hoquetons, greffiers des hôtels de ville et contrôleurs d'iceux, archers, hérauts, massarts, valets de ville, trompettes, tambours, fifres, portiers, concierges, gardes-meubles et gardes dans toutes les villes et communautés du royaume, de syndics perpétuels en chacune des paroisses des généralités des pays d'élections et de notre province de Bretagne où il n'y a point de maires établis ni d'hôtel-de-ville, et de greffiers des rôles des tailles, ustensiles et autres impositions ordinaires et extraordinaires en chaque ville, bourg et paroisse taillable des ressorts des cours des aides de Paris, Rouen, Montauban,

Bordeaux, Clermont Ferrand et Dijon, avec attributions des droits, gages, taxations, honneurs, fonctions et privilèges portés par lesdits édits. Mais ces nouveaux établissements ayant causé beaucoup de désordre dans l'administration publique, tous les offices qui restoient à vendre et à réunir en exécution des édits des mois d'août 1692, mai 1702, décembre 1706, mars 1709, et avril 1710, et des déclarations des 26 février 1709 et 18 août 1711 furent supprimés par édit du mois de septembre 1714, et il fut permis aux villes et communautés de déposséder les acquéreurs des offices qui avoient été vendus, en les remboursant suivant la liquidation qui en seroit faite par les sieurs intendants et commissaires départis. Comme nous sommes informés que la plupart des villes n'ont pas profité de la faculté qui leur étoit accordée par cet édit, et que nous désirons d'ailleurs de rétablir l'ordre qui s'observoit avant l'année 1690 dans l'administration de toutes les villes et communautés de notre royaume, soit qu'elles aient acquis ou réuni lesdits offices, sous quelque titre que ce puisse être, pour avoir la liberté de les faire exercer en tout ou partie, ou pour jouir seulement des gages et droits y attribués, soit que lesdits offices aient été vendus à des particuliers, nous avons résolu de supprimer tous ces offices sans exception, et de rendre à toutes les villes, communautés et paroisses de notre royaume, la liberté qu'elles avoient d'élire et nommer des maires et échevins, consuls, capitouls, jurats, secrétaires-greffiers, syndics et autres officiers municipaux pour administrer leurs affaires communes, en rétablissant nos baillis et sénéchaux et autres nos officiers ou ceux des seigneurs dans les droits et prérogatives dont ils jouissoient avant la création desdits offices. A ces causes etc.

N° 74. — ORDONNANCE concernant les deuils.

Paris, 23 juin 1716. (Archiv. — Rec. cons. d'état.)

De par le roi. S. M. étant informée qu'une des principales causes de l'interruption du commerce et de la cessation des manufactures, vient de la trop longue durée des deuils qui se succèdent souvent les uns aux autres, et qui arrêtant pendant plusieurs années consécutives le débit de différentes espèces de marchandises, mettent les meilleurs négociants dans l'impuissance de faire continuer le travail de leurs ouvriers qui sont contraints d'abandonner leur profession, même de quitter le royaume; et que d'ailleurs les marchands se trouvant chargés d'une grande quantité d'étoffes fabriquées, lorsque les deuils surviennent inopinément, ils ne peuvent les vendre qu'à une perte considérable, ni les garder sans se faire un préjudice presque égal, ce qui les empêche de s'acquitter envers ceux de qui ils ont fait des emprunts pour leurs entreprises, ou qui leur ont vendu les matières premières propres à la fabrication des étoffes : et S. M. voulant prévenir ces inconvénients, et diminuer en même temps une dépense aussi superflue que celle des deuils excessifs, abus qui a passé jusqu'au peuple, et qu'on a été obligé de réformer dans la plupart des Etats de l'Europe; S. M. de l'avis de M. le duc d'Orléans, régent, a ordonné et ordonne qu'à l'avenir les deuils qui se portent à la mort des têtes couronnées, des princes et princesses du sang, et des autres princes et princesses de l'Europe, seront réduits à la moitié du temps qu'il avoient coutume de durer, en sorte que les plus grands deuils ne dureront que six mois, et tous les autres à proportion; et à l'égard des deuils qui se portent dans les familles des sujets de S. M., de quelque qualité et condition qu'ils soient, il seront de même réduits à la moitié du temps qu'ils avoient coutume de durer, savoir : ceux que les femmes portent à la mort de leurs maris, à une année; ceux qui se portent à la mort des femmes, pères, mères, beaux-pères et belles-mères, aïeuls et aïeules, et des autres personnes de qui on est héritier ou légataire universel, à six mois; ceux des frères et sœurs, beaux-frères et belles-sœurs de qui on n'est point héritier, à trois mois, sans que tous les autres deuils puissent excéder le temps d'un mois, ni qu'il soit permis de draper si ce n'est pour les maris et femmes, pères et mères, beaux-pères et belles-mères, aïeuls et aïeules, et des personnes de qui on est héritier ou légataire universel.

N° 75. — STATUTS *et réglements pour la régie, police et conduite des habitants et du commerce de Saint-Domingue.*

Paris, 25 juin 1716. (Moreau de Saint-Méry, II, 497. — Rec. cass.)

N° 76. — ÉDIT *portant concession de la noblesse aux principaux officiers de l'hôtel-de-ville de Paris.*

Paris, juin 1716. Reg. P. P. 11 juillet. (Archiv. — Rec. cons. d'état)

N° 77. — ÉDIT *portant suppression des offices de médecins et chirurgiens-majors des armées de terre et hôpitaux des villes frontières et places de guerre créés par édit de janvier* 1708.

Paris, juin 1716. Reg. P. P. 22 juillet. (Archiv.)

N° 78. — EDIT concernant les registres journaux qui doivent être tenus par tous les officiers comptables et autres chargés de la perception, maniement et distribution des finances du roi et des deniers publics.

Paris, juin 1716. (Archiv. — Rec. cass.)

N° 79. — ORDONNANCE concernant le réglement pour le service, la police et la discipline des maréchaussées du royaume.

Paris, 1er juillet 1716. (Archiv. — Rec. cass.)

N° 80. — ORDONNANCE concernant les levées et enrôlements des gens de guerre et la désertion.

Paris, 2 juillet 1716. (Archiv. — Rec. cons. d'état.)

N° 81. — ORDONNANCE concernant l'ordre et la discipline à observer par les troupes, tant françaises qu'étrangères, lorsqu'elles marcheront en route dans le royaume, ou qu'elles seront dans leurs garnisons.

Paris, 4 juillet 1716. (Archiv. — Rec. cass.)

N° 82. — ARRÊT du conseil qui défend aux usufruitiers donataires et engagistes des forêts du roi, d'y faire aucun défrichement.

4 juillet 1716. (Baudrillart, T. 115.)

N° 83. — DECLARATION portant réglement pour les fonctions de contrôleur-général de l'artillerie.

Paris, 21 juillet 1716. Reg. C. des C. 29 août. (Briquet, Cod. milit.)

N° 84. — ORDONNANCE qui règle les fonctions des officiers de la prévôté de la marine.

Paris, 21 juillet 1716. (Archiv.)

N° 85. — DECLARATION pour rétablir les congés de remuage.

Paris, 22 juillet 1716. Reg. C. des A. 11 août. (Archiv.)

N° 86. — DECLARATION portant que les endossements mis sur les billets de la banque générale ne servent que pour faire connaître ceux à qui lesdits billets appartiennent, ou indiquer ceux à qui ils doivent être payés, si ce n'est que la garantie eût été expressément promise par l'endosseur, auquel cas il n'y sera obligé que pendant le temps marqué; et si elle a été promise indéfiniment, sans temps limité, qu'elle n'aura lieu que pendant trois années.

Paris, 25 juillet 1716. Reg. P. P. 5 août. (Archiv)

N° 87. — ARRÊT du conseil portant règlement pour le commerce des laines.

Paris, 4 août 1716. (Archiv. — Rec. cons. d'état.)

N° 88. — ARRÊT du conseil qui attribue au conseil de conscience la conduite et direction du tiers des revenus des archevéchés, etc., ensemble des biens de ceux de la religion réformée, confisqués ou mis en régie, et en détermine l'emploi.

Paris, 10 août 1716. (Archiv.)

N° 89. — ORDONNANCE qui exclut de toutes charges et administrations publiques et des assemblées du corps de la nation dans les Echelles du Levant, les négociants français qui y épouseront des filles ou veuves nées sous la domination du Grand-Seigneur; et desdites charges et administrations ceux qui, n'ayant pas l'âge de trente ans, épouseront sans le consentement de leurs pères et mères, des filles même de François.

Paris, 11 août 1716. (Archiv.)

N° 90. — DECLARATION et interprétation de l'édit de création de la charge de surintendant général des bâtiments du roi.

Paris 28 août 1716 Reg. C. des C. 14 octobre. (Archiv.)

N° 91. — DECLARATION concernant les communautés d'officiers sur les ports et quais de Paris.

Paris, 29 août 1716. Reg. P. P. 7 septembre. (Archiv.)

N° 92. — DECLARATION concernant les monnoies.

Paris, 29 août 1716. (Archiv.)

N° 93. — ÉDIT concernant la vente par décret des immeubles des justiciables de la chambre de justice.

Paris, août 1716. Reg. P. P. 5 septembre. (Archiv. — Rec. cons. d'état.)

N° 94. — LETTRES patentes portant mandement pour l'enregistrement de celles du mois de juillet 1652, portant érection du duché de Villars en duché-pairie en faveur de Georges de Brancas, duc de Villars, nonobstant leur surannation.

Paris, le 2 septembre 1716. Reg. P. P. 7 sept. (Ord. 6 A. f. 281.)

N° 95. — ORDONNANCE *qui défend de pêcher des moules, huîtres et autres espèces de coquillages le long des quais, jetées et forts construits dans la mer.*

Paris, 7 septembre 1716. (Archiv. — Rec. cass.)

N° 96. — ÉDIT *portant suppression des offices de greffiers en chef civils, gardes et dépositaires des archives du parlement de Paris.* (1).

Paris, septembre 1716. Reg. P. P. 9 septembre. (Archiv.)

N° 97. — ORDONNANCE *concernant les juges des crimes et délits commis par les gens de guerre.*

Paris, 10 septembre 1716. (Briquet, Code milit.)

N° 98. — TRAITÉ *entre la France et les villes anséatiques relativement aux échouements et aux prises.*

28 septembre 1716. (Lebeau. — Dumont, corps diplomat., VIII, 1re part.)

N° 99. — DÉCLARATION *contenant des dispositions sur la forme des adjudications, et le devis des travaux à faire aux bâtiments du roi.*

Paris, 6 octobre 1716. Reg. C. des C. 14 octobre. (Archiv.)

N° 100. — ORDONNANCE *portant qu'il sera permis à l'ambassadeur de France à la Porte Ottomane, d'établir à l'avenir un commis à Smyrne pour y faire recette à son profit des droits de consulat des marchandises qui s'y débarquent et sont portées de là à Constantinople.*

Paris, 6 octobre 1716. (Archiv.)

N° 101. — ORDONNANCE *concernant le casernement des gens de guerre.*

Paris, 25 octobre 1716. (Archiv.)

N° 102. — ÉDIT *concernant les esclaves nègres des colonies.*

Paris, octobre 1716. Reg. P. P. 7 décembre; Aix, 2; Besançon, 24 nov.; Bordeaux, 1er décemb.; Dijon, 7; Grenoble, 2; Metz, 26 novemb.; Rouen, 3; cons. souv. d'Alsace, 20. (Archiv. — Moreau de Saint-Méry, II, 525.)

LOUIS, etc. Depuis notre avènement à la couronne , nos

---

(1) A la même date création d'un office de protonotaire et greffier en chef civil du même parlement.

premiers soins ont été employés à réparer les pertes causées
à nos sujets par la guerre que le roi notre très-honoré seigneur et bisaïeul, de glorieuse mémoire, a été forcé de
soutenir; et nous nous sommes appliqués en même temps à
chercher les moyens de leur faire goûter les fruits de la paix.
Nos colonies, quoique éloignées de nous, ne méritant pas
moins de ressentir les effets de notre attention, nous avons
fait examiner l'état où elles se trouvent; et par les différents
mémoires qui nous ont été présentés, nous avons connu la
nécessité qu'il y a d'y soutenir l'exécution de l'édit du mois de
mars 1685, qui en maintenant la discipline de l'église catholique, apostolique et romaine, pourvoit à ce qui concerne
l'état et qualité des esclaves nègres qu'on entretient dans
lesdites colonies pour la culture des terres: et comme nous
avons été informés que plusieurs habitants de nos îles de l'A-
mérique désirent d'envoyer en France quelques-uns de leurs
esclaves, pour les confirmer dans les instructions et dans les
exercices de notre religion, et pour leur faire apprendre en
même temps quelque métier ou art, dont les colonies rece-
vroient beaucoup d'utilité, par le retour de ces esclaves; mais
que ces habitants craignant que ces esclaves ne prétendent être
libres en arrivant en France, ce qui pourroit causer auxdits
habitants une perte considérable, et les détourner d'un objet
aussi pieux et aussi utile; nous avons résolu de faire connoître
notre intention sur ce sujet. A ces causes, etc.

1. L'édit du mois de mars 1685, et les arrêts rendus en exécution, ou en interprétation, seront exécutés selon leur forme
et teneur dans nos colonies; en conséquence, les esclaves
nègres qui y sont entretenus pour la culture des terres, continueront d'être élevés et instruits avec toute l'attention possible, dans les principes et dans l'exercice de la religion catholique, apostolique et romaine.

2. Si quelques-uns des habitants de nos colonies, ou officiers employés sur l'Etat desdites colonies, veulent amener en
France avec eux des esclaves nègres de l'un et de l'autre sexe,
en qualité de domestique ou autrement, pour les fortifier davantage dans notre religion, tant par les instructions qu'ils
recevront que par l'exemple de nos autres sujets, et pour leur
faire apprendre en même temps quelque art ou métier, dont
les colonies puissent retirer de l'utilité par le retour de ces esclaves; lesdits propriétaires seront tenus d'en obtenir la permission des gouverneurs généraux ou commandants dans cha-

que île, laquelle permission contiendra le nom du propriétaire, celui des esclaves, leur âge et leur signalement.

3. Les propriétaires desdits esclaves seront pareillement obligés de faire enregistrer ladite permission au greffe de la juridiction du lieu de leur résidence avant leur départ, et en celui de l'amirauté du lieu du débarquement, dans la huitaine après leur arrivée en France.

4. Lorsque les maîtres desdits esclaves voudront les envoyer en France, ceux qui seront chargés de leur conduite, observeront ce qui est ordonné à l'égard des maîtres, et le nom de ceux qui en seront ainsi chargés sera inséré dans la permission des gouverneurs généraux ou commandants, et dans les déclarations et enregistrements aux greffes ci-dessus ordonnés.

5. Les esclaves nègres, de l'un et de l'autre sexe, qui seront conduits en France par leurs maîtres, ou qui y seront par eux envoyés, ne pourront prétendre avoir acquis leur liberté sous prétexte de leur arrivée dans le royaume, et seront tenus de retourner dans nos colonies quand leurs maîtres le jugeront à propos; mais faute par les maîtres d'observer les formalités prescrites par les précédents articles, les nègres seront libres, et ne pourront être réclamés.

6. Faisons défenses à toutes personnes d'enlever ni soustraire en France les esclaves nègres de la puissance de leurs maîtres, sous peine de répondre de la valeur desdits esclaves par rapport à leur âge, à leur force et à leur industrie, suivant la liquidation qui en sera faite par les officiers des amirautés, auxquels nous en avons attribué et attribuons la connoissance en première instance, et en cas d'appel à nos cours de parlement et conseils supérieurs; nous voulons en outre que les contrevenants soient condamnés pour chaque contravention en mille livres d'amende, applicable un tiers à nous, un tiers à l'amiral, et l'autre tiers au maître desdits esclaves, lorsqu'elle sera prononcée par les officiers des sièges généraux des tables de marbre; ou moitié à l'amiral, et l'autre moitié au maître desdits esclaves, lorsque l'amende sera prononcée par les officiers des sièges particuliers de l'amirauté; sans que lesdites amendes puissent être modérées, sous quelque prétexte que ce puisse être.

7. Les esclaves nègres, de l'un et de l'autre sexe, qui auront été emmenés ou envoyés en France par leurs maîtres, ne pourront s'y marier sans le consentement de leurs maîtres, et

en cas qu'ils y consentent lesdits esclaves seront et demeureront libres en vertu dudit consentement.

8. Voulons que, pendant le séjour des esclaves en France, tout ce qu'ils pourront acquérir par leur industrie ou par leur profession, en attendant qu'ils soient renvoyés dans nos colonies, appartienne à leurs maîtres, à la charge par lesdits maîtres de les nourrir et entretenir.

9. Si aucun des maîtres qui auront emmené ou envoyé des esclaves nègres en France, vient à mourir, lesdits esclaves resteront sous la puissance des héritiers du maître décédé, lesquels seront obligés de renvoyer lesdits esclaves dans nos colonies pour y être partagés avec les autres biens de la succession, conformément à l'édit du mois de mars 1685, à moins que le maître décédé ne leur eût accordé la liberté par testament ou autrement, auquel cas lesdits esclaves seront libres.

10. Les esclaves nègres venant à mourir en France, leur pécule, si aucun se trouve, appartiendra aux maîtres desdits esclaves.

11. Les maîtres desdits esclaves ne pourront les vendre ni échanger en France, et seront obligés de les renvoyer dans nos colonies pour y être négociés et employés, suivant l'édit du mois de mars 1685.

12. Les esclaves nègres étant sous la puissance de leurs maîtres en France, ne pourront ester en jugement en matière civile, autrement que sous l'autorité de leurs maîtres.

13. Faisons défenses aux créanciers des maîtres des esclaves nègres de faire saisir lesdits esclaves en France pour le paiement de leur dû, sauf auxdits créanciers de les faire saisir dans nos colonies dans la forme prescrite par l'édit du mois de mars 1685.

14. En cas que quelques esclaves nègres quittent nos colonies sans la permission de leurs maîtres, et qu'ils se retirent en France, ils ne pourront prétendre avoir acquitté leur liberté; permettons aux maîtres desdits esclaves de les réclamer partout où ils pourront s'être retirés et de les renvoyer dans nos colonies; enjoignons à cet effet aux officiers des amirautés, aux commissaires de marine et à tous autres officiers qu'il appartiendra, de donner main forte auxdits maîtres et propriétaires pour faire arrêter lesdits esclaves.

15. Les habitants de nos colonies, qui après être venus en France, voudront s'y établir et vendre les habitations qu'ils possèdent dans lesdites colonies, seront tenus dans un an, à

compter du jour qu'ils les auront vendues, et auront cessé d'être colons, de renvoyer dans nos colonies les esclaves nègres, de l'un et de l'autre sexe, qu'ils auront emmenés ou envoyés dans notre royaume; les officiers qui ne seront plus employés dans les Etats de nos colonies, seront pareillement obligés dans un an, à compter du jour qu'ils auront cessé d'être employés dans les Etats, de renvoyer dans les colonies les esclaves qu'ils auront emmenés ou envoyés en France; et faute par lesdits habitants et officiers de les renvoyer dans ces termes, lesdits esclaves seront libres. Si donnons, etc.

N° 103. — ARRÊT *du parlement de Bretagne qui défend d'imprimer ou débiter aucun livret ou libelle sans approbation et permission: fait défenses aux évêques du ressort d'introduire l'usage des souscriptions et signatures sans une délibération précédente du clergé, autorisée de lettres patentes du roi enregistrées en la cour; et à toutes personnes de s'attaquer ou provoquer en public et en particulier par des termes de novateurs, hérétiques, excommuniés, ou autres noms de parti.*

Rennes, 13 novembre 1716. (Archiv.)

N° 104. — LETTRES PATENTES *et réglement qui assujettissent les navires marchands à porter des engagés et fusils dans les colonies.*

Paris, 16 novembre 1716. Reg. P. P. 22 décembre (Archiv. — Rec. cass.)

N° 105. — ORDONNANCE *pour l'établissement d'une compagnie de gardes du pavillon amiral.*

Paris, 18 novembre 1716. (Archiv. — Rec. cons. d'état.)

N° 106. — EDIT *portant qu'il sera fabriqué, dans l'hôtel de la Monnoie de Paris, de nouveaux louis d'or qui auront cours pour trente livres.*

Paris, novembre 1716. Reg. C. des M. 18 novembre. (Archiv.)

N° 107. — LETTRES PATENTES *portant défenses à tous autres qu'aux six imprimeurs du roi de vendre et d'imprimer les édits, déclarations et autres, et tous arrêts du conseil et des cours, sous peine de trois mille francs d'amende, etc.*

Paris, 8 décembre 1716. (Rec. cass.)

No 108. — DÉCLARATION *et tarif pour la perception des droits des ponts et pertuis sur la rivière de Seine, et autres y affluentes.*

Paris, 12 décembre 1716. Reg. P. P. 9 janvier 1717. (Archiv.)

No 109. — DÉCLARATION *portant que les négociants qui vont faire la traite des noirs à la côte de Guinée n'y paieront, pour trois négrillons qui ont été ou seront débarqués en Amérique, que sur le pied de deux nègres, et de deux négrites pour un nègre.*

Paris, 14 décembre 1716. Reg. P. P. 9 janvier 1717. (Archiv.—Cod. Noir.)

No 110. — ORDONNANCE *pour le service des galères.*

Paris, 14 décembre 1716. (Rec cass.)

No 111. — ARRÊT *du parlement de Paris qui fait défenses d'imprimer, vendre ou distribuer aucunes bulles ou autres expéditions de la cour de Rome sans lettres patentes enregistrées en la cour* (1).

Paris, 16 décembre 1716. (Archiv.)

No 112. — ORDONNANCE *qui exclut des droits et privilèges appartenant à la nation française dans les villes et ports d'Italie, d'Espagne et de Portugal, les enfants nés de mariages contractés entre les Français naturels ou entre les étrangers naturalisés français, et les filles du pays.*

Paris, 21 décembre 1716. (Archiv. — Rec. cass.)

No 113. — ORDONNANCE *portant, entre autres dispositions, peine de mort contre les déserteurs* (en 45 art.).

Paris, 2 janvier 1717. (Archiv.)

PRÉAMBULE.

De par le roi. S. M. s'étant fait représenter toutes les ordonnances rendues contre les déserteurs, tant par le feu roi son bisaïeul de glorieuse mémoire que par les rois ses prédécesseurs, elle a reconnu que la peine de mort, de tout temps affectée au crime de désertion, n'avoit été changée par l'or-

_____

(1) Arrêts semblables des autres parlements.

donnance du 14 septembre 1680, en celle des galères perpétuelles, que parce que le grand nombre de troupes que les conjonctures des temps obligeoient d'entretenir sur pied, assujettissoit à des recrues si considérables, qu'il étoit difficile de faire observer avec régularité les précautions nécessaires pour que tous les enrôlements fussent également exempts de surprise et de violence; mais comme ce motif ne subsiste plus depuis les différentes réformes qui ont été faites à l'occasion de la paix, et que d'ailleurs la licence des désertions est portée à un tel point, que la discipline militaire se trouve considérablement altérée par les ménagements dont la plupart des capitaines ont coutume d'user à l'égard des soldats de leurs compagnies, dans la crainte de les porter à la désertion : S. M. a jugé du bien de son service, en accordant pour le passé une amnistie générale pour tous ceux qui seront tombés dans le crime de désertion, d'ordonner de nouveau la peine de mort contre tous ceux qui se trouveront à l'avenir coupables du même crime, et d'établir en même temps les précautions nécessaires, tant pour assurer la liberté et les conditions des enrôlements, que pour ôter aux déserteurs toute espérance d'impunité.

No 114. — TRAITÉ d'alliance entre la France, l'Angleterre et la Hollande, pour le maintien et la garantie du traité d'Utrecht, et particulièrement pour le maintien de l'ordre de succession des couronnes de France et d'Angleterre, établi par les dits traités (1).

La Haye, 4 janvier 1717. (Archiv. — Dumont, Corps dipl., VIII-484.

No 115. — RÉGLEMENT concernant les sièges d'amirautés dans tous les ports des îles et colonies françaises (en 5 tit.).

Paris, 12 janvier 1717. Reg. P. P. 12 mai. (Archiv. — Rec. cons. d'état. — Code de la Martinique.)

---

(1) Par ce traité le régent renouveloit l'engagement de Louis XIV, de démolir le port de Dunkerque, promettoit de combler le canal de Mardick, et s'obligeoit à faire chasser le Prétendant d'Avignon, et à le renvoyer au-delà des Alpes. Le maréchal d'Uxelles, l'un des négociateurs de la paix d'Utrecht, se leva seul dans le conseil de régence contre ce traité, et déclara qu'il se laisseroit plutôt couper la main que de signer un pacte honteux et impolitique. Pendant qu'on répétoit ce mot avec admiration, on apprit qu'il avoit signé. (Lacretelle, Hist. de France pendant le dix-huitième siècle, I, ...)

No 116. — ORDONNANCE *qui oblige les Français de se défaire de la part qu'ils ont avec les étrangers dans les bâtiments construits ou achetés dans les ports du royaume et dans les pays-étrangers, ou d'en acquérir la totalité.*

Paris, 18 janvier 1717. (Archiv.)

No 117. — DÉCLARATION *concernant les pensions.*

Paris, 30 janvier 1717. (Archiv. — Reg. Cons. d'Etat.)

PRÉAMBULE.

LOUIS, etc. Par l'article 274 de l'édit du mois de janvier 1629, donné par le feu roi Louis XIII, notre trisaïeul, suivant l'avis des députés en l'assemblée des notables, tenue à Paris en l'année 1626, il fut ordonné que les états, entretenements et pensions seroient réduits à une somme si modérée, que les autres charges de l'Etat pussent être préalablement acquittées, et qu'il seroit fait un état par chacune année, qui contiendroit le nom de ceux qui en devroient jouir, et hors lequel personne ne seroit reçu à les prétendre, quelque brevet ou ordonnance qu'il en pût obtenir, ni être employé dans ledit état, qu'en vertu de lettres patentes enregistrées en la chambre des comptes; et par la déclaration du 30 décembre 1678 le feu roi, notre très-honoré seigneur et bisaïeul, ordonna que les pensions et gratifications seroient passées et allouées sur les simples quittances des parties prenantes, les dispensant de rapporter aucunes lettres patentes registrées en la chambre des comptes, et ce tant qu'il prendroit le soin et l'administration de ses finances, quoiqu'aux termes de cet édit, et suivant l'esprit de cette déclaration, les pensions accordées par le feu roi, soient éteintes de plein droit au jour de son décès, et que son intention n'ait point été d'engager les revenus de la couronne par des dons et libéralités au-delà du cours de son règne. Cependant lorsque nous considérons les différents motifs qui les ont fait accorder, nous ne pouvons nous empêcher de les regarder en quelque sorte comme des dettes de l'Etat, et nous nous sentons obligés d'en conserver au moins une partie. Si la condition de ceux qui sont chargés du poids des impositions, exige que nous donnions tous nos soins à rendre leur situation plus heureuse, et nous invite à ne les pas charger de nouveau d'une contribution dont la libération paroît leur être acquise, le même esprit d'équité nous engage à traiter favorablement ceux qui ont mérité les bienfaits de notre bisaïeul par les services qu'ils ont rendus en s'exposant pour la patrie ou par leur attachement et leur assiduité auprès de sa personne, ou enfin par la considération d'une naissance illustre soutenue d'un mérite solide, et destituée des biens de la fortune. Nous remplirons autant qu'il est possible cette double obligation, lorsqu'au lieu de retrancher absolument une dépense si considérable, nous nous contenterons de la diminuer, en faisant avec de justes proportions et par des classes séparées une loi générale à l'égard de toutes les pensions et gratifications ordinaires qui subsistent, sans en supprimer aucune en entier, afin que le traitement étant égal, personne n'ait lieu de se plaindre d'aucune préférence, et qu'ils entrent tous avec le même zèle qui leur a fait mériter ces distinctions, dans l'obligation et la nécessité où nous sommes de soulager notre état. Cependant nous avons jugé devoir excepter de cette loi générale les pensions qui sont de six cents livres et au-dessous, parce que la plupart de ceux qui en ont été gratifiés, peuvent n'avoir aucune autre ressource pour leur subsistance; nous conserverons aussi en leur entier, tant pour le présent que pour l'avenir, les pensions attribuées à l'ordre de Saint-Louis, attendu qu'elles sont le prix du sang répandu pour le service de l'État; et nous ne ferons aucune réduction de celles qui sont attachées aux corps de nos troupes, non plus que de celles dont jouissent les officiers des troupes de notre maison par forme d'appointements, ou de supplément de solde, et qui sont attachées, non pas à leurs personnes, mais à leurs emplois, ni pareillement de celles qui font partie des appointements et attributions des charges de plusieurs officiers de nos cours; et comme malgré la réduction que nous sommes obligés de faire des autres pensions personnelles et gratifications ordinaires, la dépense en sera encore extrêmement onéreuse, afin qu'elle ne soit pas perpétuelle, notre intention est de les supprimer, en cas que ceux à qui elles ont été accordées, obtiennent de nous dans la suite d'autres emplois ou établissements, et de n'en faire revivre aucune, lorsqu'elles se trouveront éteintes par le décès de ceux qui en jouissent, jusqu'à ce qu'elles soient réduites et limitées à une somme fixe qui soit moins à charge à nos peuples, et qui ne pourra alors être augmentée. Mais étant juste et même nécessaire de faire envisager des récompenses pour encourager à la vertu, et tout service rendu à la patrie méritant un prix proportionné, nous nous réservons une somme fixe par chacun an, pour être distribuée par forme de gratification à ceux que nous jugerons l'avoir mérité, en attendant que les pensions annuelles et les gratifications ordinaires soient réduites à un objet certain, et que nous puissions disposer de celles qui viendront à vaquer, notre très-cher et très-amé oncle le duc d'Orléans, régent, uniquement occupé à la libération de notre État, et du soulagement de nos peuples, a jugé qu'il étoit nécessaire de nous proposer ces différents arrangements, quoique par notre déclaration du 23 septembre 1715 il ait été déclaré ordonnateur, ainsi que l'étoit le feu roi, et qu'en cette qualité il ait droit de faire et d'ordonner les mêmes choses; il a de plus désiré qu'il fût établi un ordre invariable et uniforme dans les paiements, sans que la faveur ou l'importunité puissent faire accorder aucune préférence aux uns au préjudice des autres; et pour y parvenir, il nous a représenté que rien n'étoit plus convenable que de faire comprendre toutes les pensions personnelles et les gratifications ordinaires dans un état général distingué par des chapitres séparés, suivant la qualité des personnes et la différence de leurs emplois qui sera arrêté chaque année en notre conseil, et dont il sera expédié deux doubles, l'un pour le garde de notre trésor royal, qui acquittera successivement les parties qui y seront employées, et l'autre pour être envoyé à notre chambre des comptes avec des lettres patentes, sous le contre-scel desquelles il sera attaché, pour y allouer les mêmes parties, au moyen de quoi nous ferons observer en même temps et la lettre et l'esprit, tant de l'édit du mois de janvier 1629 que de la déclaration du 30 décembre 1678, sans néanmoins assujettir chaque pensionnaire à demander tous les ans l'expédition d'une nouvelle ordonnance, ou à obtenir des lettres patentes particulières; ce qui seroit difficile à pratiquer à cause de la multitude des pensions qui subsistent, outre que cela seroit trop à charge à ceux qui n'en ont que de modiques; ainsi nous préviendrons désormais toute sorte de confusion et d'embarras, et par les ordres que nous donnerons pour être assurés de l'existence de ceux qui devront être employés sur l'état général, nous connoîtrons toujours d'une année à l'autre les pensions qui seront éteintes, pour proportionner les fonds destinés à l'acquittement de celles qui subsisteront. A ces causes, etc.

No 118. — ARRÊT *du parlement qui prescrit la manière dont doivent être faits les testaments militaires par des officiers de guerre.*

Paris, 4 février 1717 (Archiv.)

No 119. — DÉCLARATION *qui continue les défenses aux nouveaux convertis de vendre leurs biens immeubles et l'universalité de leurs meubles pendant trois ans.*

Paris, 16 février 1717 (Archiv. — Rec. Cons. d'Etat.)

No 120. — RÉGLEMENT *sur les haras.*

Paris, 22 février 1717. (Archiv.)

No 121. — ÉDIT *portant suppression des offices créés dans les monnoies par édit de juin 1696, et création d'un directeur général et d'un contrôleur général des monnoies du royaume.*

Paris, février 1717. Reg. C. des C. 20 mars. (Rec. cass.)

No 122. — LETTRES PATENTES *portant établissement d'une académie d'architecture.*

Paris, février 1717. (Archiv.)

LOUIS, etc. Le feu roi notre très-honoré seigneur et bisaïeul, voulant illustrer son règne à l'imitation des rois ses prédécesseurs, fit une recherche exacte des personnes qui excelloient dans les beaux-arts. La protection qu'il a donnée à l'Académie française, l'Académie des inscriptions et celle des sciences, qui furent établies, l'une en 1663, et l'autre en 1666, et l'Observatoire en 1677, ont produit, chacune dans leur genre, des connoissances de l'histoire et de l'antiquité ignorées jusqu'alors, des sciences et des arts dans toutes les parties des mathématiques et de la physique, et de très-célèbres et très-utiles découvertes dans l'astronomie. L'établissement de l'Académie de peinture et sculpture, établie dès l'année 1648, et confirmée en 1655, a produit le bon goût et une grande facilité pour l'intelligence et l'usage du dessin, dont beaucoup de palais, maisons royales et autres édifices sont ornés et décorés magnifiquement ; et, comme l'architecture doit avoir la prééminence sur les autres ouvrages qui ne servent pour ainsi dire que d'ornements dans les différentes parties des édifices, nous avons résolu de confirmer l'établissement de l'Académie d'architecture qui en a été projeté et résolu dès l'année 1671, *ad instar* des autres académies, où il fut établi une compagnie

composée, outre les architectes qui seroient choisis pour académiciens, d'un professeur et d'un secrétaire, qui seroient tous
deux du nombre de nos architectes, et il fut dès-lors réglé
que les conférences se tiendroient dans une de nos salles du
Louvre. Depuis ce temps, ceux qui ont été jugés dignes d'être
admis dans cette académie en qualité de nos architectes, ont
obtenu des brevets qui les nomment pour être admis au
nombre de ceux qui doivent composer cette académie, assister aux conférences qui s'y feroient et dire leur avis et contribuer, autant qu'ils pourroient, par leur science et leurs
lumières, à l'avancement d'un art si recommandable; mais
comme cette académie n'a point été autorisée par des lettres
patentes, notre très-cher et bien amé cousin le duc d'Antin,
pair de France, surintendant et ordonnateur général de nos
bâtiments, jardins, arts, académies et manufactures royales,
nous a fait représenter qu'il étoit nécessaire de faire des statuts et réglements pour la rendre plus célèbre, plus considérable, plus ferme et plus stable; et voulant contribuer en tout
ce qui peut dépendre de nous à un établissement si utile et si
avantageux. Pour ces causes, et autres à ce nous mouvants, de
l'avis de notre très-cher et très-amé oncle le duc d'Orléans, régent, de notre très-cher et très-amé cousin le duc de Bourbon,
de notre très-cher et très-amé oncle le duc du Maine, de notre
très-cher et très amé oncle le comte de Toulouse, et autres
pairs de France, grands et notables personnages de notre
royaume, et de notre grace spéciale, pleine puissance et autorité royale, avons confirmé et approuvé, et par ces présentes
signées de notre main, confirmons et approuvons ladite académie d'architecture; voulons et nous plaît, que ce qui a été ci-
devant réglé pour son établissement sorte son plein et entier
effet en ce qui n'est point contraire à ces présentes, et pour la
rendre plus ferme et stable, nous, de notre même pouvoir et
autorité que dessus, avons ordonné et ordonnons que ladite
académie sera régie et gouvernée suivant et conformément aux
statuts et réglements qui suivent:

Art. 1. L'académie royale d'architecture demeurera toujours sous notre protection, et recevra nos ordres par le surintendant et ordonnateur général de nos bâtiments, jardins,
arts, académies et manufactures royales.

2. L'académie demeurera toujours composée de deux
classes; la première de dix architectes, d'un professeur et
d'un secrétaire; et la seconde et dernière classe de douze
autres architectes.

3. Les académiciens seront établis à Paris, et lorsqu'il arrivera que quelqu'un d'entre eux sera appelé à quelques charges ou commissions demandant résidence hors de Paris, il sera pourvu à sa place, de même que si elle avoit vaqué par son décès, hors qu'ils ne soient employés par nos ordres sur le certificat du surintendant.

4. Nul des académiciens de la première classe n'exercera les fonctions d'entrepreneurs ni autres emplois dans les bâtiments, dérogeant à la qualité de nos architectes, que nous n'accordons qu'à eux seuls, défendant à tous entrepreneurs, maîtres maçons et autres personnes, se mêlant de bâtiments, de prendre la qualité de nos architectes.

5. Pourront néanmoins les académiciens de la seconde classe entreprendre pour nos bâtiments seulement.

6. Pour remplir les places des académiciens de la première classe, quand elles viendront à vaquer, l'assemblée élira à la pluralité des voix, trois sujets de la seconde et dernière classe, et ils nous seront proposés, afin qu'il nous plaise en choisir un.

7. Pour remplir les places des académiciens de la seconde et dernière classe, quand elles viendront à vaquer, l'assemblée élira, à la pluralité des voix, trois sujets et ils nous seront présentés, afin qu'il nous plaise en choisir un.

8. Nul ne pourra nous être proposé pour remplir aucune place d'académicien, s'il n'est de bonnes mœurs et de probité reconnue, et s'il n'a sur ses propres dessins ordonné et conduit la construction de quelques édifices et ouvrages considérables d'architecture.

9. Nul ne pourra être proposé pour les places de la seconde et dernière classe, qu'il n'ait au moins vingt-cinq ans.

10. Les assemblées ordinaires de l'académie se tiendront au Louvre le lundi de chaque semaine, et lorsqu'à ce jour, il se rencontrera quelques fêtes, l'assemblée se tiendra le jour suivant, et l'académie ne s'assemblera extraordinairement que par nos ordres exprès et hors les temps qu'elle doit vaquer.

11. Les séances des assemblées seront au moins de deux heures, savoir depuis trois heures jusqu'à cinq.

12. Les vacances de l'académie commenceront au huitième septembre et finiront l'onzième novembre, et elle vaquera en outre la quinzaine de Pâques, la semaine de la Pentecôte, depuis Noël jusqu'aux Rois, et la semaine du mercredi des cendres.

13. Les académiciens seront assidus tous les jours d'as-

semblées, et nul ne pourra s'absenter plus de deux mois pour ses affaires particulières, hors le temps des vacances, sans un congé exprès de nous donné par le surintendant.

14. L'académie, dans ses assemblées, sera particulièrement tenue d'agiter les questions et de donner ses avis, et même en cas de besoin de mémoires, dessins et modèles sur les difficultés que le surintendant de nos bâtiments leur fera proposer, comme il le jugera à propos sur le fait desdits bâtiments, ou que les autres académiciens de ladite académie et même les personnes qui seront admises à ces assemblées, auront à faire résoudre pour l'utilité publique ou pour leur instruction particulière.

15. Et afin que l'académie ne manque point d'objet pour s'occuper utilement pendant ses assemblées, elle se proposera elle-même et résoudra au commencement de chaque année un choix de quelque sujet d'architecture ou général ou particulier; et par rapport à ce sujet, nos architectes, pour perfectionner leurs arts, seront tenus à tour de rôle, au défaut d'autres matières, questions et difficultés plus pressées, d'exposer par écrit, en dessins, modèles, ou de toute autre façon que ce soit, à l'assemblée, des pensées, des projets, des recherches, et s'il y a lieu des compositions d'ouvrages touchant la théorie et la pratique de divers genres et différentes parties d'architecture de chacun des arts qui dépendent d'elle, des sciences qui lui sont utiles, et même sur les us et coutumes par rapport aux servitudes, au toisé, et à toutes autres parties de jurisprudence, dont les architectes doivent être instruits.

16. Tous les mémoires et dessins que les académiciens chacun en particulier, ou l'académie en général, arrêteront dans les assemblées, et laisseront pour y avoir recours dans l'occasion, seront mis ès mains et en la garde du secrétaire, qui les apostillera, signera et datera du jour qu'il en sera fait mention sur le registre.

17. L'académie veillera exactement à ce que dans les occasions où les académiciens seront d'opinions différentes, ils n'emploient aucun terme de mépris ni d'aigreur l'un contre l'autre, soit dans leurs discours ou dans leurs écrits, et lors même qu'ils combattront les sentiments de quelques architectes et de quelques savants que ce puisse être, l'académie les exhortera à n'en parler qu'avec ménagement.

18. L'académie aura soin d'entretenir commerce avec les divers savants en architecture et en antiquité de bâtiments,

soit de Paris ou des provinces du royaume, soit même des pays étrangers, afin d'être promptement informé de ce qui s'y découvrira ou s'y fera de curieux et d'utile, par rapport aux objets que l'académie se doit proposer.

19. L'académie chargera quelqu'un des académiciens de lire les ouvrages importants dans les genres d'étude auxquels elle doit s'appliquer et qui paroîtront, soit en France, soit ailleurs, et celui qu'elle aura chargé de cette lecture en fera son rapport à la compagnie, sans en faire la critique, en marquant seulement s'il y a des vues dont on puisse profiter.

20. L'académie examinera de nouveau toutes les découvertes qui se sont faites partout ailleurs, et fera marquer dans ses registres la conformité et la différence des siennes à celles dont il sera question.

21. L'académie examinera les ouvrages que les académiciens se proposeront de faire imprimer touchant l'architecture, elle n'y donnera son approbation qu'après une lecture entière faite dans les assemblées, ou du moins qu'après un examen et un rapport fait par ceux que la compagnie aura commis à cet examen, et nul des académiciens ne pourra mettre aux ouvrages qu'il fera imprimer le titre d'académicien, s'ils n'ont été ainsi approuvés par l'académie.

22. Lorsque l'académie aura ordre de nous de travailler à des dessins et mémoires de bâtiments publics ou particuliers, ou qu'elle sera consultée, même par des étrangers, avec notre permission, elle s'appliquera très-particulièrement à donner une prompte et entière satisfaction.

23. Les officiers de nos bâtiments, savoir : les intendants et contrôleurs généraux, auront séance aux assemblées de l'académie, en présence et en l'absence du surintendant, quoiqu'ils ne soient point architectes.

24. Nul autre ne pourra assister ni être admis aux assemblées de l'académie, en la présence du surintendant, que de son consentement.

225. Nul autre aussi ne pourra assister ni être admis aux assemblées de l'académie, en l'absence du surintendant, que ceux qui seront conduits par le secrétaire du consentement du directeur de l'assemblée.

26. Le directeur de l'académie aura sa place au côté gauche du surintendant, et les architectes de la première classe placés du même côté suivant leur rang de réception; et les officiers de nos bâtiments, intendants et contrôleurs généraux, seront placés à la droite du surintendant suivant leur rang entre

eux; et les architectes de la seconde classe occuperont, suivant l'ordre de leur réception, les places qui resteront de chaque côté, et au bout de la table, allant joindre le professeur et le secrétaire qui seront en face du surintendant.

27. Notre premier architecte sera toujours directeur de l'académie.

28. Le directeur, en son absence notre architecte ordinaire, et en l'absence de tous les deux, le plus ancien académicien de la première classe, lequel occupera la place de notre architecte ordinaire, sera attentif à ce que le bon ordre soit fidèlement observé dans chaque assemblée, et dans ce qui concerne ladite académie.

29. Tous ceux qui auront séance à l'académie dans les assemblées ordinaires et extraordinaires, auront voix délibérative, lorsqu'il ne s'agira que de la science de la théorie et des recherches propres à l'architecture.

30. Les seuls académiciens de la première classe, et ceux qui auront ordre exprès de nous par le surintendant d'assister aux délibérations sur le fait de nos ouvrages d'architecture, si l'académie est consultée sur ce fait, auront leur voix délibérative, lorsqu'il s'agira de décider la manière dont les travaux en question seront exécutés.

31. Les seuls académiciens de la première classe et deux architectes au plus de la seconde classe, auront voix délibérative sur les ouvrages proposés, autres que ceux qui regardent nos bâtiments et maisons royales.

32. Le secrétaire sera exact à recueillir en substance tout ce qui aura été proposé, agité, examiné et résolu dans l'académie, à l'écrire sur son registre, par rapport à chaque jour d'assemblée, à y faire mention des écrits dont il aura été fait lecture, et à y insérer, du moins par extraits, les écrits moins longs, suivant que l'assemblée, en étant requise par l'auteur, le jugera propre à l'utilité publique.

33. Les registres, titres et papiers concernant l'académie, demeureront toujours dans l'une des armoires de l'académie, et le directeur dressera un mémoire desdits registres, titres et papiers, ensemble des livres, dessins, mémoires et meubles, tant de ceux qui doivent être enfermés avec ce que dessus dans les armoires de l'académie, dont le secrétaire aura les clefs, que toutes les armoires, tables, sièges et meubles appartenants à l'académie, et le récolement dudit inventaire se fera tous les ans par le directeur, qui y fera ajouter ce qui sera d'augmentation.

54. Le secrétaire sera perpétuel, à la nomination du sur-intendant ; et lorsqu'il par maladie ou autres raisons considé-rables, il ne pourra venir à l'assemblée, le directeur commet-tra tel autre académicien qu'il jugera à propos, pour tenir en sa place le registre.

55. Le professeur sera perpétuel, et outre qu'il assistera aux assemblées particulières de l'académie, comme et avec les autres académiciens de la première classe, il sera tenu deux jours de chaque semaine, hors les temps des grandes et petites vacances, mentionnées en l'article 12 du présent règlement, de donner des leçons en public dans une salle que l'académie destinera à cet effet, dictera et expliquera chacun de ces deux jours pendant deux heures au moins, savoir, pendant la première, des leçons de géométrie-pratique, et pendant la deuxième et dernière, des leçons de différentes notions, enseignements, règles et pratiques d'architecture, le tout tendant à former un cours de principes de cet art et des connoissances qui seront les plus nécessaires, lequel cours d'architecture, ceux d'entre les jeunes élèves de l'académie qui seront tenus d'être assidus à ces leçons, pourront copier et recueillir en entier par cahiers en deux ou trois années de temps au plus.

56. Tout homme de quelque âge et condition qu'il soit qui aura du goût dans l'architecture, aura entrée dans ladite salle de l'académie, pour assister aux leçons publiques et entendre le professeur.

37. Le professeur fera publier tous les ans par des affiches au commencement du mois de novembre, les leçons tant de géométrie que d'architecture, qu'il commencera à dicter aux élèves de l'académie, après les vacances, et qu'il continuera jusqu'au mois de septembre de l'année suivante ; il indiquera le lieu, et il marquera les deux jours de chaque semaine, et pour chaque jour, les deux heures de ses leçons.

38. Le professeur après avoir donné un cours public d'ar-chitecture et l'avoir communiqué dans les assemblées particu-lières des académiciens, en tel ordre et de telle manière qu'il jugera à propos, pourra, si nous agréons cet ouvrage, le dic-ter et l'expliquer de nouveau par leçons pendant deux ou trois autres années consécutives aux nouveaux élèves de l'académie, si mieux n'aime que les nouveaux élèves qui entreront en chaque différente année, les copient par cahiers dans la salle, même leur dicter des leçons à une heure particulière, pour ne pas inter-

rompre les suites des autres leçons nouvelles qu'il voudra donner publiquement.

39. Le professeur, lorsque par maladie ou par autres raisons considérables, ne pourra lui-même dicter ses leçons, il en donnera avis à l'académie, et le directeur fera choix d'un sujet de la compagnie pour professer en son absence.

40. Le professeur choisira entre les jeunes étudiants d'architecture six élèves; en outre les académiciens de la première classe en nommeront chacun un, et les académiciens de la seconde classe chacun un; tous lesquels élèves auront la qualité d'élèves de l'académie; et seront comme tels nommés sur deux listes arrêtées dans l'académie avant les vacances, l'une desquelles listes signée du professeur demeurera ès mains du secrétaire, et l'autre en conséquence de la mention qui sera faite en toutes deux dans les registres de l'académie, sera signée du secrétaire et mise ès mains du professeur.

41. Nul ne sera nommé élève de l'académie qu'il n'ait au moins seize ans, qu'il ne soit de bonnes mœurs, et ne fasse profession de la religion et foi catholique, qu'il ne sache lire et écrire et les premières règles d'arithmétique, qu'il ne dessine facilement l'architecture et les ornements, s'il se peut, la figure; qu'il ait, autant qu'il se pourra, une teinture des lettres et de la géométrie et quelque connoissance des auteurs, des règles et d'autres principes d'architecture, par rapport à la pratique ou à la théorie de cet art.

42. Et pour connoître le progrès qu'auront fait ces élèves et leur donner de l'émulation, il leur sera proposé par l'académie tous les ans des sujets d'architecture, et les dessins que ces élèves feront de ces sujets, en plans, élévations et profils, seront examinés par l'académie, et il sera délivré aux deux élèves qui auront le mieux réussi, deux médailles, l'une d'or pour le premier prix, et une d'argent pour le second.

43. Il sera donné pour le droit de présence un louis d'onze francs à chacun des architectes de la première classe qui assisteront à l'assemblée, et non autrement, lesquels signeront sur le registre paraphé par le directeur ou celui qui tiendra sa place; ceux qui arriveront demi-heure après l'assemblée commencée, ne jouiront point du droit de présence.

Si donnons etc.

Nº 123. — ORDONNANCE *qui défend tout commerce aux officiers sur les vaisseaux du roi.*

Paris, 13 mars 1717 (Archiv. — Rec. cass. — Rec. Cons. d'État.)

Nº 124. — DÉCLARATION *portant que les fermiers généraux demeureront exempts à l'avenir de toutes taxes et recherches de chambre de justice* (1).

Paris, 17 mars 1717. (Archiv.)

Nº 125. — DÉCLARATION *servant de réglement pour les priviléges des enfans des secrétaires des chanceliers décédés revêtus de leurs offices.*

Paris, 20 mars 1717. (Archiv.)

Nº 126. — EDIT *portant suppression de la chambre de justice.*

Paris, mars 1717. Reg. P. P. 22 mars. (Archiv. — Rec. cass.)

PRÉAMBULE.

LOUIS, etc. Le nombre presque infini d'abus et de malversations qui ont été commis pendant vingt-cinq années de guerre dans la perception et le maniement de nos deniers, et la licence sans bornes avec laquelle les usuriers publics avoient abusé des besoins de l'Etat et de la misère de nos peuples, nous ont obligé à établir une chambre de justice, dont la sévérité pût arrêter le cours de la déprédation, et obliger tous ceux qui avoient des fortunes aussi immenses que précipitées, à déclarer des gains la plupart illicites, qu'il étoit de leur intérêt de cacher. Les recherches qu'elle a faites, et les états qu'une grande partie de ceux qui en étoient l'objet ont donnés de leurs biens, nous ont fait connoître également la grandeur du mal, et la difficulté du remède. Plus nous avons voulu en approfondir la cause et le progrès, plus nous avons reconnu que la corruption s'étoit tellement répandue, que presque toutes les conditions en avoient été infectées; en sorte qu'on ne pouvoit employer la plus juste sévérité pour punir un si grand nombre de coupables, sans causer une interruption dangereuse dans le commerce, et une espèce d'ébranlement général dans tout le corps de l'Etat. Et comme son intérêt est une loi suprême, à laquelle nous devons faire céder toutes les autres, nous avons estimé qu'il étoit à propos de modérer la rigueur de notre justice, pour ne pas tenir plus long temps un grand nombre de familles dans une incertitude capable d'arrêter le

_____

(1) Dudit jour, deux autres déclarations portant même exemption en faveur des receveurs généraux et des trésoriers des finances.

cours des affaires et de suspendre la circulation de l'argent, qui fait que toutes les parties de l'Etat se prêtent un secours mutuel pour le bien général et particulier. C'est dans cette vue que par notre déclaration du 18 septembre dernier, nous avons bien voulu nous relâcher de la sévérité de notre premier édit; et convertissant en peines pécuniaires celles qui sont portées par nos ordonnances, nous avons cru devoir nous contenter de retirer des financiers par des taxes proportionnées à leurs facultés, au moins une partie de ce qu'ils ont exigé de nos peuples, qui profiteront tous de cette restitution, par l'usage que nous en faisons pour la libération de l'Etat. Les taxes ordonnées par cette déclaration ayant été faites suivant les règles que nous avons prescrites en notre conseil, et à la faveur desquelles près de trois mille personnes qui avoient fourni des états de leurs biens, ont été jugées ne devoir point être taxées; il ne nous resteroit plus, pour suivre entièrement le plan que nous nous étions proposé par notre déclaration du 17 mars 1716, et par celle du 18 septembre dernier, que de faire poursuivre à la rigueur ceux qui, au lieu de profiter de tous les délais que nous avons eu l'indulgence d'accorder aux gens d'affaires, et autres justiciables de la chambre de justice, n'ont pas encore donné l'état de leurs biens, et de les faire condamner aux peines rigoureuses établies par notredite déclaration du 17 mars. Mais voulant user de clémence à l'égard de ceux même qui le méritent le moins pour ne rien laisser subsister après la chambre de justice, qui puisse troubler la tranquillité des familles, la liberté et la facilité du commerce, nous avons jugé à propos de faire dresser un état exact de ceux qui étoient dans ce cas, sur les déclarations qui ont été fournies par les autres, et sur les résultats de notre conseil, et autres actes qui nous en ont donné la connoissance, et de les comprendre dans les rôles arrêtés, en exécution de notre déclaration du 18 septembre, afin que pour le bien général du royaume, ils puissent participer à une amnistie, dont ils devroient être exclus par leur désobéissance; ainsi l'exécution de notre déclaration du 18 septembre, étant entièrement consommée, nous croyons qu'il est temps de faire cesser l'usage d'un remède extraordinaire que les vœux de toute la France avoient demandé, et dont il semble qu'elle désire également la fin. Nous nous portons d'autant plus volontiers à prendre cette résolution, que nous pouvons désormais recueillir le principal fruit de cet établissement passager, non-seulement par l'extinction d'une partie considérable des dettes de l'Etat, mais encore par l'ordre et l'arrangement que les recherches qui ont été faites, nous mettront en état d'apporter dans l'administration de nos finances pour l'avantage de nos sujets, dont le nôtre est inséparable. C'est dans cet esprit que nous avons toujours travaillé depuis le commencement de notre règne, et nos peuples en ont déjà senti les effets par la suppression des quatre sous pour livre, que le malheur des temps avoit obligé d'ajouter à tous les droits qui se lèvent à notre profit; et quoique le commerce de toutes les denrées et marchandises se trouve par-là considérablement déchargé, nous espérons que les mesures que nous prenons de jour en jour pour proportionner la dépense à la recette, nous mettront en état de parvenir à procurer encore de plus grands soulagements à nos peuples, dont la félicité sera toujours le premier et le principal objet de notre gouvernement. A ces causes etc.

No 127. — ARRÊT *du conseil concernant des dispenses d'âge à un prince du sang pour lui donner droit à l'entrée du conseil de régence avant vingt-trois ans.*

Paris, 3 avril 1717. (Archiv.)

N. 128. — ORDONNANCE *sur les hôpitaux et les soldats malades.*

Paris 20 avril 1717. (Archiv. — Rec. cass. — Rec. cons d'état.)

No 129. — EDIT *portant réglement pour le commerce des colonies françaises.*

Paris, avril 1717. Reg. P. P. 12 mai (Archiv. — Rec. cass. — Code Noir.)

No 130. — DÉCLARATION *portant défenses d'imprimer sans la permission du roi.*

Paris, 12 mai 1717. Reg. P. P. 25 mai. (Archiv. — Rec cass)

PRÉAMBULE.

LOUIS, etc. Les rois nos prédécesseurs ont regardé dans tous les temps comme un des objets les plus importants de la police, l'impression et la vente des livres, par le moyen desquels on ne peut que trop aisément corrompre les mœurs des peuples, diffamer les personnes les plus respectables, répandre des maximes contraires aux droits de l'État et aux intérêts de la religion. C'est par ces motifs qu'ils ont, par différents édits et déclarations, prescrit des règles fixes et certaines sur ce sujet, et qu'ils ont fait surtout des défenses d'imprimer ou distribuer aucun livre sans permission, sous peine de confiscation et d'amende, et même sous plus grande peine, selon l'exigence des cas; et quoique nos cours de parlement aient plusieurs fois ordonné la suppression des livres, libelles ou autres écrits imprimés ou distribués contre la teneur de nos édits, et renouvelé en même temps leur disposition, nous apprenons qu'au préjudice de lois si sages et si nécessaires pour le bien public, il paroît souvent, non-seulement dans notre bonne ville de Paris, mais aussi dans les autres villes et lieux de notre royaume, des écrits imprimés sur toutes sortes de matières, sans privilèges ni permission, et dont plusieurs, outre ce premier défaut, contiennent encore des choses contraires au bien de l'État, à la tranquillité publique, ou à l'honneur des particuliers. Nous ne pouvons attribuer cette licence qu'à l'espérance qu'ont souvent les auteurs et les imprimeurs de ces écrits, ensemble les distributeurs et les colporteurs, d'éviter la punition de leur désobéissance, ou de leur crime, les uns à la faveur de l'obscurité où ils se cachent, et qu'il est presque impossible aux magistrats de pénétrer; les autres à l'abri de leur impuissance, qui les mettant hors d'état de satisfaire aux peines pécuniaires, met aussi souvent les juges dans la nécessité de modérer tellement les amendes, que la légèreté de la peine n'imprime plus cette crainte nécessaire pour arrêter ceux que la seule vue de l'observation des lois n'a pas le pouvoir de contenir. C'est pour remédier à cet abus, et ôter toute espérance d'impunité que nous avons cru, en renouvelant de si sages lois, devoir non-seulement augmenter les peines pécuniaires, mais nous expliquer encore plus précisément sur la peine corporelle qui sera prononcée contre les contrevenants, et accorder enfin aux dénonciateurs une partie des amendes, afin de pouvoir découvrir plus aisément les coupables, et d'arrêter, s'il est possible, par une peine rigoureuse le cours d'une licence si contraire à l'ordre public. A ces causes, etc.

No 131. — ARRÊT *du conseil qui défend à la noblesse de signer aucuns mémoires en noms collectifs, sans la permission du roi.*

Paris, 14 mai 1717. (Archiv. — Rec. cass.)

No 132. — RÈGLEMENT *qui ordonne que tous les négociants qui feront équiper dans les ports du royaume, des vais-*

séaux pour des voyages de long cours dont les équipages
seront de quarante hommes et au-dessus, seront obligés
d'y embarquer des aumôniers, à peine de deux cents livres
d'amende (1).

Paris, 5 juin 1717. Reg. P. P. 6 août. (Archiv.)

N° 133. — DÉCLARATION en faveur des officiers des troupes
de terre et de mer.

Paris, 14 juin 1717. (Rec. cass.)

N° 134. — ARRET du conseil qui ordonne que tous les livres
et livrets qui viendront des pays étrangers ne pourront entrer dans le royaume que par les villes de Paris, Rouen,
Nantes, Bordeaux, Marseille, Lyon, Strasbourg, Metz,
Reims et Amiens.

Paris, 19 juin 1717. (Archiv. — Rec. cass.)

N° 135. — ARRET du conseil qui défend à toutes personnes
de s'assembler et de signer aucun acte ou requête sans permission du roi.

Paris, 21 juin 1717. (Archiv.)

N° 136. — EDIT concernant la succession à la couronne.

Paris, juillet 1717. Reg. P. P. 8 juillet. (Archiv. — Rec. cass.)

LOUIS, etc. Le feu roi, notre très-honoré seigneur et bisaïeul,
a ordonné par son édit du mois de juillet 1714, que si dans la
suite des temps tous les princes légitimes de l'auguste maison
de Bourbon venoient à manquer, en sorte qu'il n'en restât pas
un seul pour être héritier de notre couronne, elle seroit, en
ce cas, dévolue et déférée de plein droit à Louis-Auguste de
Bourbon, duc du Maine, et à Louis-Alexandre de Bourbon,
comte de Toulouse, ses enfants légitimes et à leurs enfants et
descendants mâles à perpétuité, nés et à naître en légitime mariage, gardant entre eux l'ordre de succession et préférant toujours la branche aînée à la cadette, les déclarant audit cas seulement de manquement de tous les princes légitimes de notre

_____

(1) même date, autre réglement qui ordonne qu'il sera embarqué
un aumônier sur les bâtiments qui auront vingt hommes d'équipage et
au-dessus, pour toute navigation qui ne sera pas cabotage, etc. (Archiv.
— Rec. cons d'état.)

sang capables de succéder à la couronne de France exclusivement à tous autres ; voulant aussi que sesdits fils légitimés le duc du Maine et ses enfants et descendants mâles , et pareillement le comte de Toulouse , et ses enfants et descendants mâles à perpétuité , nés en légitime mariage , eussent entrée et séance en notre cour de parlement au même âge que les princes de notre sang, encore qu'ils n'eussent point de pairies , sans être obligés d'y prêter serment, et qu'ils y jouissent des mêmes honneurs qui sont rendus aux princes de notre sang, qu'ils fussent en tous lieux et en toutes occasions regardés et traités comme les princes de notre sang, après néanmoins tous lesdits princes , et avant tous les autres princes des maisons souveraines et tous autres seigneurs de quelque dignité qu'ils puissent être. Voulant enfin que cette prérogative d'entrée et séance au parlement, et de jouir par eux et par leurs descendants, tant dans les cérémonies qui se faisoient et se feroient en sa présence, et des rois ses successeurs, qu'en tous autres lieux des mêmes rangs, honneurs et préséances, dus à tous les princes de son sang royal, après néanmoins tous lesdits princes, fût attachée à leurs personnes et à celles de leurs descendants à perpétuité, à cause de l'honneur et l'avantage qu'ils ont d'être issus de lui, dérogeant à ses édits des mois de mai 1694 et mai 1711, en ce qu'ils pouvoient être contraires audit édit du mois de juillet 1714. Depuis cet édit registré en notre cour de parlement à Paris, le 2 août de l'année 1714, quelques-unes des chambres de notredite cour ayant fait difficulté de recevoir les requêtes de nosdits oncles, avec la qualité de princes du sang, et de la leur donner dans les jugements où ils étoient parties, le feu roi, notre très-honoré seigneur et bisaïeul, ordonna par sa déclaration du 23 mai 1715 que dans notre cour de parlement et partout ailleurs, il ne seroit fait aucune différence entre les princes du sang royal, et sesdits fils légitimés et leurs descendants, en légitime mariage, et en conséquence qu'ils prendroient la qualité de princes du sang, et qu'elle leur seroit donnée en tous actes judiciaires et tous autres quelconques, et que, soit pour le rang, la séance et généralement pour toute sorte de prérogative, les princes de notre sang et sesdits fils et leurs descendants seroient traités également, après néanmoins le dernier des princes de notre sang, conformément à l'édit du mois de juillet 1714 qui seroit exécuté selon sa forme et teneur ; mais la mort nous ayant enlevé le feu roi, notre très-honoré seigneur et bisaïeul, trois mois après cette déclaration, nos très-

chers et très-amés cousins le duc de Bourbon, le comte de
Charollois et le prince de Conti, princes de notre sang, nous
ont très-humblement suppliés de révoquer l'édit du mois de
juillet 1714 et la déclaration du 23 mai 1715, à l'effet de
quoi ils nous ont présenté une requête et différents mémoires,
et nos très-chers et très-amés oncles le duc du Maine et le
comte de Toulouse, ayant aussi exposé leurs raisons par plusieurs mémoires, ils nous ont présenté une requête par laquelle ils nous ont supplié ou de renvoyer la requête des
princes de notre sang à notre majorité, ou si nous jugions à
propos de la décider pendant notre minorité, de ne rien prononcer sur la question de la succession à la couronne avant
que les États du royaume, juridiquement assemblés, aient délibéré sur l'intérêt que la nation peut avoir aux dispositions
de l'édit du mois de juillet 1714, et s'il lui est utile ou avantageux d'en demander la révocation : cette requête a été suivie
d'une protestation passée par-devant notaire qui tend aux
mêmes fins, et dont nos très-chers et très-amés oncles, le
duc du Maine et le comte de Toulouse, ont demandé que le
dépôt fût fait au greffe de notre cour de parlement, à Paris,
auquel ils ont présenté une requête à cet effet. Mais notredite
cour, toujours attentive à conserver les règles de l'ordre public, et à nous donner des marques de son respect et de son
zèle pour notre autorité, a jugé avec sa prudence ordinaire
qu'elle ne pouvoit prendre d'autre parti sur cette requête que
de nous en rendre compte pour recevoir les ordres qu'il nous
plairoit de lui donner. Ainsi nous voyons avec déplaisir, que
la disposition que le feu roi, notre très-honoré seigneur et
bisaïeul, avoit faite, comme il le déclare lui-même par son
édit du mois de juillet 1714, pour prévenir les malheurs et
les troubles qui pourroient arriver un jour dans le royaume
si tous les princes de son sang royal venoient à manquer, est
devenue, contre ses intentions, le sujet d'une division présente entre les princes de notre sang et les princes légitimés,
dont les suites commencent à se faire sentir et que le bien de
l'État exige qu'on arrête dans sa naissance. Nous espérons
que Dieu, qui conserve la maison de France depuis tant de
siècles, et qui lui a donné dans tous les temps des marques
si éclatantes de sa protection, ne lui sera pas moins favorable
à l'avenir, et que, la faisant durer autant que la monarchie, il
détournera par sa bonté le malheur qui avoit été l'objet de la
prévoyance du feu roi. Mais si la nation française éprouvoit
jamais ce malheur, ce seroit à la nation même qu'il appartien-

droit de le réparer par la sagesse de son choix (1), et puisque les lois fondamentales de notre royaume nous mettent dans une heureuse impuissance d'aliéner le domaine de notre couronne, nous faisons gloire de reconnoître qu'il nous est encore moins libre de disposer de notre couronne même; nous savons qu'elle n'est à nous que pour le bien et le salut de l'Etat, et que par conséquent l'Etat seul auroit droit d'en disposer dans un triste évènement que nos peuples ne prévoient qu'avec peine, et dont nous sentons que la seule idée les afflige; nous croyons donc devoir à une nation si fidèlement et si inviolablement attachée à la maison de ses rois, la justice de ne pas prévenir le choix qu'elle auroit à faire si ce malheur arrivoit, et c'est par cette raison qu'il nous a paru inutile de la consulter en cette occasion, où nous n'agissons que pour elle, en révoquant une disposition sur laquelle elle n'a pas été consultée; notre intention étant de la conserver dans tous ses droits, en prévenant même ses vœux comme nous nous serions toujours crus obligés de le faire pour le maintien de l'ordre public, indépendamment des représentations que nous avons reçues de la part des princes de notre sang, mais après avoir mis ainsi l'intérêt et la loi de l'Etat en sûreté, et après avoir déclaré que nous ne reconnaissions pas d'autres princes de notre sang que ceux qui étant issus des rois par une filiation légitime, peuvent eux-mêmes devenir rois, nous croyons aussi pouvoir donner une attention favorable à la possession dans laquelle nos très-chers et très-amés oncles, le duc du Maine et le comte de Toulouse, sont de recevoir dans notre cour de parlement les nouveaux honneurs dont ils ont joui depuis l'édit du mois de juillet 1714, et dont il nous a paru qu'on devoit d'autant moins leur envier la continuation pendant leur vie, que la grace que nous leur accordons est fondée sur un motif qui leur est si propre et si singulier, que dans la suite des temps il ne pourra pas être tiré à conséquence; c'est par cette considération que nous suivons avec plaisir les mouvements de notre affection pour des princes qui en sont si dignes par leurs qualités personnelles et par leur attachement pour nous. A ces causes, etc. ..révoquons et annulons ledit édit du mois de juillet 1714 et ladite déclaration du mois de mai 1715; ordonnons néanmoins que nos très-

---

(1) Il seroit difficile de reconnoître d'une manière plus explicite le droit d'intervention du pays, dans le choix de ses souverains en cas d'extinction de la branche régnante.

chers et très-amés oncles, le duc du Maine et le comte de Toulouse, continuent de recevoir les honneurs dont ils ont joui en notre cour de parlement depuis l'édit du mois de juillet 1714, et ce en considération de leur possession, et sans tirer à conséquence, comme aussi sans qu'ils puissent se dire et qualifier princes de notre sang, ni que ladite qualité puisse leur être donnée, en quelques jugements et actes que ce puisse être, nous réservant d'expliquer nos intentions, sur l'entrée et séance en notre cour de parlement, de nos très-chers et très-amés cousins, le prince de Dombes et le comte d'Eu, et sur les honneurs dont ils y pourront jouir. Voulons au surplus que toutes protestations contraires aux présentes soient et demeurent nulles et comme non-avenues, ainsi que nous les annulons par le présent édit. Si donnons, etc.

N° 137. — **ARRÊT** *du conseil qui règle à 400 liv. la somme à payer par les argousins ou gardes des galères par chaque forçat évadé.*

Paris, 13 juillet 1717. (Archiv.)

N° 138. — **DÉCLARATION** *portant que les maires et autres officiers des hôtels-de-ville seront élus comme ils l'étoient avant l'année 1690.*

Paris, 17 juillet 1717. Reg. P. P. 6 août. (Archiv. — Rec. cons. d'état. — Rec. cass.)

N° 139. — **ARRÊT** *du conseil portant que les monastères et communautés des filles religieuses seront tenus de rapporter dans trois mois par-devant les archevêques, évêques et les intendants des provinces, les titres de leur fondation et dotation, les lettres patentes de leur établissement, un état de leurs revenus, de leurs charges et dettes; ensemble les comptes de recettes et de dépenses desdits monastères et communautés, rendus pendant les dix dernières années.*

Paris, 31 juillet 1717. (Archiv.)

N° 140. — **DÉCLARATION** *pour la conservation des minutes des notaires dans les colonies.*

Paris, 2 août 1717. (Code de la Martinique.)

N° 141. — **ARRÊT** *du conseil qui dispense de tout service personnel les invalides de la marine.*

Paris, 6 août 1717. (Archiv. — Rec. cass.)

N° 142. — DECLARATION *portant établissement d'une loterie pour le remboursement des billets d'Etat.*

Paris, 21 août 1717. Reg. P. P. 6 septembre. (Archiv. — Rec. cass.)

N° 143. — ÉDIT *qui accorde la noblesse aux officiers du grand conseil et l'exemption des droits seigneuriaux et féodaux.*

Paris, août 1717. Reg. P. P. 26. (Archiv.)

N° 144. — ÉDIT *portant défenses à tous graveurs, imprimeurs, libraires et autres, de graver, imprimer, vendre et débiter les formules ou cartouches servant pour les congés des troupes, à peine des galères.*

Paris, août 1717. Reg. P. P. 26. (Archiv. — Rec. cass.)

N° 145. — ARRÊT *du conseil qui ordonne que les intendants et commissaires départis dans les provinces et généralités, assisteront aux assemblées qui se tiendront pour l'élection des officiers des hôtels-de-ville.*

Paris, 28 août 1717. (Archiv. — Rec. cass.)

N° 146. — LETTRES PATENTES *portant établissement de la compagnie d'Occident.*

Paris, août 1717. Reg. P. P. 6 septembre. (Archiv. — Rec. cass.)

N° 147. — ÉDIT *portant création de 1,200,000 liv. de rentes viagères pour retirer les billets de l'Etat.*

Paris, août 1717. Reg. P. P. 6 septembre ; C. des C. 13 octobre. (Archiv.)

N° 148. — ÉDIT *pour la vente et engagement des petits domaines.*

Paris, août 1717. Reg. P. P. 6 septembre. (Archiv.—Rec. cass.—Néron.)

PRÉAMBULE.

Louis, etc. L'attention continuelle que nous donnons au rétablissement de l'Etat, dont il a plu à Dieu de nous rendre dépositaire, ne laisse aucun lieu de douter du désir extrême que nous avons depuis notre heureux avènement à la couronne de retirer les différentes portions de domaine que le feu roi notre très-honoré seigneur et bisaïeul a été forcé d'en aliéner, dans la nécessité urgente des fréquentes guerres qui ont troublé la tranquillité de son règne : mais quelque pressante que soit l'obligation dans laquelle nous nous trouvons de rétablir cette portion sacrée de notre couronne, nous nous sentons encore plus pressés par le devoir indispensable que nous nous ferons toujours de veiller au soulagement de nos peuples et de leur donner des marques de notre tendre affection pour eux. Nous n'éprouvons que trop la difficulté de leur en faire sentir les effets, tant qu'il subsistera une partie considérable des anciennes dettes que nous nous sommes chargés volontairement d'acquitter, et il ne nous seroit pas possible présentement de réunir, sans en contracter de nouvelles, ce qui a été distrait du domaine de notre couronne pendant le cours du précédent règne, c'est ce qui nous fait préférer à tous autres soins celui auquel nous nous donnerons tout entier d'éteindre par différentes voies, dont aucune ne sera onéreuse à nos sujets, les billets de l'État, et ce qui reste encore à acquitter des billets des receveurs généraux de nos finances; nous avons même jugé que si par les anciennes ordonnances des rois nos prédécesseurs, il a été permis de procéder à l'aliénation des domaines de la couronne, lorsque la nécessité de la guerre sembloit le requérir, cette faculté devoit encore moins nous être interdite dans un temps où il s'agit de procurer un libre cours au commerce, en donnant à ceux de nos sujets qui sont porteurs des billets de notre État, ou des receveurs généraux de nos finances, la facilité de les échanger avec de médiocres portions de domaines, dont quelques-unes sont mélangées avec leurs propres biens, ce qui en rend l'exploitation difficile pour les uns et pour les autres; au lieu qu'elle leur sera infiniment plus utile qu'à nous-même, attendu que nos officiers consomment ordinairement la meilleure partie du revenu en réparations annuelles qu'il convient nécessairement d'y faire, avec les formalités prescrites par les ordonnances et réglements qui en augmentent considérablement les frais. A ces causes, etc.

No 149. — ÉDIT *portant suppression des offices de gouverneurs, lieutenants de roi et majors des villes, créés par édits des mois d'août 1696 et décembre 1708.*

Paris, août 1717. Reg. P. P. 25 octobre. (Archiv.)

No 150. — ÉDIT *portant suppression du dixième du revenu des biens fonds et des autres immeubles qui y sont sujets, et réglement sur plusieurs parties concernant l'administration des finances.*

Paris, août 1717. Reg. P. P 4 septembre. (Archiv. — Rec. cass.

PRÉAMBULE.

Louis, etc. Quoique le soulagement de nos peuples épuisés

par les efforts que notre royaume a été obligé de faire pour
soutenir presque sans interruption deux longues et sanglantes
guerres, ait été le premier objet de nos vœux dès le commencement de notre règne, nous n'avons pu y parvenir aussi
promptement que nous l'aurions désiré, soit à cause de la
multitude et de la diversité des engagements que la nécessité
des temps avoit fait contracter, soit par la difficulté de connoître à fond la véritable situation de nos revenus, et de fixer
la masse des dettes de toute nature, dont notre royaume étoit
chargé; soit enfin par la confusion qui se trouvoit dans les différentes parties de nos finances et de nos revenus, qui étoient
presque tous consommés par des assignations anticipées, suites
inévitables du malheur des temps qui ne permettoit pas de
penser à établir un meilleur ordre pendant qu'on étoit uniquement occupé à chercher les moyens de soutenir la guerre, et
de procurer enfin à ce royaume une paix avantageuse; nous
n'avons pas laissé cependant de pourvoir aux besoins les plus
pressants, d'accorder des remises, des diminutions ou des com-
pensations à toutes nos provinces, de jeter les fondements de la
libération de l'Etat, par des suppressions de charges onéreuses
ou inutiles, et par des liquidations de dettes qui pouvoient
seules nous faire connoître la grandeur du mal et la nature des
remèdes convenables. Le retranchement de plus de quarante
millions par an sur l'Etat de nos dépenses, l'augmentation de
plusieurs de nos fermes particulières, et la diminution des
charges, l'ordre et l'arrangement que nous avons commencé
d'établir dans nos recettes et dans nos fermes, enfin les paiements effectifs qui ont été faits en argent comptant, soit en
notre trésor royal ou à l'hôtel de notre bonne ville de Paris, et
qui ont monté à plus de deux cent quarante millions en moins
de deux années, ont été les premiers fruits de nos soins et de
l'administration que nous avons établie, nous avons même été
encore plus loin, et ne consultant que notre affection pour
nos peuples, sans attendre l'arrangement entier de nos finances,
nous leur avons déjà accordé un soulagement considérable par
la remise des quatre sous pour livre sur les droits de nos fermes,
et par la suppression ou la réduction de plusieurs autres droits
également onéreux; mais nous n'avons regardé tout ce que
nous avons fait jusqu'à présent à l'avantage de nos sujets, que
comme une simple préparation pour nous mettre en état de
leur procurer de plus grands biens, et de former un plan général pour l'administration de nos finances, qui pût en assurer
l'ordre, en simplifier la régie, prévenir le divertissement des

fonds, faire cesser les causes de l'obstruction du commerce,
et par une plus grande consommation augmenter nos revenus,
sans augmenter les impositions; et en soulageant même nos
sujets de toutes celles qui ne sont pas absolument nécessaires
pour acquitter les dettes de l'État; c'est dans cette vue qu'a-
près nous être fait rendre un compte exact dans notre conseil de la situation où étoient nos finances au premier septembre de l'année 1715, des opérations qui ont été faites sur
toutes les parties qui y ont rapport, et de tout ce qui com-
pose les revenus, les charges et les dépenses de notre royaume,
nous avons fait aussi examiner avec la même attention tous
les moyens que l'on pourroit prendre pour parvenir à la fin
que nous nous étions proposée, et après la discussion qui en
a été faite, nous avons cru ne devoir pas différer plus long-
temps d'accomplir une partie de nos vœux, en soulageant nos
sujets d'une des deux impositions extraordinaires dont ils sont
chargés, par la remise du dixième du revenu des fonds de
terre et des autres immeubles qui étoient sujets à cette imposition. Le fonds que l'État en a retiré tous les ans depuis l'année 1710, sera remplacé pour la plus grande partie par le retranchement de nos dépenses, dont il n'y a aucun article que
nous n'ayons réduit, en commençant par ce qui regarde notre
personne. Quoique nous ayons déjà fait une première réduction sur les pensions par notre déclaration du 30 janvier dernier, nous avons cru devoir y faire encore de nouveaux retranchements qui, joints aux premiers, en réduiront la plus
grande partie à la moitié; et quelque faveur que mérite une
partie de ceux qui jouissent des pensions, nous espérons qu'ils
souffriront sans peine cette nouvelle réduction, quand ils sau-
ront que notre très-cher et très-amé oncle le duc d'Orléans,
petit-fils de France, régent de notre royaume, dont le désin-
téressement et la grandeur d'ame égalent la vigilance et l'attention sur nos intérêts et sur ceux de nos peuples, a voulu, aussi-
bien que les princes de notre sang, donner l'exemple à tous
ceux à qui nous accordons des pensions, par la réduction de
celles dont ils jouissent; ainsi, ne pouvant augmenter ni même
conserver toutes les impositions, sans charger un peuple si
digne des soulagements que nous voulons lui donner, nous
avons trouvé une ressource plus sûre et plus honorable dans
le retranchement de notre dépense, et de ce qui est plutôt un
effet de notre libéralité qu'une véritable dette de l'État; mais
comme les retranchements que nous faisons sur nous-même,
sur les princes de notre sang, sur les dépenses de la guerre et

de la marine, sur les doubles emplois, et en général sur toutes sortes de dépenses privilégiées ou non privilégiées, ne suffisent pas pour remplir le vide qui se trouve dans nos revenus par la suppression du dixième d'imposition, nous sommes forcés de retrancher pareillement tous les privilèges et exemptions des droits de gabelles et des aides, qui sont également à charge, et par la diminution qu'ils causent dans nos revenus, et par les indemnités que nous sommes obligé d'accorder à nos fermiers. Ces privilèges, qui sont un objet considérable par rapport à nos fermes, ne forment qu'un intérêt si médiocre pour chacun de ceux qui en jouissent, que nous espérons qu'ils feront sans peine ce léger sacrifice à un plus grand bien, et pour l'Etat et pour eux-mêmes. C'est par un semblable motif que nous sommes obligé de décharger nos Etats de l'entretien des lanternes et du nettoiement des rues de notre bonne ville de Paris, d'autant plus que les propriétaires des maisons ont trouvé, dans l'augmentation des loyers, de quoi se dédommager de la finance qu'ils ont payée pour le rachat de cet entretien, dont la répartition étant faite sur un grand nombre de personnes, devient presque insensible pour chacun d'eux, au lieu qu'elle est considérable pour l'Etat. Au bénéfice qui nous reviendra de ces différents retranchements, nous joindrons celui qu'une sage économie répandue dans toutes les parties de nos finances, et l'extinction de plusieurs charges passagères, qui diminuent tous les jours, pourront nous procurer, et par les mesures que nous prenons, pour être exactement instruits du produit de chaque espèce de revenus, nous espérons de les porter à leur juste valeur; en sorte que, dans la suite, nous soyons en état d'accorder de nouvelles remises à nos sujets : mais comme le rétablissement du commerce peut contribuer plus que toutes autres choses à leur soulagement et à l'augmentation de nos revenus, nous avons cru y devoir donner une attention principale; et considérant qu'il falloit d'abord faire cesser le mal pour être ensuite à portée de faire le bien, qui se fait presque de lui-même, en matière de commerce, lorsqu'il n'y a point d'obstacle étranger qui en arrête ou qui en retarde le cours, nous avons regardé comme un des objets les plus dignes de nos soins, l'examen des moyens qui pourroient lever cette espèce d'obstruction générale que les billets de l'Etat et ceux des receveurs-généraux causent dans le mouvement et dans la circulation de l'argent. Nous avons donc fait examiner tous les mémoires que le zèle ou l'intérêt même de plusieurs particuliers leur a inspiré de donner sur une matière si importante, et nous avons cru devoir rejeter tous les moyens qui ne tendoient qu'à nous libérer, soit en surchargeant nos peuples, soit en faisant perdre successivement aux porteurs des billets, une partie de leur capital, ou qui n'avoient pour objet que de les faire entrer dans les paiements par une contrainte fatale à la circulation de l'argent, et encore plus au commerce, ou de les confondre dans la valeur des monnoies réformées par un mélange qui, tôt ou tard, auroit été également ruineux pour les particuliers et pour l'Etat. Toutes ces voies nous ayant paru ou injustes en elles-mêmes, ou violentes dans leur exécution, ou pernicieuses dans leur suite, nous avons jugé à propos d'employer des moyens plus simples pour retirer du commerce ces billets par partie, soit en donnant à nos sujets la faculté de les employer en rentes viagères, à raison du denier seize, sans aucune distinction d'âges, soit en établissant des loteries sous des conditions favorables au public, soit en aliénant en billets de l'Etat, et sur le pied du denier trente au moins, quelques bouquets de bois éloignés de nos forêts, et quelques portions de nos domaines, qui ne nous sont presque d'aucun usage, et dont nous ne pouvons tirer aucune utilité qu'en les vendant, soit enfin par l'établissement de compagnies de commerce, dont les actions seront au porteur, et acquises en billets de l'Etat, sur le pied de cinq cents livres chaque action; en sorte qu'outre les intérêts à raison de quatre pour cent, que nous assignerons sur un fonds certain, et qui seront reçus par les directeurs des compagnies, pour être distribués tous les six mois aux actionnaires, à la réserve de ceux de la présente année, qui serviront à faire le fonds desdites compagnies, les actionnaires jouissent encore de leur part et portion dans le profit qui en reviendra; ce qui rendra lesdites actions commerçables entre toutes sortes de personnes, comme n'étant plus qu'une marchandise dont le prix peut hausser et baisser suivant les hasards de la navigation et du commerce. Après avoir ouvert ces différentes voies aux porteurs des billets de l'Etat, sans compter la quantité considérable de ces billets qui se trouvera consommée par le paiement des taxes de la chambre de justice, nous croyons pouvoir fixer aux porteurs un terme certain pour se déterminer sur le parti qu'ils voudront prendre, après lequel il ne leur sera plus payé aucuns intérêts desdits billets; en quoi nous ne leur ferons aucun préjudice, puisqu'il n'aura dépendu que de leur volonté de prendre l'une des voies que nous leur offrons, pour s'assurer la continuation du paiement de leurs intérêts, avec les avantages particuliers que chacune de ces voies leur présente. A l'égard des billets des receveurs-généraux, nous avons considéré que dans la situation présente de nos affaires, il n'étoit ni possible ni même convenable de payer des intérêts sur un pied aussi fort que celui de sept et demi pour cent, comme nous avions cru d'abord le pouvoir faire dans le temps de notre déclaration du 12 octobre 1715; nous avons donc jugé qu'il étoit nécessaire de les assujettir à la règle commune des autres dettes de l'Etat, pour le taux des intérêts, en ouvrant d'ailleurs les mêmes voies aux porteurs de ces billets, que celles que nous avons marquées pour les billets de l'Etat, après néanmoins que lesdits billets des receveurs généraux auront été convertis en d'autres, qui seront appelés billets de la caisse commune des recettes générales, sur le fonds de laquelle les intérêts en seront payés, pour conserver toujours aux porteurs desdits billets, le gage sur la foi duquel ils ont contracté. Les mêmes raisons qui ne nous permettent pas d'employer au remboursement du capital des billets des receveurs généraux, les fonds qui y avoient d'abord été destinés, nous obligent à réserver aussi dans la partie du trésor royal le bénéfice des fonds qui reviennent de la réduction des rentes constituées sur les tailles, sur le contrôle des actes, et sur quelques-unes de nos autres fermes, parce que la première justice que nous devons à nos sujets est d'assurer le paiement de tous les intérêts qui leur sont dus, en attendant que nous puissions parvenir au remboursement des principaux, et que le fondement de toutes les dispositions de notre présent édit, comme de toute bonne et solide administration, est d'établir une telle proportion entre la recette et la dépense, que l'une puisse porter les charges de l'autre, et que cette égalité nous donne le moyen de satisfaire en même temps, et aux engagements et aux besoins de l'Etat; c'est dans toutes ces vues que, travaillant sans relâche à diminuer ou à retrancher successivement le poids des impositions extraordinaires, à perfectionner toujours de plus en plus l'ordre et l'arrangement des finances, à rendre au commerce sa vie et son mouvement, en le dégageant de tous les obstacles étrangers, et en l'honorant d'une protection singulière, nous espérons de jouir enfin de la satisfaction de voir notre royaume dans un état florissant, et ce qui nous touche encore plus, de pouvoir rendre nos peuples heureux. A ces causes, etc.

N° 151. — Arrêt *du conseil qui règle le mode d'élection des officiers municipaux.*

Paris, 4 septembre 1717. (Archiv.)

N° 152. — Declaration *qui suspend toutes les disputes, contestations et differends qui se sont élevés à l'occasion de la constitution du pape, contre le livre des Réflexions morales sur le Nouveau Testament.*

Paris, 7 octobre 1717. Reg. P. P. 8. (Archiv.)

N° 153. — Declaration *concernant les bois abandonnés en Provence.*

Paris, 6 novembre 1717. Reg. P. Provence. (Archiv.)

N° 154. — Ordonnance *portant défenses d'aller en pèlerinage en pays étrangers, sous les peines y contenues.*

Paris, 15 novembre 1717. (Archiv. — Rec. cass. — Peuchet, II. 398.)

N° 155. — Ordonnance *qui défend les assemblées de jeu.*

Paris, 4 décembre 1717. (Archiv. — Rec. cass.)

S. M. étant informée que la licence des jeux est devenue si excessive et si générale, qu'elle trouble la tranquillité publique et qu'elle cause non-seulement une espèce d'altération et de dérangement dans le commerce, mais aussi un désordre presque universel dans toutes les conditions, tant par les vols et les infidélités domestiques qu'elle donne lieu de commettre, que par le scandale, les attroupements et le tumulte, suites nécessaires de ces assemblées, dont les unes sont ou paroissent sous la protection de personnes d'une qualité distinguée, et les autres se tiennent dans des maisons particulières, dont la plupart de ceux qui les composent ne connoissent pas les maîtres. L'excès ayant été porté si loin que chacun affecte d'attirer chez soi les passants en éclairant le dehors de son logis par des lampions, faisant distribuer par la ville et dans les cafés un grand nombre de billets d'invitations, les uns écrits à la main, les autres imprimés, mettant une espèce de garde à sa porte, distinguant les lieux où se tiennent ces assemblées par différentes indications extérieures qui les font regarder comme des maisons publiques, et qui en facilitent l'entrée aux gens les plus suspects et qui ne subsistent à Paris que par le secours d'une industrie criminelle; à quoi étant juste et important de pourvoir, S. M., de l'avis de monsieur le duc d'Orléans régent a fait très-expresses inhibitions et défenses à toute personne de quelque dignité, qualité et condition qu'elle soit, de tenir aucune académie ou assemblée de jeux, ni de souffrir que dans les maisons qu'elles occupent, et dans celles qu'elles protègent, ou sur la porte desquelles sont inscrits leurs noms, même dans celles de ces maisons qui ont pour inscriptions les noms des princes et princesses du sang royal, il se tienne aucune assemblée de cette espèce pour quelque cause ou prétexte, ou à la faveur de quelque prétendu privilège que ce soit; comme aussi d'avoir à leurs portes une garde composée de soldats, ou d'archers, sans permission expresse de S. M., de faire imprimer ni distribuer dans Paris des billets d'invitation, d'éclairer le dehors de leurs maisons par des lampions, ou de les distinguer par d'autres indications extérieures, propres à y attirer le public. Défend particulièrement S. M. de jouer aux dez, ni aux jeux appelés le Hocca, la Bassette, le Pharaon, le Lansquenet, la Dupe, et autres semblables, sous quelques noms, ou sous quelque forme qu'ils puissent être déguisés, et enjoint aux propriétaires des maisons où l'on y jouera, d'en avertir incessamment le lieutenant général de police, et l'un des commissaires de son quartier, le tout à peine de désobéissance. Enjoint pareillement S. M. audit sieur d'Argenson, conseiller d'état ordinaire, lieutenant général de police de sa bonne ville de Paris, de tenir la main à l'exécution de la présente ordonnance, et de l'informer des contraventions, afin qu'il y soit pourvu avec toute la sévérité convenable, sans préjudice des condamnations qui pourront être prononcées contre les contrevenants, en exécution des arrêts du parlement. Mande aussi S. M. à tous commissaires, inspecteurs et autres officiers de police, d'y concourir chacun en ce qui les concerne; et aux officiers du guet en particulier, de faire enlever sur-le-champ les lampions que l'on pourroit mettre au dehors desdites maisons, au préjudice de la présente ordonnance qui sera lue, publiée et affichée, en sorte que personne ne puisse l'ignorer.

Nº 156. — EDIT *portant suppression des offices de notaires syndics.*

Paris, décembre 1717. Reg. P. P. 31 décembre. (Archiv.)

Nº 157. — DÉCLARATION *concernant les biens des religionnaires fugitifs.*

Paris, 21 mars 1718. Reg. P. P. 7 avril. (Archiv.)

N° 158. — DÉCLARATION *qui ordonne que la surintendance du Jardin Royal sera séparée de la charge de premier médecin.*

Paris, 31 mars 1718. Reg. P. P. 2 avril. (Archiv.)

N° 159. — ORDONNANCE *qui défend aux capitaines de vaisseaux qui apporteront des nègres aux îles de descendre à terre ni d'y envoyer leurs équipages, sans en avoir obtenu les permissions des gouverneurs.*

Paris, 3 avril 1718. (Archiv.)

N° 160. — ARRÊT *du conseil qui nomme un inspecteur général du domaine pour poursuivre et défendre, devant les conseils du roi, les affaires du domaine de la couronne.*

Paris, 1er mai 1718. (Archiv. — Rec. cass)

N° 161. — ARRÊT *du conseil qui ordonne que tous les possesseurs de domaines et autres droits domaniaux, soit par engagement, soit à titre de propriété incommutable ou autrement, seront tenus de rapporter leurs titres pardevant les intendants et commissaires départis dans les provinces.*

Paris, 1er mai 1718. (Archiv.)

N° 162. — ORDONNANCE *concernant les haras des particuliers.*

Paris, 26 juin 1718. (Archiv.)

De par le roi. — S. M., dans le désir de conserver à la noblesse et autres particuliers curieux de l'élève de beaux poulains, la liberté de tirer de leurs propres chevaux et cavales, tout l'avantage qu'ils en peuvent espérer, auroit, par son réglement sur le fait des haras du 22 février 1717, titre 5, article 1er, permis aux propriétaires des chevaux entiers d'en faire usage pour le service de leurs propres cavales seulement, et restreint, par l'article 34, titre 4 dudit réglement, la faculté qu'ont les gardes-étalons, de faire saisir et arrêter les juments comprises aux rôles des commissaires inspecteurs, pour être saillies par les étalons du roi, ou approuvés (lorsqu'elles n'y seront point venues), aux seules cavales saillies en contravention audit réglement, et excepté des saisies ordinaires, celles qui se trouveroient pleines du fait de chevaux appartenants aux propriétaires desdites juments; et étant informée que cette tolérance qui avoit pour principe l'augmentation et la perfection des haras de son royaume, a dégénéré en un abus des plus préjudiciables à l'établissement, en ce

que la plupart des paysans propriétaires de juments, sont dans
l'usage de les faire couvrir par toutes sortes de chevaux indif-
féremment, et trouvent leur justification toute prête, malgré
les défenses, en déclarant qu'elles sont pleines du fait d'un
cheval entier à eux appartenant, quelque défectueux qu'il
puisse être, ce qui rend presque inutiles les soins que l'on se
donne pour détruire les mauvaises espèces de chevaux en
France, et attire d'un autre côté les plaintes des gardes-étalons qui, se trouvant privés par cette mauvaise pratique de
leurs rétributions ordinaires pour la saillie des juments de
leurs cantons, sont près d'abandonner leur emploi si le roi
n'a la bonté d'y pourvoir; à quoi ayant égard, S. M., de l'avis
de M. le duc d'Orléans, régent, a ordonné et ordonne que
tous particuliers propriétaires de chevaux entiers, voulant
faire saillir leurs propres juments pour en avoir des poulains,
seront tenus de prendre une permission par écrit du commissaire inspecteur des haras visée de l'intendant de la province,
de faire usage desdits chevaux pour la saillie de juments à eux
appartenants, qui seront signalées de même que l'étalon, laquelle sera renouvelée toutes les fois que lesdits particuliers
voudront substituer un cheval à un autre, ou qu'ils auront fait
emplette de nouvelles cavales; à peine contre les contrevenants de trois cents livres d'amende, et de confiscation des
chevaux et juments surpris en contravention, le tout applicable moitié au profit du dénonciateur, et moitié au garde-
étalon le plus prochain du lieu où la contravention aura été
commise.

Nº 163. — ARRÊT *du parlement de Paris portant défenses aux
clercs de procureurs de ladite cour, du Châtelet, et autres jurisdictions, de porter dans le palais des épées, et des cannes ou
bâtons, et des épées partout ailleurs.*

3 août 1718. (Archiv.)

Nº 164. — TRAITÉ *entre la France, la Grande-Bretagne et
l'empereur.*

Londres, 20 août 1718. (Rec. cass. — Dumont, Corps dipl.)

Nº 165. — ARRÊT *du conseil suivi de lettres patentes touchant
les droits et l'autorité des parlements.*

Paris, 21 août 1718. Reg. P. P. en lit de justice 26. (Archiv.)

Le roi, étant informé que le parlement de Paris, à l'insti-
gation de gens mal intentionnés et contre l'avis des plus sages

de cette compagnie, abusant des différentes marques de considération dont il a plu à S. M. de l'honorer, et même de la grace qu'elle a bien voulu lui accorder aussitôt après son avènement à la couronne, en lui permettant de faire à S. M. des remontrances sur ses édits et déclarations avant de les enregistrer, fait continuellement de nouvelles tentatives pour partager l'autorité souveraine, s'attribuer l'administration immédiate des finances, s'arroger une juridiction sur les officiers comptables, se rendre supérieur aux autres cours supérieures, soit sur le fait des monnoies, soit par rapport aux impositions et aux subsides, proposer ou réitérer ses remontrances après le terme prescrit par la déclaration du mois de septembre 1715, les faire prévaloir sur la volonté du roi, défendre et surseoir l'exécution des arrêts du conseil, se dire ou se prétendre le conseil nécessaire de S. M. et de l'État, abuser des exemples des précédentes minorités, dont les divisions intérieures ou les guerres étrangères avoient troublé la tranquillité, renoncer presque entièrement à la distribution de la justice pour s'occuper de l'examen, ou plutôt de la critique des affaires du gouvernement, au grand préjudice du crédit public que le parlement semble avoir voulu altérer par des procédures inconsidérées, par des éclaircissements qu'il n'avoit pas droit de demander, et par différents arrêtés sur des matières qui ne sont pas de sa compétence; à quoi étant nécessaire de pourvoir. S. M. étant en son conseil, de l'avis de M. le duc d'Orléans, régent, a ordonné et ordonne ce qui suit:

Art. 1er. Le parlement de Paris pourra continuer de faire à S. M. des remontrances sur les ordonnances, édits, déclarations et lettres patentes qui lui seront adressés, pourvu que ce soit dans la huitaine, ainsi qu'il est porté par la déclaration du mois de septembre 1715, et dans la forme prescrite par l'article 3 du titre premier de l'ordonnance de 1667; lui défend S. M. de faire aucunes remontrances, délibérations ni représentations sur les ordonnances, édits, déclarations et lettres patentes qui ne lui auront pas été adressés.

2. Veut S. M., que faute par ledit parlement de Paris de faire ses remontrances dans la huitaine, du jour que les édits, déclarations du roi et lettres patentes lui auront été présentés, ils soient réputés et tenus pour enregistrés; et en conséquence qu'il en sera envoyé une expédition en forme aux bailliages et sénéchaussées du ressort du parlement de Paris, pour y être exécutés selon leur forme et teneur, et le contenu en iceux être observé sous telles peines qu'il appartiendra, et en cas

de contravention tant par ledit parlement de Paris, que par lesdits baillis et sénéchaux dans leurs arrêts, sentences et jugements, qu'ils seront cassés et annulés par S. M., suivant la forme prescrite par ses ordonnances.

3. Lorsque le parlement aura délibéré de faire des remontrances dans la forme et le temps ci-dessus marqués, les gens du roi se donneront l'honneur d'informer S. M., qui leur fera savoir si elle désire recevoir leurs remontrances de vive voix ou par écrit.

4. Au premier cas, il sera, par S. M., indiqué au parlement le jour auquel elle trouvera bon d'écouter ses remontrances, et au second cas, faute par le parlement de remettre ses remontrances par écrit à l'un des secrétaires d'état et des commandements de S. M., huit jours après qu'elle leur en aura donné l'ordre, les édits, déclarations et lettres patentes seront censés enregistrés, ainsi qu'il est porté par l'article 2 du présent arrêt.

5. Après les remontrances écoutées ou reçues par S. M., s'il lui plaît d'ordonner que les édits, déclarations et lettres patentes seront enregistrés, le parlement sera tenu d'y satisfaire sans délai, sinon l'enregistrement sera censé en avoir été fait, et il en sera envoyé des expéditions, suivant l'article second du présent arrêt, sauf au parlement, après l'enregistrement, de faire de nouvelles remontrances, auxquelles S. M. aura tel égard qu'il appartiendra.

6. S. M. défend très-expressément audit parlement de Paris d'interpréter les édits, déclarations et lettres patentes qui lui auront été adressés de son ordre; et en cas que quelques articles lui paroissent sujets à interprétation, le parlement de Paris pourra, conformément à l'article 3 du titre 1er de l'ordonnance de 1667, représenter à S. M. ce qu'il estimera convenable à l'utilité publique, sans que l'exécution en puisse être sursise, ni qu'aucuns édits, ordonnances, déclarations, lettres patentes ni réglements de S. M. puissent être interprétés ou modifiés par ledit parlement de Paris, sous aucun prétexte.

7. N'entend S. M. que le parlement de Paris puisse inviter les autres cours à aucune association, union, confédération, consultation, ni assemblée par députés ou autrement, pour quelque cause et occasion que ce soit, sans une permission expresse et par écrit de S. M., à peine de désobéissance, et sous telle autre peine qu'il appartiendra, suivant l'exigence des cas.

8. Lui défend pareillement S. M. de faire aucune assem-

blée ou délibération touchant l'administration de ses finances, ni de prendre connoissance d'aucunes affaires qui concernent le gouvernement de l'Etat, si S. M. ne trouve bon de lui en demander son avis par un ordre exprès.

9. Déclare S. M. nuls et de nul effet tous procès-verbaux, arrêts, délibérations, arrétés et autres actes que ledit parlement de Paris pourroit avoir faits par le passé, ou pourroit faire à l'avenir, soit au sujet des édits, déclarations et lettres patentes qui ne lui ont pas été adressés, soit par rapport aux affaires du gouvernement de l'Etat, sur lesquelles S. M. ne lui aura pas demandé son avis.

10. Ce faisant, a, S. M., d'abondant, cassé et annule l'arrêt du parlement de Paris du 20 juin dernier, dont elle a ordonné la cassation par celui du conseil du même jour

Casse et annulle pareillement S. M., tous arrêtés, actes de publication d'affiches, de notification et autres qui pourroient avoir été faits, soit contre l'édit du mois de mai dernier, enregistré en la cour des monnoies où l'adresse en avoit été faite, soit au préjudice dudit arrêt du conseil, et de celui du lendemain, ou des lettres patentes expédiées sur ledit arrêt, et adressées au parlement, qui ne les a pas encore enregistrées.

Casse et annulle aussi l'arrêt du parlement de Paris du 12 de ce mois, comme attentatoire à l'autorité royale, et toutes les délibérations ou procédures qui ont précédé et suivi ledit arrêt, ou qui pourroient être faites à l'avenir sur ce qu'il contient, et sur toutes autres matières semblables; défendant S. M. au parlement de traiter de telles affaires, que lorsqu'elle voudra bien lui faire l'honneur de l'en consulter.

Veut S. M. que lesdits arrêts, arrêtés, délibérations, procès-verbaux et autres actes faits en conséquence, soient rayés et biffés dans les registres du parlement, et partout ailleurs où besoin sera, et qu'en marge d'iceux mention soit faite du présent arrêt, qui sera lu, publié et affiché tant dans sa bonne ville de Paris, que dans les villes et principaux lieux du ressort dudit parlement, à l'effet de quoi il en sera envoyé directement des expéditions aux bailliages et sénéchaussées, pour y être enregistré à la diligence des procureurs de S. M., qui seront tenus d'en certifier dans un mois, à peine d'interdiction, et que pour l'exécution du présent arrêt toutes lettres patentes nécessaires seront expédiées.

Nº 166. — Édit *portant que le duc du Maine et le comte de Toulouse n'auront rang au parlement que du jour de l'érection de leurs pairies.*

Paris, août 1718. Reg. P. P. en lit de justice 26 août. (Archiv.)

Louis , etc. La dignité de pair de France, qui a toujours été regardée avec tant de distinction . a mérité dans tous les temps une attention particulière des rois nos prédécesseurs, pour en conserver l'éclat et la grandeur, et ils ont donné aux pairs le rang immédiat après les princes du sang, pour les approcher plus près de leurs personnes. La réunion à la couronne d'une partie des anciennes pairies, a engagé les rois à en créer de nouvelles pour remplacer les anciennes, et pendant plusieurs siècles les pairs n'ont eu devant eux que les princes du sang royal, et n'ont eu d'autre rang entre eux que celui de l'érection de leurs pairies : si dans les derniers siècles les rois ont changé cet ordre par des raisons particulières d'affection pour quelques sujets qu'ils ont voulu placer au-dessus de tous les pairs, quoi qu'ils n'eussent que cette dignité , les rois successeurs ont eu attention de rétablir l'ordre ancien de la création des pairies. Mais le roi Henri IV, poussé par une tendresse extraordinaire pour César de Vendôme, un de ses fils légitimés , lui donna d'abord , en 1597, lors de l'érection de la terre de Beaufort en duché-pairie, le rang comme duc au-dessus de quelques pairs , et par de nouvelles lettres de 1610, il le lui donna au-dessus de tous, immédiatement après les princes du sang. Cette grace ne fut pas approuvée par le roi son successeur notre trisaïeul ; en sorte que le duc de Beaufort, fils de César de Vendôme, n'eut rang dans notre parlement de Paris que du jour de la création de ce duché-pairie ; les autres fils légitimés du roi Henri IV n'eurent aucun rang parmi les ducs et pairs, et celui d'entre eux qui fut honoré de la dignité de pair par le roi Louis XIV, n'eut le rang parmi les pairs que du jour de l'érection de sa pairie. Mais le feu roi notre bisaïeul, qui eut toujours une affection et une attention particulière pour élever ses fils légitimés, fit revivre, en 1694, dans les descendants de César de Vendôme, le rang que le roi Henri IV leur avoit donné, pour pouvoir faire la même grace aux duc du Maine et comte de Toulouse, ses fils légitimés; il leur accorda une déclaration le 5 du mois de mai 1694, par laquelle il fut ordonné que ses enfants légitimés et leurs descendants en légitime mariage tiendroient le premier rang immédiatement après les princes du sang royal, en tous lieux, actes, cérémonies et assemblées publiques et particulières, même en notre cour de parlement et ailleurs; qu'ils précéderoient tous les princes qui ont des souverainetés hors notre royaume, et tous autres seigneurs de quelque qualité et dignité qu'ils puissent être, et que dans toutes les cérémonies qui se feroient en sa présence et partout ailleurs, sesdits fils légitimés jouiroient des mêmes honneurs, rangs et distinctions dont de tous temps ont accoutumé de jouir les princes de notre sang, immédiatement après lesdits princes du sang royal. Ces graces ont été confirmées par des brevets particuliers des 20 et 21 mai 1711, qui ont donné lieu à l'édit des mêmes mois et an, suivant lequel les fils légitimés du feu roi qui posséderont des pairies, doivent représenter les anciens pairs aux sacres des rois, après et au défaut des princes du sang, et avoir entrée et voix délibérative en notre cour de parlement à l'âge de vingt ans, avec séance immédiatement après les princes du sang, et y précéder tous les ducs et pairs, quand même les duchés-pairies de ses fils légitimés seroient moins anciennes que celles desdits ducs et pairs. Toutes ces distinctions, dont les dernières étoient sans exemples, furent beaucoup augmentées par l'édit du mois de juillet 1714, et par la déclaration du 23 mai 1715, par lesquels le feu roi donna à ses fils légitimés le titre de princes du sang, les déclara capables de succéder à la couronne au défaut du dernier des princes du sang, et leur accorda tous les privilèges, droits et honneurs, sans distinction, dont jouissoient les princes du sang. Le préjudice que ce dernier édit faisoit aux princes de notre sang, leur a donné lieu de nous en demander la révocation, que nous leur avons accordée pour maintenir dans nos descendants et dans ceux des princes du sang royal, les droits éminents que la seule naissance légitime peut donner; mais en même temps que nous avons révoqué cet édit et cette déclaration par celui du mois de juillet 1717, en ce qu'ils déclaroient les duc du Maine et comte de Toulouse et leurs descendants mâles, princes du sang et habiles à succéder à la couronne, nous avons réservé au duc du Maine et au comte de Toulouse les honneurs dont ils avoient joui depuis l'édit de 1714. Comme cette grace peut avoir des conséquences dangereuses, et qu'après avoir rendu la justice qui étoit due aux princes du sang royal, nous ne sommes pas moins obligés de rétablir, en faveur des ducs et pairs, l'ordre ancien du rang des duchés-pairies, dans la vue que nous avons d'entretenir entre tous les corps de notre État l'harmonie et l'union qui doivent assurer la tranquillité du gouvernement et le bonheur de nos sujets, nous avons résolu d'expliquer nos intentions sur la requête qui nous a été présentée par les ducs et pairs pour être maintenus dans tous leurs droits et prérogatives. A ces causes et autres bonnes et grandes considérations à ce nous mouvants, de l'avis de notre très-cher et très-amé oncle le duc d'Orléans, petit-fils de France, régent, et de plusieurs grands et notables personnages de notre royaume, et de notre certaine science, pleine puissance et autorité royale, nous avons révoqué, et par ces présentes signées de notre main, révoquons la déclaration du 5 mai 1694, donnée en faveur des duc du Maine et comte de Toulouse, ensemble l'édit du mois de mai 1711, en ce qu'il leur attribue et à leurs décendants mâles le droit de représenter les anciens pairs aux sacres des rois, à l'exclusion des autres pairs de France; en ce qu'il les admet à prêter le serment au parlement à l'âge de vingt ans, et en ce qu'il leur permet de donner une pairie à chacun de leurs enfants mâles, pour en jouir aux mêmes honneurs du vivant même de leurs pères; et en conséquence ordonnons que lesdits duc du Maine et comte de Toulouse, n'auront rang et séance en notre cour de parlement, près de nous dans les cérémonies publiques et particulières et partout ailleurs, que du jour de l'érection de leurs pairies, et qu'ils ne jouiront d'autres honneurs et droits que de ceux attachés à leurs pairies, et comme en jouissent les autres ducs et pairs de France; dérogeant à cet effet à notre édit du mois de juillet 1717, en ce qu'il ordonne que lesdits duc du Maine, comte de Toulouse et leurs enfants, continueront de recevoir les honneurs dont ils avoient joui en notre cour de parlement, depuis l'édit du mois de juillet 1714, et à tous autres édits, déclarations, lettres patentes, arrêts, tant pour eux que pour leurs enfants, et autres titres à ce contraires.

N° 167. — ÉDIT *portant que le comte de Toulouse jouira sa vie durant des honneurs et prérogatives précédemment attachés à sa pairie.*

Paris, 26 août 1718. Reg. P. P. le même jour en lit de justice. (Archiv.)

EXTRAIT.

Connoissant l'attachement inviolable que notre très-cher et très-amé oncle le comte de Toulouse a toujours témoigné pour notre personne et pour notre Etat, son zèle pour le bien public, les services importants qu'il a rendus, et les qualités éminentes dont il est pourvu, nous voyons avec peine que les anciennes constitutions que nous venons de rétablir, l'excluent d'un rang dont son mérite personnel le rendoit si digne, et qu'il n'avoit même accepté que par déférence pour les ordres de notre très-honoré seigneur et bisaïeul le feu roi de glorieuse mémoire. Par ces considérations, nous avons cru lui devoir donner des marques particulières de l'estime que nous avons pour lui, et nous le faisons avec d'autant plus de plaisir, que nos intentions se trouvent secondées du consentement unanime des princes de notre sang, et de la réquisition que les pairs de France nous en ont faite. A ces causes, de l'avis de notre très-cher et très-amé oncle le duc d'Orléans, régent, de notre très-cher et très-amé cousin le duc de Bourbon; de notre très-cher et très-amé cousin le prince de Conti, princes de notre sang, etc., voulons et nous plaît, que notre très-cher et très-amé oncle le comte de Toulouse continue de jouir, sa vie durant, de tous les honneurs, rangs, séances et prérogatives dont il jouissoit avant notredit édit des présents mois et an, enregistré ce jourd'hui, sans tirer à conséquence, et sans que sous quelque prétexte que ce soit, pareille prérogative puisse être accordée, ni à ses descendants, ni à aucun autre quel qu'il puisse être.

N° 168. — ÉDIT qui, nonobstant les arrêts des 2 et 12 septembre 1715, défère au duc de Bourbon la surintendance et l'éducation du roi, à l'exclusion du duc du Maine.

Paris, 26 août 1718. Reg. P. P. même jour en lit de justice. (Archiv.

N° 169. — DÉCLARATION portant que les sous-fermiers des fermes du roi seront exempts de toutes taxes et recherches de chambre de justice.

Paris, 29 octobre 1718. Reg. P. P. 30 décembre. (Archiv)

N° 170. — ORDONNANCE contre les vagabonds et gens sans aveu.

Paris, 10 novembre 1718. (Archiv.)

N° 171. — ORDONNANCE pour défendre le port d'armes.

Paris, 14 novembre 1718. (Archiv.

N° 172. — ÉDIT portant rétablissement des offices de maires, lieutenants de maires et consuls perpétuels en Languedoc.

Paris, novembre 1718 (Archiv.)

No 175. — DÉCLARATION *pour convertir la banque générale en banque royale* (1).

Paris, 4 décembre 1718. Reg. P. P. 26 août 1719. (Archiv.)

PRÉAMBULE.

Louis, etc.—Peu de temps après notre avènement à la couronne, le sieur Law nous ayant fait présenter un projet pour l'établissement d'une banque, dont le fonds seroit fait de nos deniers, et administrée en notre nom et sous notre autorité, nous aurions fait examiner ce projet en notre conseil de finances, mais les conjonctures du temps ne permirent pas alors de l'accepter. Le sieur Law nous ayant ensuite fait supplier de lui accorder la permission d'établir une banque pour son compte, et celui d'une compagnie qu'il formeroit; après avoir fait examiner ce nouveau projet en notre conseil, nous aurions accordé audit sieur Law, et à sa compagnie, des lettres patentes des 2 et 20 mai 1716, portant privilège d'établir une banque générale dont le fonds seroit composé de six millions de livres, faisant douze cents actions, de mille écus de banque chacune, payables au porteur, à laquelle tous nos sujets et les étrangers pourroient s'intéresser, et par notre déclaration du 25 juillet 1716, nous aurions ordonné que tous les endossements qui seroient mis sur les billets de banque n'engageroient point les endosseurs, à moins qu'ils n'eussent stipulé la garantie, auquel cas la garantie ne subsisteroit que pour le temps porté par l'endossement. L'importance de cet établissement nous auroit porté à lui accorder notre protection, ayant reconnu par expérience l'utilité que nous et nos sujets en retireroient, par

---

(1) Voici quelle étoit la théorie du système de Law. « Le crédit des banquiers et des négociants décuple leurs fonds, c'est-à-dire que celui qui a un fonds de cent mille livres peut faire pour un million d'affaires, et tirer le profit d'un million, d'où l'on doit conclure que, si un État pouvoit réunir dans une banque tout l'argent de la circulation, il seroit aussi puissant qu'avec un capital décuple. Law ne vouloit pas que cet argent fût attiré dans la banque de l'État par la voie du prêt (l'intérêt qu'il faudroit payer diminueroit ou anéantiroit le bénéfice), ni par la voie des impositions, tout son système tendoit à les diminuer. Il préféroit la voie du dépôt. Il concevoit différentes manières d'y engager par la confiance ou d'y contraindre les particuliers. L'hypothèse qu'il présentoit n'étoit pas nouvelle suivant lui; chaque fois que l'État faisoit une refonte des monnoies, il devenoit momentanément dépositaire de tout l'argent en circulation. Les deux écrivains qui ont donné l'idée la plus claire du système de Law, sont Forbonnais dans ses *Recherches et Considérations sur les finances de France*, et Ganilh dans son *Essai sur le revenu public*. » (Lacretelle, Hist. de France pendant le dix-huitième siècle, I, 283.)

la facilité de faire venir à Paris les deniers royaux sans frais, et sans dégarnir les provinces d'espèces. Les particuliers ont trouvé par là le moyen d'établir des fonds dans tous les lieux du royaume et dans les places étrangères, dans un temps où la confiance étoit entièrement perdue. L'intérêt modique auquel la banque a escompté les lettres de change, a fait diminuer l'usure, et a empêché nos sujets d'emprunter en pays étranger, et les sommes que la banque a prêtées aux manufacturiers et négociants, en a soutenu le crédit et augmenté les affaires. Depuis l'établissement de la banque, on a vu cesser les dérangements dans le commerce, les changes étrangers ont été soutenus en faveur de nos sujets, et les étrangers se sont servis des billets de la banque pour faire leurs fonds dans toutes les parties du royaume pour leurs achats de marchandises et denrées, dont la sortie est si avantageuse et si nécessaire. Le succès de cet établissement nous a porté à faire examiner de nouveau le premier projet dudit sieur Law; et ayant été pleinement informé qu'il convenoit au bien général du commerce et de nos sujets que la banque fut continuée sous le titre de banque royale, et que la régie s'en fît en notre nom et sous notre autorité; nous aurions pour y parvenir fait acquérir pour nous les actions de ladite banque, dont nous avons fait rembourser aux actionnaires en deniers effectifs, leurs capitaux, qu'ils avoient portés en billets de l'État pour former le fonds de la banque, lesquels ont été depuis convertis en actions de la compagnie d'Occident; et en conséquence de ces remboursements qui ont été faits aux actionnaires de nos deniers, nous sommes devenus seuls propriétaires de toutes les actions de ladite banque, que nous avons résolu de déclarer banque royale, en sorte qu'il est nécessaire d'expliquer nos intentions, tant au sujet de la régie qui doit être faite de ladite banque, que par rapport à l'ordre qui doit être observé pour la reddition des comptes d'icelle. A ces causes, etc.

N° 174. — ARRÊT *du conseil concernant la banque royale.*

Paris, 27 décembre 1718. (Archiv.)

PRÉAMBULE.

Le roi s'étant fait représenter en son conseil ses lettres patentes du 20 mai 1716, régistrées au parlement le 23 du même mois, portant privilège en faveur du sieur Law et de sa compagnie, pour l'établissement d'une banque générale; sa déclaration du 25 juillet 1716 sur les endossements des billets de ladite banque, ensemble les arrêts de son conseil d'état successivement rendus pour perfectionner ledit établissement à l'avantage du commerce, et en vue de procurer à ses sujets une plus grande facilité dans l'arrangement de leurs affaires particulières, et S. M. ayant acquis toutes les actions de ladite banque, a cru qu'il étoit du bon ordre qu'elle fût connue et déclarée royale, et s'en seroit ainsi expliquée par sa déclaration du 4 du présent mois, envoyée au parlement de Paris le 12 d'icelui, et par conséquent réputée et tenue pour enregistrée, aux termes de l'article 2 des lettres patentes du 26 août dernier, registrées au parlement le même jour, le roi y séant en son lit de justice. Et d'autant que pour réprimer les bruits malicieusement répandus par gens mal intentionnés, soit en vue de se maintenir dans l'usage des usures excessives dont ils se sont fait une espèce de profession, soit à dessein de diminuer le crédit que ladite banque s'est acquis dans le royaume et dans les pays étrangers, malgré les divers obstacles qu'on a affecté d'y opposer, il est nécessaire que les intentions de S. M., tant sur la régie intérieure, la forme et l'administration de ladite banque, qu'à l'égard du crédit que doivent avoir ses billets, soient entièrement connues du public : S. M. a jugé à propos de s'en expliquer par le présent arrêt, d'une manière à ne laisser plus aucun doute à ses sujets sur l'objet dudit établissement, ni sur les moyens qu'elle a dessein d'employer pour y concourir, persuadée qu'ils y trouveront de tels avantages, qu'il ne se peut que l'expérience qu'ils en feront ne prévale sur les précautions contraires. S. M. étant aussi informée que la rareté apparente des espèces de billon et des monnoies de cuivre dans les paiements, et le haut prix de l'argent dans le commerce ne proviennent pas du manque d'espèces, dont il y a une grande quantité dans le royaume, mais du défaut de règle et d'ordre dans les paiements, et de ce que les billets de ladite banque n'ont pas la même faveur que dans les autres pays et villes de commerce où de pareilles banques sont établies, a estimé qu'il convenoit d'y pourvoir; à l'effet de quoi S. M., étant en son conseil, de l'avis de M. le duc d'Orléans, régent, a ordonné ce qui suit, etc.

Nº 175. — DÉCLARATION *concernant les condamnés aux galères, bannis et vagabonds.*

Paris, 8 janvier 1719. Reg P. P. 20. (Archiv. — Rec. cass.

PRÉAMBULE.

LOUIS, etc. L'étendue de notre bonne ville de Paris, et le

nombre des personnes qui y abordent de toutes les provinces
de notre royaume, obligeant à veiller plus particulièrement
sur tous ceux qui pourroient troubler la sûreté ou la tranquillité publique, les rois nos prédécesseurs ont eu dans tous les
temps une attention singulière à en éloigner les vagabonds,
qui n'ont d'autre occupation que celle que leur libertinage
leur procure, et qui ne tirent souvent leur subsistance que des
crimes où la débauche les entraîne; c'est dans cette vue que
le feu roi notre très-honoré seigneur et bisaïeul, marqua, par
la déclaration du 27 août 1701, la véritable qualité des vagabonds et gens sans aveu, qu'il leur enjoignit de nouveau de
sortir de Paris dans un certain temps, qu'il prononça des peines
contre ceux qui n'y satisferoient pas, et qu'il détermina les
juges qui prendroient connoissance des contraventions; il
crut même devoir comprendre dans la disposition de cette loi
ceux qui ayant été bannis de quelques-unes des villes ou provinces du royaume, étoient indignes de venir s'établir dans
la ville capitale, pendant le temps qu'ils étoient exclus de
leur propre patrie, et dont les crimes passés donnoient un
juste sujet d'en craindre de nouveaux, et c'est par ces motifs
qu'il leur fut fait défenses de se retirer dans notre bonne ville,
prévôté et vicomté de Paris, sous les peines portées par les
déclarations des 31 mai 1682, et 29 avril 1687, contre ceux
et celles qui ne gardent pas leur ban. Mais l'expérience ayant
fait connoître que ceux qui sont accoutumés au crime, ne sont
pas moins à craindre après le temps de leur condamnation que
pendant le temps même porté par le jugement qui les con-
damne, nous avons jugé à propos, en renouvelant des lois si
nécessaires pour maintenir le bon ordre dans notre bonne ville
de Paris, de faire les mêmes défenses à tous ceux qui auroient
été condamnés aux galères ou au bannissement, même après
le temps de leur condamnation expiré, en limitant cependant
ces défenses à notre bonne ville de Paris, faubourgs et ban-
lieue d'icelle, et en n'y comprenant par rapport aux bannis,
que ceux dont la conduite nous a paru trop suspecte, et l'état
trop peu favorable, pour les souffrir dans la première ville de
notre royaume, et si près de notre personne; et comme d'ailleurs nous sommes dans la nécessité d'envoyer des hommes
dans nos colonies pour y servir comme engagés, et travailler à
la culture des terres ou aux autres ouvrages, sans lesquels
notre royaume ne tireroit aucun fruit du commerce de ces
pays soumis à notre domination, nous avons cru ne pouvoir
rien faire de plus convenable au bien de notre État, que d'éta-

blir contre les hommes qui contreviendroient tant à la présente
déclaration qu'à celles du 31 mai 1682, 29 avril 1687 et 27
août 1701, la peine d'être transportés dans nos colonies. A ces
causes, etc.

Nº 176. — ORDONNANCE *portant déclaration de guerre contre
l'Espagne.*

Paris, 9 janvier 1719. (Archiv.)

PRÉAMBULE.

S. M., fidèle aux engagements que le feu roi de glorieuse
mémoire avoit pris par les traités d'Utrecht et de Bade, et vivement touchée des conseils qu'il lui donna dans les derniers
moments de sa vie, de ne connoître d'autre gloire que la paix
et le bonheur de son royaume, a mesuré jusqu'ici toutes ses
démarches sur ces règles qui seront toujours sacrées pour elle.
S. M., par les avis de M. le duc d'Orléans, régent, avoit donné
ses premiers soins à réunir des puissances considérables pour
le maintien de la paix, par la triple alliance du 4 janvier 1717.
Cette précaution et la neutralité établie en Italie laissoient
dans le calme les Etats voisins de la France, et fondoient encore une espérance de suppléer par de nouvelles mesures à ce
qui manquoit à la perfection des traités d'Utrecht et de Bade,
pour établir plus solidement la tranquillité de l'Europe. Mais
l'Espagne, en violant ces traités, détruisit en un moment
toutes les espérances de paix, et fit craindre le retour d'une
guerre aussi sanglante et aussi opiniâtre que celle que les derniers traités avoient terminée. S. M. n'a rien négligé pour arrêter le feu que l'Espagne allumoit, et, de concert avec le roi
de la Grande-Bretagne, elle a employé tous ses offices pour
ménager entre l'empereur et le roi d'Espagne, un accommodement aussi avantageux qu'honorable au roi catholique. S. M.
et le roi de la Grande-Bretagne ont obtenu non-seulement tout
ce que le roi d'Espagne avoit le plus vivement pressé le feu roi
d'obtenir pour lui, mais encore d'autres grands avantages.
Mais comme on ne pouvoit s'assurer que le ministre du roi
d'Espagne modérât l'ambition de ses projets, et qu'il n'étoit
pas juste que le repos de l'Europe dépendît de son opiniâtreté
ou de ses vues secrètes; S. M. et le roi de la Grande-Bretagne
n'ont pu refuser aux instances qui leur ont été faites, de con-
venir suivant l'usage fréquemment pratiqué dans les occasions
importantes au bien public, que si quelqu'un des princes intéressés refusoit de consentir à la paix, ils réuniroient leurs
forces pour l'y obliger. L'empereur et le roi de Sicile y ont

donné les mains. Mais toutes les démarches que S. M. et le roi de la Grande-Bretagne ont faites séparément et conjointement auprès du roi d'Espagne, n'ayant pu suspendre ses entreprises, ni lui faire goûter une paix si convenable à ses intérêts et à sa gloire; S. M. n'auroit pu manquer aux engagements qu'elle a pris par le traité de Londres du 2 août dernier, sans violer la justice et abandonner l'intérêt de ses peuples; et elle est obligée en conséquence du troisième des articles séparés dudit traité, de déclarer la guerre au roi d'Espagne, mais c'est en le conjurant encore avec les mêmes instances qu'elle lui a faites depuis long-temps sans relâche, de ne pas refuser la paix à un peuple qui l'a élevé dans son sein, et qui a généreusement prodigué son sang et ses biens pour le maintenir sur le trône d'Espagne, comme il l'avoue lui-même dans sa déclaration du 9 novembre dernier. S'il force S. M. à porter ses premières armes contre lui, elle a du moins la consolation de ne préférer à ce prince que le salut de ses peuples, si c'est même le lui préférer que de s'armer aujourd'hui contre l'Espagne, autant pour ses propres intérêts que pour ceux de toute l'Europe. Et à cet effet S. M., de l'avis de M. le duc d'Orléans, régent, a résolu d'employer toutes ses forces, tant de mer que de terre, soutenues de la protection divine qu'elle implore pour la justice de sa cause, de déclarer la guerre au roi d'Espagne. Ordonne et enjoint S. M. à tous ses sujets, vassaux et serviteurs, de courre sus aux Espagnols, et leur a défendu et défend très-expressément d'avoir ci-après avec eux aucune communication, commerce ni intelligence à peine de la vie; et en conséquence S. M. a dès à présent révoqué et révoque toutes déclarations, conventions ou exceptions à ce contraires, comme aussi toutes permissions, passeports, sauvegardes et sauf-conduits qui pourroient avoir été accordés par elle ou par ses lieutenants-généraux et autres ses officiers, contraires à la présente, et les a déclarés et déclare nuls et de nul effet et valeur, défendant à qui que ce soit d'y avoir aucun égard. A ces causes, etc.

N° 177. — DÉCLARATION *pour établir la juridiction du premier chirurgien du roi sur les barbiers, perruquiers, baigneurs, étuvistes, dans toute l'étendue du royaume, ainsi qu'elle l'est à Paris.*

Paris, 10 février 1719. (Archiv.)

N° 178. — RÈGLEMENT *pour l'établissement du conseil des prises.*

Paris, 12 février 1719. (Archiv.)

N° 179. — LETTRES PATENTES *pour l'instruction gratuite en l'Université de Paris* (1).

Paris, 14 avril 1719. Reg. P. P. 8 mai. (Archiv.)

LOUIS, etc. Voulant favorablement traiter notre très-chère et très-amée fille l'Université de notre bonne ville de Paris, de l'avis de notre très-cher oncle le duc d'Orléans, petit-fils de France, régent, nous ordonnons : Que le bail des messageries appartenant à notre fille aînée, sera toujours compris dans le bail général des postes, et que le prix du bail desdites messageries de ladite université, demeurera fixé pour toujours au vingt-huitième effectif du prix du bail général, lequel vingt-huitième sera payé par l'adjudicataire sans aucune retenue et quitte de toutes charges, en conséquence dudit prix et du consentement de la faculté des arts contenu dans la requête à nous présentée, ordonnons qu'à commencer du 1er avril présente année, l'instruction de la jeunesse sera faite gratuitement dans les collèges de plein exercice de notre fille aînée ladite université de Paris, sans que, sous quelque prétexte que ce soit, les régents desdits collèges puissent exiger aucuns honoraires de leurs écoliers, faute de laquelle instruction gratuite, les présentes demeureront nulles comme non avenues.

N° 180. — ÉDIT *portant réunion des compagnies des Indes Orientales et de la Chine à la compagnie d'Occident.*

Paris, mai 1719 (Archiv.)

N° 181. — ARRÊT *du conseil concernant l'ordre de St.-Louis.*

Paris, 1er juillet 1719. (Archiv.)

---

(1) Cette mesure libérale fut provoquée en raison de la rivalité qui existoit entre l'Université et les Jésuites. Ces derniers faisoient valoir en leur faveur les leçons gratuites qu'on recevoit dans leurs collèges. Depuis longtemps, il est vrai, les leçons de philosophie et celles des facultés supérieures étoient aussi données gratuitement dans l'Université, mais cet avantage n'avoit pas lieu pour les classes de la faculté des arts. Le principal revenu de l'Université consistant dans l'adjudication du bail de ses messageries, elle forma une demande, au commencement de l'année 1719, tendante à ce que ces messageries fussent réunies à l'administration générale des postes du royaume, moyennant une rente de 150,000 fr., « à charge par elle de faire gratuitement l'éducation de la jeunesse dans tous les collèges de plein exercice de Paris. » Ces collèges étoient alors au nombre de neuf ; savoir : ceux d'Harcourt, du cardinal Lemoine, de Navarre, de Montaigu, du Plessis, de Lisieux, de la Marche, des Grassins et de Beauvais. La requête de l'Université fut favorablement accueillie ; elle eut un fonds certain pour assurer les émoluments à ses professeurs, ce qui permit de rendre l'éducation entièrement gratuite, avantage qui n'existe même pas aujourd'hui, par suite du décret du 17 mars 1808.

N° 182. — DÉCLARATION *concernant l'union des bénéfices.*

Paris, 13 juillet 1719. Reg. P. P. 27. (Archiv.)

N° 183. — LETTRES PATENTES *portant provisions de la charge de bibliothécaire du roi à l'abbé Bignon.*

Paris, 15 septembre 1719. (Archiv.).

PRÉAMBULE.

LOUIS, etc. Le feu roi notre très-honoré seigneur et bisaïeul, voulant rendre notre bibliothèque la plus complète de l'Europe, ne s'est pas contenté de l'orner d'un grand nombre de manuscrits et de raretés antiques et modernes, avec une dépense digne de la magnificence de son règne. Lorsque ceux qu'il avoit jugés capables d'y travailler sous ses ordres venoient à manquer, ou se trouvoient hors d'état d'y continuer leurs services, il s'est appliqué à n'en confier le soin qu'à des personnes d'une capacité convenable à l'importance d'un pareil dépôt, également attentives à l'entretenir et à l'augmenter. La charge de maître de notre librairie, intendant garde de notre cabinet des livres, manuscrits, médailles, raretés et de notre bibliothèque, étant vacante par le décès du sieur abbé de Louvois, nous avons choisi pour la remplir notre cher et bien-amé Jean-Paul Bignon, abbé de Saint-Quentin en l'Isle, doyen de Saint-Germain-l'Auxerrois, conseiller ordinaire en notre conseil d'état, président de nos académies des sciences et des belles-lettres, et l'un des quarante de l'académie française. Son goût pour les lettres, son application à tout genre d'érudition, les connoissances qu'il y a acquises, la justesse de son discernement, son zèle et sa fidélité, concourent avec la satisfaction que nous trouvons à rendre en cette occasion un honneur dû à la mémoire de ses pères, en confiant à un de leurs descendants, le soin d'une bibliothèque qui a si long-temps été entre leurs mains, pendant le siècle passé, et qu'il ont enrichie du fruit de leurs veilles. A ces causes, etc.

N° 184. — RÈGLEMENT *pour la conservation des vaisseaux dans les ports et arsenaux.*

Paris, 7 novembre 1719. (Archiv.)

N° 185. — ORDONNANCE *qui défend aux gouverneurs généraux et particuliers des colonies d'avoir des habitations.*

Paris, 7 novembre 1719. (Archiv.)

N° 186. — LETTRES PATENTES portant qu'il sera dressé, après vendange, des procès-verbaux du produit de chaque mesure de vigne.

Paris, 26 novembre 1719. (Archiv.)

N° 187. — LETTRES PATENTES qui accordent au duc d'Orléans la faculté de faire établir le canal de Loing avec attribution de droit et propriété incommutable.

Paris, novembre 1719. (Archiv.)

N° 188. — ARRÊT du conseil qui permet à tous les Français de faire le commerce en gros et en détail du tabac, même de le faire fabriquer; fait défenses à toutes personnes, même aux habitants des crus, d'ensemencer et cultiver aucuns tabacs dans leurs terres, jardins, vergers et autres lieux, sous quelque prétexte ou dénomination que ce puisse être, à peine de dix mille livres d'amende.

Paris, 29 décembre 1719. (Archiv.)

N° 189. — ARRÊT du conseil qui permet de faire des recherches dans toutes les maisons particulières; même dans les communautés et maisons religieuses séculières et régulières, et dans tous les lieux privilégiés, des espèces qui peuvent y avoir été recélées.

Paris, 20 janvier 1720. (Archiv.)

N° 190. — LETTRES PATENTES pour l'exécution d'un arrêt du conseil portant que les billets de banque auront cours de monnoie dans le royaume.

Paris, 28 janvier 1720. (Rec. cass.)

N° 191. — ÉDIT portant réunion de la charge de garde du cabinet particulier des livres au Louvre, à celle de maître de la librairie et garde de la bibliothèque du roi.

Paris, janvier 1720. Reg. P. P. 2 mars. (Rec. cass.)

PRÉAMBULE.

LOUIS, etc. Le feu roi notre très honoré seigneur et bisaïeul, ayant jugé convenable au bien de son service, de réunir sous un seul et même titre, les charges de maître de notre librairie, d'intendant et garde de notre cabinet des livres, manuscrits, médailles et raretés antiques et modernes, et de garde de notre bibliothèque; l'utilité dont a été cette disposition,

nous a engagé à la confirmer après la mort du sieur abbé de
Louvois, et nous avons pourvu le sieur abbé Bignon par un
seul titre, desdites charges réunies. Dans le dessein où nous
sommes pour l'embellissement et plus grande utilité de nosdites bibliothèque et cabinet, de les placer dans notre château
du Louvre, nous avons résolu de réunir de même à ladite
charge dudit sieur abbé Bignon, celle de garde du cabinet
particulier des livres que nous avons audit château, pour être
le tout régi par une même personne dans un seul corps de bibliothèque; mais cette dernière charge se trouvant actuellement remplie par le sieur Dacier, et la réputation qu'il s'est
acquise par un grand nombre d'ouvrages dignes des éloges de
toutes les nations, nous portant à lui conserver une place qu'il
occupe si dignement, tant qu'il pourra nous y continuer ses
services, nous avons jugé à propos de lui en laisser les fonctions, gages et autres attributions durant sa vie, ayant même
engagé ledit sieur abbé Bignon à le récompenser dès à présent
des trente mille livres que, par notre brevet du 23 novembre
1717, nous avons assuré, tant à son profit qu'à celui de dame
Anne le Fèvre son épouse, à laquelle nous avons bien voulu
marquer par une grace si singulière, l'estime que nous faisons
d'une personne qui a su joindre à la vertu et à la modestie de
son sexe, ce que les talents et l'érudition héréditaires dans sa
famille ont de plus distingué. A ces causes, etc.

N° 192. — EDIT *qui réunit au domaine le droit de marc d'or.*

Paris, janvier 1720. Reg. P. P. 27. (Archiv.)

N° 193. — DECLARATION *portant défenses de porter des diamants,*
perles et pierres précieuses.

Paris, 4 février 1720. (Rec. cass.)

PRÉAMBULE.

Louis, etc. Les rois nos prédécesseurs ont fait différentes
dispositions pour réprimer le luxe et empêcher la dissipation
des biens de nos sujets; mais malgré des lois aussi sages, nous
sommes informé qu'il a été porté dans les derniers temps à
un tel excès qu'un grand nombre de personnes de tous états
ont employé dans l'achat des diamants, perles et pierres précieuses, une partie considérable de leur fortune; et comme il
convient au bien public et à l'intérêt particulier de nos sujets d'empêcher la continuation d'un pareil désordre. A ces
causes, etc.

N° 194. — ORDONNANCE *portant que les étrangers rebelles sortiront du royaume dans huit jours.*

Paris, 7 février 1720. (Rec. cass.)

N° 195. — DÉCLARATION *qui renouvelle les défenses à ceux qui ont été de la religion prétendue réformée, de vendre leurs biens meubles et immeubles pendant trois ans sans permission.*

Paris, 13 février 1720. Reg. P. P. 9 mars. (Rec. cass.)

N° 196. — DÉCLARATION *concernant la vaisselle d'argent.*

Paris, 18 février 1720. Reg. P. P. 24. (Rec. cass.)

PRÉAMBULE.

Louis, etc. Le bien de l'État et le maintien de l'ordre public exigeant de nous une continuelle attention, nous avons cru, à l'exemple du feu roi, notre très-honoré seigneur et bisaïeul de glorieuse mémoire, que rien n'étoit plus digne de nos soins que de réprimer le luxe et d'arrêter l'excès auquel nous apprenons que grand nombre de nos sujets se portent tous les jours, par une consommation prodigieuse de matières d'or et d'argent, qui se fait en vaisselles de toute espèce, sans distinction d'états et de conditions. A ces causes, etc.

N° 197. — ARRÊT *du conseil qui permet à toutes personnes nobles de tenir et prendre à ferme les terres et seigneuries appartenantes aux princes et princesses du sang.*

Paris, 25 février 1720. (Archiv.)

N° 198. — ARRÊT *du conseil portant défenses de conserver en espèces plus de cinq cents livres, et confiscation du surplus.*

Paris, 27 février 1720. (Archiv.)

N° 199. — DÉCLARATION *qui annulle les lettres de naturalité accordées aux étrangers non résidant dans le royaume.*

Paris, février 1720. Reg. P. P. 29 avril. (Archiv.)

N° 200. — DÉCLARATION *concernant l'Université de Reims.*

Paris, 5 mars 1720. Reg. P. P. 10 avril. (Rec. cass.)

PRÉAMBULE.

Louis, etc. Les rois nos prédécesseurs ayant toujours donné une protection particulière aux universités établies dans les différentes villes de notre royaume, nous avons cru à leur exemple que rien n'étoit plus digne de nos soins que de les maintenir dans leur ancien lustre et de remédier autant qu'il est en nous aux abus que nous apprenons s'y être introduits; et d'autant que nous sommes informés que quelques-uns des docteurs régents en la faculté de droit de l'université de Reims, s'occupent à préparer et répéter les étudiants en ladite faculté qui ont des thèses à soutenir, ce qui d'une part les détourne des soins qu'ils doivent au public, et de l'autre, est non-seulement contraire à la disposition de nos déclarations rendues par les facultés de droit des autres universités de notre royaume, et notamment à l'article 18 de celle du 18 août 1707, servant de règlement pour la faculté de droit de l'université d'Orléans, mais encore cause un préjudice considérable aux docteurs agrégés de ladite faculté, en les privant des justes rétributions qu'ils retireroient de ces mêmes étudiants, et sans le secours desquelles ils ne peuvent subsister honnêtement, attendu la modicité des honoraires attachés à leurs fonctions; nous avons jugé à propos d'y remédier en expliquant sur cela nos intentions. Pour ces causes, etc.

N° 201. — DÉCLARATION *pour abolir l'usage des espèces d'or et d'argent.*

Paris, 11 mars 1720. Rég. C. des Monn. (Archiv.)

N° 202. — ARRÊT *du conseil qui, pour conserver l'abondance dans le royaume, et faciliter l'entrée des bestiaux, ordonne qu'il sera payé pour le blé qui sortira le triple des droits, et qu'il ne sera levé sur les bestiaux que le tiers des droits accoutumés.*

Paris, 13 mars 1720. (Archiv.)

N° 203. — ORDONNANCE *qui défend à tous propriétaires, architectes, maçons et autres, d'embarrasser la voie publique.*

Paris, 22 mars 1720. (Archiv.)

N° 204. — ORDONNANCE *qui défend de s'assembler dans la rue Quinquempoix, pour négocier du papier.*

Paris, 22 mars 1720. (Rec. cass.)

S. M. ayant, par l'arrêt de son conseil du cinquième du présent mois, ordonné qu'il sera ouvert un bureau à la banque pour convertir, à la volonté des porteurs, les actions de la compagnie des Indes en billets de banque, et les billets de banque en actions de ladite compagnie, l'assemblée de la rue

Quinquempoix devient absolument inutile, n'y ayant qu'une seule espèce d'actions dont le prix ne sera sujet à aucune variation; et S. M. étant d'ailleurs informée qu'au sujet des marchés qui se sont faits dans cette assemblée, plusieurs négociateurs infidèles ont souvent, à l'occasion du tumulte et de l'embarras que le concours de gens inconnus, dont quelques-uns même se sont trouvés sans domicile et sans aveu, y a produit, détourné et enlevé les effets de ceux qui ont eu la facilité de traiter avec eux; qu'enfin un grand nombre de domestiques et d'artisans ont abandonné leurs maîtres et leurs professions, soit pour négocier eux-mêmes, soit pour aider et servir de courtiers à d'autres personnes qui n'auroient pas osé paroître; le tout au grand préjudice des arts et du commerce; à quoi désirant pourvoir, S. M., de l'avis de M. le duc d'Orléans, régent, a fait très-expresses inhibitions et défenses à toutes personnes, de quelque qualité qu'elles soient, de s'assembler dans la rue Quinquempoix pour y négocier ou faire aucun commerce de papier, et ce à commencer du jour de la publication de la présente ordonnance, à peine de désobéissance et d'y être pourvu par S. M. suivant l'exigence des cas : défend pareillement S. M., et sous les mêmes peines, à tous particuliers de tenir bureau ouvert dans ladite rue pour recevoir ceux qui voudroient se mêler de ces négociations : enjoint S. M. au sieur d'Argenson, etc.

N° 205. — DÉCLARATION *concernant la réception des pauvres, la punition des mendiants, la destination des fonds les plus certains de l'hôpital-général.*

Paris, 23 mars 1720. (Rec. cass.)

PRÉAMBULE.

LOUIS, etc. N'y ayant point encore d'hôpitaux-généraux établis pour renfermer les pauvres et punir les mendiants valides et fainéants; lorsque celui de notre bonne ville de Paris a été établi en l'année 1656, et ceux qui l'ont été depuis par nos ordres en différents endroits, ne l'ayant été que plusieurs années après, il y a été reçu un grand nombre de pauvres des autres villes et provinces qui se présentoient; mais comme il y a présentement des hôpitaux généraux presque dans toutes les villes considérables de notre royaume, que les ordonnances des rois nos prédécesseurs ont voulu que chaque lieu soulageât les pauvres qui s'y trouvent, et ayant été aussi informés que les peines portées par notre édit du mois d'avril 1656, contre les gueux valides et fainéants, n'étoient pas suffisantes pour abolir entièrement ce désordre, et que rien ne pouvoit être plus efficace que de les renfermer dans des lieux destinés pour ce sujet, afin de les y punir par la perte de leur liberté, la nourriture qui leur seroit donnée et le travail nécessaire auquel on les obligeroit de s'appliquer.

Nous avons estimé raisonnable de régler d'un côté la qualité des personnes qui doivent être reçues et traitées charitablement dedans cet hôpital, d'établir en même temps de nouvelles peines qui fassent une impression plus forte sur l'esprit de ces vagabonds, et de pourvoir par quelques nouveaux réglements que l'expérience a fait juger nécessaires à l'administration dudit hôpital, qui peut être si utile au service de Dieu et à la police de la ville capitale de notre royaume, par l'instruction et le soulagement des véritables pauvres, et la punition des gueux vagabonds que l'oisiveté plonge dans un nombre infini de déréglements, et rend des membres inutiles et onéreux à l'État. A ces causes, etc.

No 206. — ORDONNANCE *portant défenses de s'assembler dans aucuns lieux ni quartiers, et de tenir bureau pour les négociations de papier, à peine de prison, de trois mille livres d'amende, etc., à l'exception des agents de change seulement.*

Paris, 28 mars 1720. (Rec. cass.)

No 207. — ÉDIT *portant que les deniers donnés à constitutions de rente ne pourront produire plus du denier cinquante.*

Paris, mars 1720. (Archiv — Rec. cass.)

No 208. — ÉDIT *portant réunion de la charge de bibliothécaire de Fontainebleau à celle de garde de la Bibliothèque du Roi.*

Paris, mars 1720. Reg. P. P. 10 avril. (Archiv.)

LOUIS, etc. Ayant, par notre édit du mois de janvier dernier, pour les causes y contenues, réuni la charge de garde de la librairie, tant de notre château du Louvre que de notre cour et suite, remplie par le sieur Dacier, à celle de notre bibliothécaire, dont est pourvu le sieur abbé Bignon, les mêmes raisons nous engagent à y réunir pareillement celle de garde de notre bibliothèque de Fontainebleau, employée dans nos états aux appointements de quinze cents livres, dont étoit pourvu le sieur de Sainte-Marthe, dernier titulaire, et qui a vaqué par sa mort, et à suivre le dessein qu'a eu le feu roi notre très-honoré seigneur et bisaïeul, de n'en point accorder de provisions à aucun officier autre que notredit bibliothé-caire. A ces causes, etc., nous avons réuni, et par ces pré-sentes signées de notre main, réunissons l'état et charge de garde de notre bibliothèque de Fontainebleau, dont était pourvu ledit sieur de Sainte-Marthe, employé dans nos états, et toutes autres pareilles charges, si aucunes y a, à celle ci-devant réunie, et dont est pourvu ledit sieur abbé Bignon, voulant que lui et ses successeurs jouissent indivisément de toutes lesdites charges réunies dans toutes nos maisons, sous le titre de notre bibliothécaire, intendant de nos cabinets, tant de notre château du Louvre que de notre cour et suite; et d'autant qu'il est du bien de notre service et de l'utilité de notre cour, de trouver dans tous les lieux de notre résidence les livres du plus nécessaire usage, sous la garde de personnes capables d'en donner l'intelligence, ordonnons que dans cha-cune de nos maisons, il sera réservé un appartement près de notre personne, pour y loger les livres que nous ordonnerons être portés à notre suite, tirés et faisant partie de ceux de notre bibliothèque, que nous faisons actuellement placer en notre château du Louvre, sous la garde et direction de notre-dit bibliothécaire, lequel jouira des prérogatives, droits, honneurs, entrées et privilèges attachés à toutes lesdites charges réunies, et nommément par augmentation des quinze cents livres par an attribués à celle de garde de notre biblio-thèque de Fontainebleau. Si donnons en mandement, etc.

Nº 209. — ARRÊT *du conseil par lequel le roi déclare nulles et de nul effet les stipulations faites pour paiements en espèces sonnantes, et ordonne que nonobstant pareilles stipulations faites et à faire, tous paiements soient faits en billets de banque.*

Paris, 6 avril 1720. (Rec. cass.)

Nº 210. — ORDONNANCE *portant règlement sur la tranquillité des spectacles.*

Paris, 10 avril 1720. (Archiv. — Rec. cass.)

S. M. voulant que les défenses qui ont été faites de temps en temps, et qu'elle a renouvelées à l'exemple du feu roi, d'en-trer à l'Opéra et à la Comédie sans payer, et d'en interrompre le spectacle sous aucun prétexte, soient régulièrement obser-vées; et bien informée que quelques personnes se négligent sur leur observation, S. M., de l'avis de M. le duc d'Orléans, régent, a fait et fait très-expresses inhibitions et défenses à

toutes personnes de quelque qualité et condition qu'elles soient,
même aux officiers de sa maison, gardes, gendarmes, chevau-
légers, mousquetaires et autres, d'entrer à l'Opéra ni à la Comédie sans payer. Défend aussi à tous ceux qui assisteront à
ces spectacles, d'y commettre aucun désordre, en entrant,
ni en sortant, et d'interrompre les acteurs pendant les représentations et entr'actes, à peine de désobéissance. Fait pareilles défenses et sous les mêmes peines, à toutes personnes
de quelque qualité et condition qu'elles soient, de s'arrêter
dans les coulisses qui servent d'entrée au théâtre de la Comédie, et hors de l'enceinte des balustrades qui y sont posées
pour tenir les spectateurs assis et séparés d'avec les acteurs,
afin que ceux-ci puissent faire leurs représentations avec plus
de décence et à la plus grande satisfaction du public. Défend
aussi à tous domestiques portant livrées, sans aucune réserve,
exception ni distinction, d'entrer à l'Opéra ou à la Comédie,
même en payant, de commettre aucunes violences, indécences
ou autres désordres, aux entrées ni aux environs des salles et
lieux où se font ces représentations, sous telles peines qu'il
jugera convenable. Permet, S. M., d'emprisonner les contrevenants, et enjoint au sieur d'Argenson, etc.

Nº 211. — ARRÊT *du conseil sur les appointements des consuls
et droits de consulat au Levant et en Barbarie.*

Paris, 21 avril 1720. (Archiv.—Cod. Noir)

Nº 212. — LETTRES PATENTES *en forme d'édit portant révocation de la concession qui avoit été accordée à la compagnie de Saint-Domingue.*

Paris, avril 1720. Reg. P. P. 29 avril. (Archiv. — Rec. cass.)

Nº 213. — ARRÊT *du conseil qui ordonne l'élargissement des
grands chemins, lesquels seront plantés d'arbres aux frais
des propriétaires riverains.*

Paris, 3 mai 1720. (Archiv. — Rec. cons. d'état. — Baudrillart, I, 223.)

Le roi, étant informé de la nécessité qu'il y a de repeupler
le royaume d'ormes, hêtres, châtaigniers, arbres fruitiers et
autres, dont l'espèce est considérablement diminuée; S. M. a
jugé qu'il n'y avoit point de plus sûr moyen pour y parvenir,
que de renouveler les dispositions de l'ordonnance des rois
ses prédécesseurs, par lesquelles il a été enjoint à tous les propriétaires des terres aboutissantes aux grands chemins, d'en

planter les bords de ces différents arbres suivant la nature du terrain; et d'autant que ces dispositions ne peuvent être exécutées, que la largeur des chemins ne soit réglée et terminée par des fossés qui puissent empêcher les propriétaires des héritages y aboutissants d'anticiper à l'avenir sur lesdits chemins; à quoi voulant pourvoir, ouï le rapport du sieur Law, conseiller du roi en tous ses conseils, contrôleur général des finances. S. M., étant en son conseil, de l'avis de M. le duc d'Orléans, régent, a ordonné et ordonne ce qui suit.

ART. 1. L'article 3 du titre des *Chemins royaux*, de l'ordonnance des eaux et forêts du mois d'août 1669, sera exécuté selon sa forme et teneur; en conséquence, tous les bois, épines et broussailles qui se trouveront dans l'espace des soixante pieds ès grands chemins servants au passage des coches, carrosses publics, messagers, voituriers de ville à autre, tant des forêts de S. M. que de celles des ecclésiastiques, communautés, seigneurs et particuliers, seront essartés et coupés aux frais de S. M., tant dans les forêts de son domaine, que des ecclésiastiques, communautés, seigneurs et particuliers, si mieux n'aiment lesdits ecclésiastiques, communautés, seigneurs et particuliers faire eux-mêmes lesdits essartements à leurs frais.

2. Veut S. M. que la même disposition ait lieu pour les grands chemins royaux hors les forêts, lesquels seront élargis jusqu'à soixante pieds, et bordés hors ledit espace, de fossés dont la largeur sera au moins de six pieds dans le haut, de trois pieds dans le bas et la profondeur de trois pieds, en observant les pentes nécessaires pour l'écoulement des eaux desdits fossés.

Veut pareillement S. M. que les autres grands chemins servant de passage aux coches, carrosses, messagers, voituriers et rouliers de ville à autre, aient au moins trente-six pieds de largeur entre les fossés, lesquels fossés auront les largeur et profondeur marquées au précédent article, et seront tous lesdits fossés faits aux dépens de S. M., ensemble l'essartement des haies, comblement d'anciens fossés et redressement du terrain, qui se trouveront à faire dans les largeurs de soixante et trente-six pieds desdits chemins, si mieux n'aiment lesdits propriétaires les faire à leurs frais.

4. Ordonne S. M. que les nouveaux fossés seront entretenus et curés par les propriétaires des terres y aboutissantes, toutes et quantes fois qu'il sera jugé nécessaire par les inspecteurs et ingénieurs des ponts-et-chaussées, sur les procès-verbaux des-

quels les intendants des provinces et généralités ordonneront
ledit curage, et seront tenus lesdits propriétaires de faire jeter
sur leurs héritages ce qui proviendra dudit curage.

5. Excepte S. M. de la présente disposition les chemins qui
se trouveront entre des montagnes, et dont la situation ne
permet pas qu'ils soient élargis, desquels chemins seront dres-
sés procès-verbaux par lesdits sieurs intendants, pour iceux et
leurs avis envoyés au conseil, être par S. M. ordonné ce qu'il
appartiendra.

6. Tous les propriétaires d'héritages tenants et aboutissants
aux grands chemins et branches d'iceux, seront tenus de les
planter d'ormes, hêtres, châtaigniers, arbres fruitiers ou autres
arbres suivant la nature du terrain, à la distance de trente
pieds l'un de l'autre, et à une toise au moins du bord extérieur des fossés desdits grands chemins, et de les armer d'é-
pines, et ce depuis le mois de novembre prochain, jusqu'au
mois de mars inclusivement, et où aucuns desdits arbres pé-
riroient, ils seront tenus d'en replanter d'autres dans l'année.

7. Faute par lesdits propriétaires de planter lesdits arbres,
pourront les seigneurs auxquels appartient le droit de voirie
sur lesdits chemins, en planter à leurs frais dans l'étendue de
leurs voieries, et en ce cas les arbres par eux plantés et les
fruits d'iceux appartiendront auxdits seigneurs voyers.

8. Défendons à toutes personnes de rompre, couper ou
abattre lesdits arbres, à peine pour la première fois de soixante
livres d'amende, applicable un tiers au propriétaire, l'autre
à l'hôpital plus prochain du lieu où le délit aura été commis, et
l'autre tiers au dénonciateur ; et pour la récidive à peine de fouet.

9. Le maître particulier de chaque maîtrise sera tenu de
faire mention de l'état où se trouveront lesdits arbres, dans le
procès-verbal de visite générale qu'il est obligé de faire tous
les six mois, suivant l'article 6 du titre des *maîtres particuliers,*
de l'ordonnance de 1669. Enjoint S. M. aux intendants et aux
grands maîtres des eaux et forêts, etc.

N° 214. — DÉCLARATION *portant que ceux qui seront convaincus d'avoir imité, contrefait, falsifié ou altéré les papiers
royaux, seront punis de mort.*

　　　Paris, 4 mai 1720. Reg. P. P. 10 juin. (Archiv. — Rec. cass.

N° 215. — ARRÊT *du conseil qui permet à toutes personnes
d'avoir en leur possession et de garder telles sommes ou
espèces qu'elles jugeront à propos.*

　　　Paris, 1er juin 1720. Archiv.

Nº 216. — ORDONNANCE *portant que les sujets du roi qui ont envoyé des fonds en pays étrangers, seront tenus de les faire revenir dans le royaume dans le temps et sous les peines y marquées.*

Paris, 20 juin 1720. (Rec. cass.)

Nº 217. — ARRÊT *du conseil portant défenses de faire tra vailler aux maisons de campagne à vingt lieues de Paris, jusqu'à ce que la moisson soit faite.*

Paris, 21 juin 1720. (Rec. cass.)

Nº 218. — ARRÊT *du conseil portant défenses de porter ou faire entrer dans le royaume des diamants, perles et pierres précieuses, et révoque toutes les permissions qui pourroient avoir été accordées de les porter.*

Paris, 4 juillet 1720. (Archiv.)

Nº 219. — ORDONNANCE *qui suspend à la banque le paiement des billets, et fait défenses de s'attrouper.*

Paris, 17 juillet 1720. (Archiv.)

Nº 220. — ARRÊT *du conseil portant que les tuteurs, maris et autres dépositaires, sont autorisés à employer en rentes sur l'hôtel-de-ville les deniers qui sont dans leurs mains.*

Paris, 19 juillet 1720. (Archiv.)

Nº 221. — DÉCLARATION *portant translation du parlement de Paris en la ville de Pontoise.*

Paris, 21 juillet 1720. Reg. P. Pontoise, 27 juillet (Archiv.—Rec. cass.)

LOUIS, etc. Toute notre application depuis notre avènement à la couronne, a été de chercher les moyens d'acquitter les dettes considérables dont nous avons trouvé notre Etat chargé, et de procurer des soulagements à nos peuples, et nous pouvons nous flatter d'y avoir déjà travaillé avec succès par les sages conseils de notre très-cher et très-amé oncle le duc d'Or-léans, régent de notre royaume, puisque les dettes de l'Etat ont été considérablement diminuées, nos revenus augmentés, et le peuple soulagé d'un grand nombre d'impositions oné-reuses; cependant nous avons la douleur de voir que les of-ficiers qui composent notre parlement de Paris, abusant de l'autorité que nous voulons bien leur confier, et oubliant que leur unique soin devroit être de concourir au maintien de la

nôtre dans toute sa splendeur, y donnent eux-mêmes atteinte
en éloignant l'exécution de nos décisions sur l'administration
des finances de notre royaume; et notre intention étant de
prévenir de nouvelles difficultés de leur part, qui ne pourroient
produire d'autre effet que de jeter de la défiance et du trouble
dans notre bonne ville de Paris, nous avons résolu de trans-
férer notredit parlement de Paris en une autre ville, où il
ne soit occupé que de rendre la justice à nos sujets. A ces
causes, etc., voulons et nous plaît que dans deux fois vingt-
quatre heures, du jour des présentes, tous les officiers de notredite cour de parlement aient à se rendre en notre ville de Pontoise, suivant les ordres que nous leur en avons déjà donnés,
en laquelle ville de Pontoise, nous avons de notre même puissance et autorité, transféré le siège de notredite cour de parlement, pour par nosdits officiers y rendre uniquement la justice à nos sujets, et y faire les fonctions de leurs charges, tant
et si longuement qu'il nous plaira; leur enjoignons d'y commencer leurs séances dans huitaine au plus tard du jour des
présentes, et à faute par eux d'y satisfaire dans lesdits temps,
nous les avons dès à présent déclarés et déclarons rebelles et
désobéissants à nos commandements; interdisons sous les
mêmes peines à tous nosdits officiers, l'exercice et fonctions
de leurs charges dans notre ville de Paris, et leur ordonnons
de cesser toutes délibérations, à peine de faux. Défendons aussi
très-expressément à tous nos sujets de quelque qualité et condition qu'ils soient, de se pourvoir après la publication des
présentes, ailleurs que par-devant notredit parlement séant à
Pontoise. Faisons pareillement défenses à tous huissiers et sergents de donner aucuns exploits, soit en première instance ou
sur l'appel audit parlement, qu'ils n'y insèrent sa résidence à
Pontoise, à peine de nullité desdits exploits, et des jugements
qui interviendroient sur iceux, et de deux cents livres d'amende
contre l'huissier; comme aussi à tous contrôleurs desdits exploits de les contrôler si ladite résidence n'y est exprimée,
sous les mêmes peines; leur enjoignons de les retenir, et en
nous les dénonçant et représentant, déclarons la moitié de
l'amende encourue contre l'huissier, leur appartenir. Si donnons, etc.

No 222. — RÉGLEMENT *concernant le commerce étranger*
dans les colonies.

Paris, 23 juillet 1720. (Archiv. — Valin. I, 401.)

N° 223. — EDIT *concernant la marine.*

Paris, juillet 1720. Reg. P. P. 12 décembre. (Archiv. — Rec. cass.)

N° 224. — DÉCLARATION *qui ordonne que la constitution* Unigenitus, *reçue par les évêques de France, soit observée dans tous les pays de l'obéissance du roi, et fait défenses à toutes personnes de composer, débiter ou distribuer aucuns livres, libelles ou écrits qui puissent troubler la paix rendue à l'Eglise par le concours des prélats et l'autorité du roi* (1).

Paris, 4 août 1720. Reg. P. P. 4 décembre. (Archiv.)

N° 225. — DÉCLARATION *touchant la conciliation des évêques du royaume, à l'occasion de la constitution* Unigenitus.

Paris, 4 août 1720. Reg. P. P. 4 décembre. (Archiv.)

PRÉAMBULE.

LOUIS, etc. Dès le temps de notre avènement à la couronne nous avons cru que notre principal devoir étoit de consacrer à la religion le premier usage de notre puissance, et de mériter le titre glorieux de fils aîné de l'Eglise, qui nous distingue entre les rois, en faisant servir notre autorité à apaiser les troubles qui s'étoient élevés dans notre royaume, au sujet de la bulle donnée par N. S. P. le pape, contre le livre intitulé, *Réflexions morales sur le Nouveau Testament.* Notre très-cher et très-amé oncle le duc d'Orléans, régent de notre royaume, a secondé la sincérité de nos vœux, par l'étendue de ses lumières, au milieu des soins qu'exigeoient de lui des conjonctures difficiles; il a toujours regardé une paix si désirable, comme l'objet le plus digne de son attention, et c'est à la persévérance de ses travaux que nous devons la satisfaction de pouvoir annon-

---

(1) A la mort de Clément XI, l'abbé de Tencin et le cardinal de Rohan promirent au cardinal Conti de lui faire obtenir la tiare par tous les moyens dont disposoit à Rome la cour de France (et l'argent y étoit compris, si celui-ci s'engageoit par écrit à donner le chapeau à Dubois, que le régent avoit fait archevêque de Cambrai. Conti dut sa tiare à ce pacte anticanonique. Dubois, de son côté, avoit promis aux jésuites qui sollicitoient pour lui le cardinalat, de faire enregistrer par le parlement la bulle *Unigenitus*, et tint parole. Le clergé, trois ans après, eut la lâcheté d'élire, *d'une voix unanime*, le cardinal Dubois président de l'assemblée tenue au mois de mai 1723. Cependant cet enregistrement n'eut pas lieu sans quelques difficultés même au grand conseil. Le chancelier d'Aguesseau s'étoit chargé de l'y obtenir. Un des membres du conseil y développant des maximes qui étonnoient le chancelier: *Où donc avez-vous pris ces principes? Je les ai pris,* répondit le conseiller, *dans les plaidoyers de feu le chancelier d'Aguesseau.*

cer aujourd'hui à tous nos sujets la fin d'une division dont les suites dangereuses alarmoient également ceux qui aiment véritablement l'Eglise, et ceux qui sont sincèrement attachés aux intérêts de l'Etat; des explications dressées dans un esprit de concorde et de charité pour empêcher que l'on n'abuse de la bulle par des interprétations fausses et contraires à son véritable sens, ont été unanimement approuvées par tous les cardinaux, tous les archevêques et presque tous les évêques de notre royaume; ceux qui avoient déjà accepté la constitution ont attesté authentiquement dans la lettre qu'ils ont écrite à notre très-cher et très-amé oncle le duc d'Orléans, que ces explications étoient conformes à la doctrine de l'Eglise, à celle de la bulle et à l'instruction pastorale publiée en 1714, et la plupart des prélats qui jusqu'ici avoient suspendu leur acceptation, ont adopté ces mêmes explications pour les présenter à leur peuple en acceptant la bulle comme renfermant son véritable sens; ainsi nous avons la consolation de voir les troubles qui affligeoient l'Eglise de France, calmés, les doutes éclaircis, les contestations sur l'acceptation de la bulle finies, la paix si ardemment désirée par le feu roi notre bisaïeul, enfin rendue aux églises, et la constitution *Unigenitus* accompagnée d'explications si authentiques, que ceux qui avoient eu jusqu'ici des peines et des difficultés, ne pourront plus hésiter à s'y soumettre et à se conformer à la voix et à l'exemple de leurs pasteurs. Dans ces circonstances, notre zèle pour la religion et pour le bien de l'Eglise, le respect filial dont nous sommes remplis à l'exemple de nos prédécesseurs, pour N. S. P. le pape, la confiance que nous avons dans les lumières des évêques du royaume, le soin que nous devons avoir de rétablir l'ordre et la tranquillité dans nos Etats, ne souffrent pas que nous différions de mettre le sceau de notre autorité à une paix si précieuse, et de prendre en même temps toutes les précautions convenables pour étouffer les anciennes semences de discorde, empêcher que l'inquiétude, le faux zèle et l'esprit de parti n'en fassent naître de nouvelles, et maintenir dans l'Eglise une subordination aussi juste que nécessaire : nous entrerons par-là dans les sentiments du feu roi notre très-honoré seigneur et bisaïeul, lorsqu'il a donné ses lettres patentes du 14 février 1714, et nous espérons que tous les prélats de l'Eglise de France se réunissant dans le même esprit, la sagesse et la charité de leur conduite achèveront et confirmeront pour toujours l'ouvrage de leur zèle pour la vérité et de leur amour pour la paix. A ces causes, etc.

N° 226. — ORDONNANCE *servant de réglement pour le conseil de marine.*

Paris, 31 août 1720. (Archiv.)

N° 227. — ARRÊT *du conseil concernant la police des foires du royaume, qui fait défenses à tous marchands, les fréquentant, d'exposer en vente, vendre ni acheter aucunes marchandises dans lesdites foires avant le jour marqué pour leur ouverture, à peine de confiscation des marchandises et de cinq cents livres d'amende, etc.*

Versailles , 3 septembre 1720. (Rec. cass.)

N° 228. — LETTRES PATENTES *en forme de commission, portant établissement d'une chambre des vacations dans le couvent des Grands-Augustins de Paris.*

Paris, 27 septembre 1720 Reg. en vacation le 7 octobre. (Archiv.)

N° 229. — DÉCLARATION *portant réglement pour le tabac.*

Paris, 17 octobre 1720 Reg. C. des A. 25 octobre. (Archiv.)

N° 230. — ARRÊT *du conseil concernant la police des nègres.*

Paris, 18 octobre 1720. (Code Noir.)

N° 231. — ORDONNANCE *portant défenses, sous peine de mort, de sortir du royaume jusqu'au 1er janvier prochain sans passeport ou permission.*

Paris, 29 octobre 1720. (Archiv.)

N° 232. — ARRÊT *du conseil suivi de lettres patentes portant, entre autres choses, que les notaires , curés et autres dépositaires de testaments , donations, et autres actes de dernière volonté, les feront contrôler dans le mois du décès.*

Paris, 29 octobre 1720. (Archiv.)

N° 233. — ARRÊT *du conseil qui révoque les défenses de porter des diamants.*

Paris, 14 novembre 1720. (Archiv.)

N° 234. — LETTRES PATENTES *portant évocation et attribution au parlement de Paris, séant à Pontoise , de toutes les contestations nées et à naître au sujet de la constitution Unigenitus.*

Paris, 25 novembre 1720 (Rec. cass.)

Nº 2 35. — DÉCLARATION *portant rétablissement du parlement en la ville de Paris.*

Paris 16 décembre 1720. Reg. P. P. 17. (Rec. cass.)

LOUIS , etc. De certaines considérations nous auroient porté à rendre une déclaration le 21 juillet dernier, par laquelle nous aurions transféré notre cour de parlement de Paris en notre ville de Pontoise; mais ces raisons ayant cessé, considérant d'ailleurs que nos sujets de son ressort trouveront un grand avantage dans son rétablissement en notre bonne ville de Paris, par la promptitude et la facilité de l'expédition, et étant persuadé que tous les officiers qui composent notredite cour, s'empresseront à nous donner de nouvelles marques de leur zèle et de leur attachement à notre service, et de leur soumission à nos intentions. A ces causes, etc. , nous avons transféré et rétabli , et par ces présentes signées de notre main, transférons et rétablissons notredite cour de parlement, séant de présent à Pontoise, en notre bonne ville de Paris , en laquelle nous entendons qu'elle exerce ses fonctions ordinaires comme elle faisoit avant notredite déclaration du 21 juillet; voulons néanmoins que tout ce que notredite cour de parlement transférée à Pontoise, y a arrêté et ordonné, sorte son plein et entier effet. Si donnons , etc.

Nº 236. — DÉCLARATION *pour rétablir l'usage des lettres ou billets payables au porteur.*

Paris, 21 janvier 1721. Reg. P. P. 25. (Archiv.)

PRÉAMBULE.

LOUIS , etc. Les inconvénients et les avantages des billets payables au porteur, ont donné lieu à la diversité des lois et des réglements qui ont été faits sur cette matière; en sorte que nos cours de parlement qui en avoient condamné l'usage dans un temps, l'ont approuvé dans un autre, et que le feu roi notre très-honoré seigneur et bisaïeul les ayant autorisés dans plusieurs dispositions de son ordonnance sur le commerce, de l'année 1673, et dans sa déclaration du 26 février 1692, nous avons cru cependant devoir en interdire l'usage par notre édit du mois de mai 1716; mais les négociants nous ont fait représenter, aussi-bien que ceux qui sont intéressés dans nos affaires, que rien n'étant plus important pour le bien du commerce et pour le soutien de nos finances, que de ranimer la circulation de l'argent, il n'y avoit point de moyen plus prompt pour y parvenir que de rétablir l'usage des billets payables au porteur, l'expérience ayant fait connoître qu'un grand nombre de personnes se portent plus facilement à prêter leur argent par cette voie, que par aucune autre; que d'ailleurs les deux espèces de billets payables au porteur, que nous avions excep-téesde la défense générale portée par notre édit du mois de mai 1716 ne subsistant plus, il étoit nécessaire pour la facilité du commerce de rétablir à cet égard l'usage qui s'observoit avant ledit édit; et comme dans la conjoncture présente, ces repré-sentations nous ont paru devoir l'emporter sur les motifs qui nous avoient engagé à abolir cet usage par notredit édit du mois de mai 1716, nous avons jugé à propos de suivre le vœu commun de ceux qui ont le plus d'expérience dans le com-merce, à l'avantage duquel nous ne pouvons donner une trop grande attention. A ces causes, etc.

Nº 237. — ARRÊT *du conseil suivi de lettres patentes concernant l'ordre du Saint-Esprit.*

Paris, 4 mars 1721. (Archiv.—Rec. cass.— Rec. cons. d'état.)

Nº 238. — DÉCLARATION *qui ordonne que le procès commencé au parlement de Paris contre le duc de La Force, soit con-tinué en ladite cour suffisamment garnie de pairs.*

Paris, 9 mars 1721. Reg. P. P. 10. (Archiv.)

PRÉAMBULE.

LOUIS, etc. Par le compte que nous avons jugé à propos de nous faire rendre des questions qui se sont formées sur les privilèges des pairs de France, à l'occasion des procédures commencées en notre cour de parlement contre notre cousin le duc de La Force, nous avons reconnu que la discussion en pourroit être longue et difficile, non-seulement par la multi-tude des faits et des exemples qu'il faudroit examiner, mais par la diversité de sentiments qui vient de paroître entre les pairs mêmes sur cette matière; et comme dans ces circon-stances il ne convient pas à notre justice de retarder l'instruc-tion d'un procès criminel où il y a même plusieurs accusés qui sont actuellement en prison, et dont l'état exige la plus prompte expédition, nous croyons devoir suivre encore en cette occa-sion, le tempérament que nous jugeâmes à propos de prendre par notre déclaration du 10 mai 1716, au sujet du procès de notre cousin le duc de Richelieu, qui avoit fait naître une par-tie des questions que l'on renouvelle aujourd'hui, et nous mettre par là en état de suspendre la décision de ces questions, jusqu'à ce que nous puissions nous déterminer avec une entière connoissance des usages et des exemples passés, au parti qui nous paroîtra le plus convenable aux règles de l'ordre public, à la conservation de notre autorité, et au bien général de notre royaume. A ces causes, etc.

No 239. — TRAITÉ d'alliance entre les couronnes d'Espagne et de France.

27 mars 1721. (Archiv. — Dumont, Corps dipl.)

No 240. — LETTRES PATENTES portant concession à la ville de Paris de l'île des Cygnes pour le déchirage des bateaux.

Paris, mars 1721. (Archiv.)

No 241. — ORDONNANCE qui défend aux capitaines de tirer des coups de canon dans les rades des colonies, sans nécessité.

Paris, 8 avril 1721. (Valin, I, 446.)

No 242. — ARRÊT du conseil sur les affranchissements des lettres et paquets.

Paris, 18 avril 1721. (Archiv. — Rec. cons. d'état. — Usage des postes.)

No 243. — ARRÊT du conseil pour le rétablissement des agents de change.

Paris, 17 mai 1721. (Archiv.)

No 244. — DÉCLARATION concernant l'ordre du Saint-Esprit.

Paris, 18 mai 1721. Reg. C. des C. 18 juin. (Archiv.)

No 245. — ORDONNANCE sur la ville de Versailles, sa police, etc.

Paris, 27 mai 1721. (Archiv.)

No 246. — ARRÊT du conseil pour l'élargissement des grands chemins.

Paris, 17 juin 1721. (Archiv.)

LOUIS, etc. Le roi étant informé qu'au préjudice des ordonnances et réglements sur le fait des ponts-et-chaussées, et notamment des arrêts du conseil des 26 mai 1705 et 3 mai 1720, les entrepreneurs des ponts-et-chaussées chargés de nouveaux ouvrages ou de réparation de pavé dans les grands chemins, sont

troublés par les propriétaires des héritages riverains, lorsque les
grands chemins sont tracés et alignés sur lesdits héritages, soit
pour redresser, conformément auxdits réglements, les chaussées de pavé, soit pour leur donner la largeur marquée par
les adjudications et faire les fossés qui doivent border les accôtements ou chemins de terre des deux côtés des chaussées
de pavé; même que plusieurs particuliers s'ingèrent de couvrir et embarrasser lesdites chaussées et chemins de terre, de
fumiers et autres immondices, de faire des fouilles près les
bordures du pavé, de combler les fossés et d'étendre leurs la-
bours jusque sur les bords des chaussées, ce qui les dégrade
entièrement, et est une contravention formelle auxdits arrêts
et réglements; à quoi S. M. voulant remédier et établir une
règle certaine, en sorte que les contrevenants ne puissent éluder les peines portées par les ordonnances et réglements; ouï
le rapport du sieur Lepelletier de la Houssaye, conseiller d'état
ordinaire et au conseil de régence pour les finances, contrôleur général des finances; S. M. en son conseil, a ordonné et
ordonne que lesdits arrêts des 26 mai 1705 et 3 mai 1720,
seront exécutés selon leur forme et teneur, et en conséquence
que les nouveaux ouvrages de pavé et les relevées à bout des
anciennes chaussées seront conduits du plus droit alignement
que faire se pourra, et qu'aux endroits où il ne se trouvera pas
encore de fossés faits, et où les entrepreneurs n'en seront pas
tenus par leurs baux, il sera laissé aux deux côtés desdits chemins la largeur nécessaire tant pour lesdits accôtements que
pour les fossés non faits, de manière qu'ils puissent être con-
fectionnés aussitôt qu'il plaira à S. M. de les ordonner; que
les fossés faits et ceux qui se feront à l'avenir seront entretenus
par les propriétaires des héritages riverains, chacun en droit
soi, à peine par eux d'y être contraints, pour l'étendue de la
généralité de Paris, à la diligence du procureur du roi du bureau des finances, et dans ses autres généralités, par les sieurs
commissaires départis ou leurs subdélégués. Fait, S. M., défenses à tous particuliers, même à tous seigneurs, sous prétexte
du droit de justice ou de voirie, de troubler les entrepreneurs
dans leurs travaux, combler lesdits fossés, et de labourer ou
faire labourer en dedans de la largeur bornée par lesdits fossés, d'y mettre aucuns fumiers, décombres et autres immondices, soit en plaine campagne ou dans les villes, bourgs et
villages où passent lesdites chaussées, d'y faire aucunes fouilles
ni de planter des arbres ou haies vives, sinon à six pieds de
distance des fossés séparant les chemins de leurs héritages, et

à cinq toises du pavé où il ne se trouvera pas encore de fossés de faits; le tout à peine d'amende contre les contrevenants, même de confiscation des fumiers, chevaux et équipages. Veut S. M. que dans la généralité de Paris, lorsque les trésoriers de France, et dans les autres généralités les sieurs commissaires départis, feront leurs tournées, ils puissent faire assigner par-devant eux, par le premier huissier ou sergent de la justice du lieu ou de la plus prochaine, les contrevenants, et que, sur la simple assignation qu'ils auront faite, ils prononcent sur-le-champ telle amende qu'ils jugeront juste et raisonnable, et rendent toutes les ordonnances nécessaires, lesquelles seront exécutées par provision : pourront néanmoins les condamnés, à l'égard de la généralité de Paris, se pourvoir en opposition au bureau des finances de ladite généralité, et en cas d'appel tant des ordonnances des sieurs commissaires départis que de celles dudit bureau des finances de la généralité de Paris, S. M. s'en réserve la connoissance, icelle interdisant à ses autres cours et juges, etc.

No 247. — Arrêt *du conseil qui ordonne que les propriétaires des maisons et places dans la ville et faubourgs de Paris, sous lesquelles passent des égouts, seront tenus de contribuer au curement et entretien ; pour la partie que leurs héritages en occupent.*

Paris, 21 juin 1721. (Archiv. — Delamare, IV, 275.)

No 248. — Arrêt *du conseil pour l'établissement d'enfants de langues au collège des Jésuites.*

Paris, 20 juillet 1721. (Archiv.)

No 249. — Déclaration *portant réglement général pour le tabac.*

Paris, 1er août 1721. Reg C. des A. 1er septembre. (Archiv.)

EXTRAIT.

Louis, etc. La régie et le produit de notre ferme générale du tabac se trouvant presque anéantis par la liberté donnée par l'arrêt de notre conseil du 29 décembre 1719, à tous nos sujets de faire le commerce du tabac, nous avons, par autre arrêt du 29 juillet dernier, résilié le bail qui avoit été fait de ladite ferme à la compagnie d'Occident, maintenant des Indes dont elle a joui sous le nom de Jean Ladmiral, et depuis sous celui d'Armand Pillavoine, et rétabli le privilège de la vente exclusive du tabac, pour en être l'exploitation faite ainsi et en la manière que nous l'ordonnerions, et conformément au réglement que nous entendions faire pour la police et manutention de ladite ferme; mais comme l'importance du rétablissement de cette ferme demande de nouvelles dispositions par rapport à la conjoncture, et à cause du désordre dans lequel elle se trouve par les grandes quantités de tabacs introduits dans le royaume, la plus grande partie en fraude, depuis la liberté de ce commerce; et que d'ailleurs on n'a pu prévoir par la déclaration du 27 septembre 1674, et par l'ordonnance du mois de juillet 1681, tout ce qui étoit nécessaire tant pour la régie de ladite ferme que pour le jugement des fraudes, contraventions et autres contestations, ce qui a donné lieu à un grand nombre de déclarations, arrêts de notre conseil, et de nos cours supérieures, à qui la connoissance en est attribuée : et après avoir fait examiner dans notre conseil lesdites ordonnances, déclarations, réglements et arrêts, nous avons jugé nécessaire d'expliquer notre intention sur l'exécution des différents réglements ci-devant rendus au sujet de ladite ferme, et de pourvoir à ce qui convient pour la rétablir et pour en régler la régie. A ces causes, etc., voulons et nous plaît :

ART. 1er. L'arrêt de notre conseil du 29 juillet dernier portant rétablissement du privilège de la vente exclusive du tabac, sera exécuté selon sa forme et teneur : en conséquence, le fermier de la ferme générale dudit privilège fera seul, à l'exclusion de tous autres, entrer, fabriquer, vendre et débiter en gros et en détail dans notre royaume, à l'exception des provinces de Franche-Comté, Artois, Hainault, Cambresis, Flandres et Alsace, toutes sortes de tabac en feuilles, en corde et en poudre, et établira à cet effet des manufactures, magasins, bureaux et entrepôts, commis et gardes en tel nombre, villes et lieux qu'il jugera à propos; défendons à tous officiers et autres personnes de quelque qualité et condition qu'elles soient, d'empêcher ni troubler ledit fermier, ses procureurs, commis et préposés dans lesdits établissements ni dans leur fonction, à peine de désobéissance et de tous dépens, dommages et intérêts.

2. Faisons défenses à toutes personnes de quelque qualité et condition qu'elles soient, à commencer du premier jour du mois de septembre prochain, de faire entrer par terre ou par mer dans l'étendue de ladite ferme générale du tabac, aucuns tabacs, et d'en fabriquer, voiturer ou transporter d'un lieu à un autre, vendre et débiter en gros ou en détail, de quelque

www.ingramcontent.com/pod-product-compliance
Lightning Source LLC
Chambersburg PA
CBHW070636100426
42744CB00006B/705